하나님을
찬양하는
**감사기도
365**

하나님을 찬양하는
감사기도 365

© 생명의말씀사 2019

2019년 10월 21일 1판 1쇄 발행
2025년 12월 15일 　　5쇄 발행

펴낸이 | 김창영
펴낸곳 | 생명의말씀사

등록 | 1962. 1. 10. No.300-1962-1
주소 | 서울시 종로구 경희궁1길 6 (03176)
전화 | 02)738-6555(본사) · 02)3159-7979(영업)
팩스 | 02)739-3824(본사) · 080-022-8585(영업)

지은이 | 김민정

기획편집 | 서정희, 장주연
디자인 | 김혜진
인쇄 | 영진문원
제본 | 다온바인텍

ISBN 978-89-04-16686-2 (03230)

저작권자의 허락없이 이 책의 일부 또는 전체를
무단 복제, 전재, 발췌하면 저작권법에 의해 처벌을 받습니다.

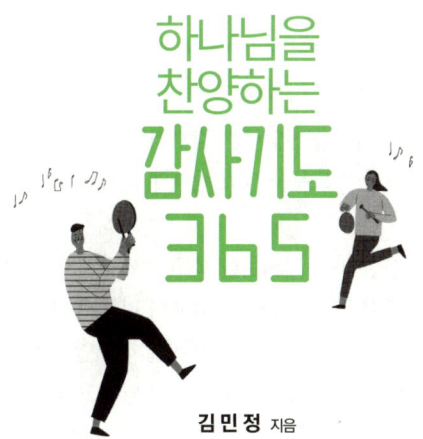

하나님을 찬양하는 감사기도 365

김민정 지음

들어가는 글

『하나님을 찬양하는 감사기도 365』는
그간 기도문을 써왔던 제게 하나의 도전이었습니다.

수년 동안 기도문을 쓰면서 깨닫게 된 것은
제 기도에는 간구의 비율이 너무 높다는 것이었습니다.
'아… 결국 나는 하나님께 달라고만 하는 기도를 해왔구나.'
일평생 기도했는데, 일평생 달라고만 했구나 싶었습니다.
슬펐습니다.

연말이 되어 내년에는 365일 동안 어떤 기도문을 쓸까 생각하던 중에
'하나님을 찬양하는 기도'를 써보기로 했습니다.
너무 힘든 결정이었습니다.
감사와 찬양만으로 과연 기도문을 만들 수 있을까 싶었습니다.
그리고 실제로 너무 어려웠습니다.
단어도 생각나지 않고,
무슨 말을 어떻게 하나님께 올려야 영광이 될지도 몰랐습니다.
하지만, 하루하루 지나면서 습관이 되고,
생활이 되고, 나의 언어가 되었습니다.

이제까지 제가 썼던 기도문 중 제일 많은 은혜를 누렸습니다.
기도문을 쓸 때마다 알 수 없는 기쁨이 차올랐습니다.
하루가 기뻐졌습니다.
복음이 내 안에서 살아나는 것을 느꼈습니다.

그리고, 저의 기도는 완전히 바뀌었습니다.
그래서 한없이 부족했지만,
그 어려웠던 '하나님을 찬양하는 기도'를 드릴 수 있어 감사합니다.

평소 기도하지 못하는 분들,
기도를 어렵게 느끼는 분들을 돕기 위해 시작한 이 작업이
저를 새롭게 했습니다.

아마도 1년 동안 찬양하는 기도를 한다는 것이
어렵게 느껴질 수도 있습니다.
하지만, 자신 있게 여러분께 추천합니다.

하나님을 기뻐하십시오.
하나님을 사랑하십시오.
하나님을 찬양하십시오.
당신의 인생이 달라질 것입니다.
당신의 기도를 응원합니다!

_김민정

* 저자는 직장인을 사랑하고 존경하는 마음으로 직장인을 위한 기도문 『하나님과 함께하는 출근길 365』를 집필하였습니다. 그다음 해 일반 성도들의 기도생활을 위해 『하나님과 함께하는 아침기도 365』를 출간하였습니다. 『하나님을 찬양하는 감사기도 365』는 저자의 기도문 시리즈 중 세 번째 책입니다. 저자는 하나님 앞에 일평생 1만 명의 기도를 돕겠다는 소원을 올려드리며, 오늘도 기도문을 쓰고 있습니다. 현재 이 기도문은 매일 5천 명 가까운 회원들에게 보급되고 있으며 앱으로도 출시될 예정입니다.

365 DAYS OF PRAYER

하루의 첫 시간 감사와 찬양을
주님께 올려드립니다.

그런즉 누구든지 그리스도 안에 있으면 새로운 피조물이라
이전 것은 지나갔으니 보라 새것이 되었도다
_ 고린도후서 5:17

이 달 의 기 도 제 목

-
-
-
-
-

올해, 아버지로 충분합니다

나에게 새로운 시간을 주신 아버지, 감사합니다.
지난 한 해 하나님이 부어주신 은혜가 얼마나 대단한 것인지요.
비록 힘든 시간이었지만 하나님의 사랑이 아니라면
감당할 수 없었을 것입니다.
붙잡아주신 그 사랑으로 이 시간을 맞이할 수 있음을 고백합니다.

일평생 기도하면서 하나님께 얼마나 달라고만 했는지 회개합니다.
기도가 대화인 줄 알면서도 대화는커녕 요구만 해왔습니다.
하나님께 요구를 많이 하는 것이 기도를 많이 하는 것인 양
착각하며 살아왔습니다.
올해는 청구서만 내미는 기도가 아니라
아버지를 사랑하고 높여드리는 기도를 하기 원합니다.
매일매일의 기도 속에서 하나님과의 관계가 깊어지기를 원합니다.

가장 먼저 기도가 달라지기를 원합니다.
아버지를 높이고, 찬양하고, 감사하는 한 해,
받은 구원이 감사해 더 이상 구하지 않아도
깊은 감사를 드리는 한 해 되게 하소서.
아버지로 충분하다는 고백을 매일 드리는 한 해 되게 하소서.
아버지가 좋아서 달려가는 참된 사랑을 누리게 하소서.
주님을 사랑합니다. 내 삶에 아버지를 향한 사랑이 가득하게 하소서.
나의 모든 것 되시는 예수 그리스도의 이름으로 기도합니다. 아멘!

:: 내가 옛날을 기억하고 주의 모든 행하신 것을 읊조리며 주의 손이 행하는 일을 생각하고
주를 향하여 손을 펴고 내 영혼이 마른 땅같이 주를 사모하나이다 (시편 143:5-6)

01 | 02

새해에 나를 통해 일하실 주님을 찬양합니다

새로운 한 해를 시작하는 은혜를 주신 아버지, 감사합니다.
하루를 시작하며 또다시 한 권의 깨끗한 스케치북을 받는 것처럼,
한 해를 시작하며 아주 커다란 하얀 도화지를 새로 받는 기쁨입니다.
새해에 부어주실 아버지의 크신 사랑과 은혜에 감사를 드립니다.

지난 한 해 동안 일해주신 아버지를 찬양합니다.
하나님은 시시각각 나를 도우셨습니다.
하나님의 놀라운 손길이 나를 감싸주었습니다.
내가 떨어질 때 주님이 나를 받아주셨습니다.
그래서 하나도 다치지 않고 이렇게 살아남아 새해를 맞이합니다.
지난 한 해의 모든 영광을 주님께 올려드립니다.
나를 통해 일해주신 주님의 일하심을 찬양합니다.

나의 입술을 들어 새해 동안에 일하실 주님을 찬양합니다.
오늘, 역사하실 아버지를 기대합니다.
나는 연약하지만, 주님의 강함으로 인해 실망하지 않습니다.
다시 일어나 나아갈 것입니다.
주님의 일하심을 기대하고 찬양합니다.
나의 사랑 되시는 예수 그리스도의 이름으로 기도합니다. 아멘!

:: 내가 산을 향하여 눈을 들리라 나의 도움이 어디서 올까 나의 도움은 천지를 지으신 여호와에게서로다 (시편 121:1-2).

내가 살아 있음은 아버지의 뜻입니다

감사한 하루를 나에게 선물로 주신 아버지, 감사합니다.
내가 눈 뜨고 잠자는 모든 순간이 아버지의 손에 있음을 고백합니다.
볼을 스쳐 지나가는 차가운 바람에도 감사합니다.
나에게 비추어지는 작은 햇살에도 따스함을 느끼게 하시니 감사합니다.
거대한 우주를 운행하시는 하나님의 일하심이 가득한 이곳에서
오늘 살게 하시니 감사합니다.

나를 이름 불러 이 땅에 태어나게 하신 주님을 찬양합니다.
내가 살아 있음이 아버지의 뜻이라는 것이 얼마나 감사한지요.
나는 우연히 태어난 것이 아니라 아버지의 뜻에 의해 태어났습니다.
그만큼 큰 의미와 가치가 있다는 사실을 알게 하시니 감사합니다.
이 우주만큼이나 귀하고 가치 있는 인생으로 나를 부르신 아버지,
아버지가 부여하신 고귀한 이름만큼이나 감사하며 살겠습니다.
나를 향한 아버지의 따뜻한 시선을 온몸으로 느끼며 감사하겠습니다.
내가 가진 모든 생명을 다해 주님을 찬양합니다.

이 세상에서 내가 해야 할 모든 거룩한 일로 인해 주님을 의지합니다.
내가 하는 아주 작고 사소한 일들도 거룩하게 여기겠습니다.
왜냐하면 이 모든 일을 아버지가 주셨기 때문입니다.
나의 생명 되시는 예수 그리스도의 이름으로 기도합니다. 아멘!

:: 너희가 노년에 이르기까지 내가 그리하겠고 백발이 되기까지 내가 너희를 품을 것이라
내가 지었은즉 내가 업을 것이요 내가 품고 구하여 내리라 (이사야 46:4).

모든 순간, 모든 것이 아버지 손안에 있습니다

사랑의 하나님 아버지, 찬양과 감사로 하루를 시작합니다.
아름다운 세상을 만들어 인간에게 선물로 허락하신 아버지, 감사합니다.
아버지가 창조하신 모든 피조물을 바라보면
귀하고, 놀랍고, 아름답고, 심지어 재밌기까지 합니다.
모든 생명 있는 창조물을 온전히 바라만 보아도
하나님이 나를 얼마나 사랑하시는지를 느낍니다.
인간을 향한 아버지의 마음은
언제나 사랑이고, 연민이며, 희생이었습니다.
그 사랑을 받아 오늘도 하루를 시작합니다.
내가 사랑받지 못한다 말할 수 없음을 고백합니다.

아버지가 베풀어놓으신 모든 은혜에 찬양을 드립니다.
모든 순간, 모든 것이 아버지의 손안에 있음을 고백합니다.
그래서 오늘도 자신 있게 기쁨으로 달려갑니다.
주님의 보호하심을 기대합니다.
오늘도 이 기대만큼이나 기쁨이 넘칠 것을 믿습니다.
넘어지지 않고 일어날 힘을 얻습니다.
나도 아버지의 창조성을 닮았음을 믿습니다.
그 창조적 성품을 통해 오늘 하루 많은 아름다운 일을 행하겠습니다.
나의 사랑이 되어주심에 감사합니다.
예수님의 이름으로 기도합니다. 아멘!

:: 여호와께서 사람의 걸음을 정하시고 그의 길을 기뻐하시나니 그는 넘어지나 아주 엎드러지지 아니함은 여호와께서 그의 손으로 붙드심이로다 (시편 37:23-24).

주님은 오늘도 나를 새롭게 만드십니다

오늘도 아름다운 아침을 허락하신 아버지, 감사합니다.
떠오르는 햇살과 차가운 공기 모두 주님이 주신 선물입니다.
아침마다 주시는 아버지의 새로운 사랑이 주님의 신실하심입니다.
시간이 흘러도 날마다 뜨거워지는 사랑임에 감사합니다.

나는 알지도 못하고 노력하지도 않았는데
매일매일 내 몸을 돌보심을 찬양합니다.
일평생 매일매일 새로 자라나는 작은 머리카락도
주님이 부여하신 생명력임을 고백합니다.
이렇게 주님은 나를 매일 새롭게 하셨습니다.
이렇게 주님은 오늘도 나를 만드십니다.
한 가닥의 머리카락도 내 힘으로 만들 수 없음을 고백합니다.
이 작고 하찮은 것에서도 위대하신 아버지의 사랑을 발견합니다.

아버지여, 오늘도 나의 가장 작은 것을 유지하고, 돌보고,
새롭게 하시는 주님을 찬양합니다.
내 안에 보이지 않는 모든 세포도 오늘 다시 살아남에 감사합니다.
주님이 주시는 이 모든 생명력을 기뻐함으로 하루를 살겠습니다.
주께서 내게 주신 생명력을 스스로 짓밟지 않겠습니다.
오늘은 주님이 살리신 소중한 날임을 기억하겠습니다.
창조의 하나님을 기뻐하고 찬양함으로 이 하루를 살겠습니다.
나의 주, 나의 사랑이 되시는 예수 그리스도의 이름으로 기도합니다. 아멘!

:: 너희에게는 심지어 머리털까지도 다 세신 바 되었나니 두려워하지 말라 너희는 많은 참새보다 더 귀하니라 (누가복음 12:7).

01 | 06

아버지의 것을 뒤져 누리며 살겠습니다

오늘도 새로운 날 눈을 뜨게 하신 아버지, 감사합니다.
다툼에도, 고통에도 끝이 있게 하신 아버지의 사랑을 찬양합니다.
죽을 것같이 싸우다가도 다시 마무리하게 하심에 감사합니다.
죽을 것같이 고통스럽다가도 다시 새로운 소망을 갖게 하심에 감사합니다.
아버지는 언제나 화평하게 하시니 감사합니다.
나를 아버지의 형상을 닮게 하시니 영광을 올려드립니다.
내가 하나님의 형상이라는 것이 얼마나 영광스러운 일인지요.
오늘도 그 영광을 담은 자로서, 아버지를 닮았다는 것이 나의 자랑이 되게 하겠습니다.

아버지가 원래 주신 평안과 기쁨으로 인해 감사합니다.
오늘도 내 안에 생수의 강이 넘쳐나고
평안으로 가득함을 다시 회복하겠습니다.
나의 눈으로 더러운 것들을 바라보고,
나의 마음으로 비관을 뒤지는 일이 없게 하겠습니다.
생명을 찾겠습니다. 기쁨을 찾겠습니다.
내가 오늘 뒤지는 것이 나의 마음의 상태임을 고백합니다.
아버지의 것을 열심히 찾으며 누리며 살겠습니다.
내 사랑이 되신 아버지가 계시니 기쁨을 누립니다.
주님을 찬양하고 사랑합니다.
나의 주 예수 그리스도의 이름으로 기도합니다. 아멘!

:: 여호와여 아침에 주께서 나의 소리를 들으시리니 아침에 내가 주께 기도하고 바라리이다 (시편 5:3).

나의 아버지는 나를 확실하게 사랑하십니다

이 세상의 모든 것을 만드신 아버지, 찬양합니다.
그 놀라운 솜씨 안에 내가 속할 수 있음에 감사합니다.
아버지의 위대한 능력 안에서 내가 안전하다는 것이
얼마나 기쁘고 감사한지요.
오늘 이 하루라는 보따리 안에
하나님의 아름다운 계획들이 가득함을 믿습니다.
오늘도 이 선물 보따리를 풀어 보는 기쁨으로 살겠습니다.
그 안에 넣어두신 숨겨놓은 보석들을 발견합니다. 아버지, 감사합니다.
내가 예상했던 것이 오지 않는다고 실망하지 않고,
내가 예상하지 못했던 아버지가 주신 기쁨에 감사하겠습니다.

나의 주님은 언제나 선하십니다.
나의 아버지는 언제나 나를 확실하게 사랑하십니다.
그 나의 하나님이 이 세상 어느 것보다
강력한 힘과 능력을 가지셨음에 감사합니다.
그 위대하심이 무서움이 아니라 한없는 사랑임에 기뻐합니다.
이 하루를 주님 앞에 올려드립니다.
나의 입술이 주님을 찬양하겠습니다.
감사의 입술로 사람들 앞에 서겠습니다.
나의 주, 나의 모든 것이 되시는
예수 그리스도의 이름으로 기도합니다. 아멘!

:: 여호와께 감사하라 그는 선하시며 그 인자하심이 영원함이로다 (시편 107:1).

01 | 08

주님의 등에 업혀 다시 시작합니다

오늘도 상쾌한 아침을 주신 아버지, 감사합니다.
내가 숨쉬는 모든 공기도 주님이 주신 것임에 감사합니다.
이 아침에 나의 모든 세포가 살아나 걸을 수 있게 하시고
보게 하시니 감사합니다.
오늘도 내 눈에 보이지 않지만
아버지의 영광이 가득한 이 세상을 바라봅니다.
나의 잠자리에, 나의 화장실에,
나의 버스 안에, 나의 걸음마다 함께하시는 주님을 찬양합니다.

혼자라는 생각을 버리고 주님과 동행을 시작합니다.
외롭다는 마음을 버리고 주님과 손을 잡습니다.
포기하고 싶은 마음을 버리고 주님의 등에 업혀 다시 시작합니다.
나의 주님으로 인해 승리할 것입니다.
이 기대감으로 오늘 하루를 시작하니 나의 찬양을 받아주소서.
모든 순간 주님의 가득한 은혜를 바라보며 아버지를 바라봅니다.
힘들고 어려운 순간마다 주님을 바라볼 것입니다.
왜냐하면 아버지는 언제나 나를 바라보고 계시니까요.
그 하나님의 놀라운 사랑이 나를 따라다님을 믿습니다.
오늘도 내가 사는 모든 시간이 찬양이 되게 하소서.
아버지를 사랑하는 이 마음이 오늘도 가득하기를 원합니다.
나의 모든 것 되시는 예수님의 이름으로 기도합니다. 아멘!

:: 내가 여호와를 항상 송축함이여 내 입술로 항상 주를 찬양하리이다 (시편 34:1).

01 | 09

가족은 하나님이 내게 주신 가장 큰 선물입니다

오늘도 나로 숨쉬게 하신 아버지, 감사합니다.
나의 호흡이 하나님으로부터 온 영광스러운 것임에 감사합니다.
내가 하나님의 자녀임은 내가 하나님과 소통할 수 있음으로 증명됩니다.
오늘도 나의 아버지께 찬양할 수 있음에 감사합니다.
주님의 모든 손길에 감사하며 찬양을 올려드립니다.
오늘 나에게 허락하신 모든 것이 얼마나 아름다운지요.

오늘 나의 사랑하는 가족들로 인해 주님께 찬양과 감사를 드립니다.
나에게 주신 가장 큰 선물임을 고백합니다.
누구는 섬세하게 만드시고, 누구는 담대하게 만드심에 감사합니다.
누구는 예민하게 만드시고, 누구는 무디게 만드심에 감사합니다.
그로 인해 우리 가족이 균형을 이루게 하셨습니다.
아버지의 손길 모든 것이 아름다움을 인정하고 높여드립니다.
나의 눈으로 판단하지 않고 주님의 눈으로 바라보겠습니다.

나에게 허락하신 모든 환경을 주님께 올려드립니다.
더 만들어주시고, 더 아름답게 하실 주님을 기대합니다.
나의 모든 것이 아버지 손에 붙잡힐 때 가장 아름다운 결과를 맺을 것입니다.
그 아버지를 내가 믿고 찬양을 드립니다.
나의 사랑 예수님의 이름으로 기도합니다. 아멘!

:: 보라 형제가 연합하여 동거함이 어찌 그리 선하고 아름다운고…헐몬의 이슬이 시온의 산들에 내림 같도다 거기서 여호와께서 복을 명령하셨나니 곧 영생이로다 (시편 133:1, 3).

나도 오늘, 성실하겠습니다

나의 모든 것이 되시는 하나님 아버지,
이 아침에 하나님의 창조물이 주님을 찬양합니다.
모든 세상의 것을 통해 영광을 받으시는 아버지여,
오늘, 내 안에 담긴 아버지의 영광이 드러나는 하루 되게 하소서.
하나님의 일하심으로 어제도 감사의 하루를 주시니 감사합니다.
하나님의 성실하심을 찬양합니다.
나를 향한 아버지의 성실하심이 오늘도 여전히 유효함을 믿습니다.
그 성실하심으로 나도 오늘, 성실하겠습니다.

오늘도 사랑하는 가족을 주심에 감사합니다.
나와 그들의 모든 문제 앞에 감사하게 하소서.
그들의 존재만으로 찬양하기를 원합니다.
모든 문제보다 크신 아버지가 계시니 모든 걱정과 근심을 내려놓습니다.
문제를 보지 않고 주님을 바라봅니다.

오늘도 나의 입술이 주님을 향하게 하소서. 모든 것이 주님의 은혜입니다.
내 손끝의 손톱까지 주님의 섭리 안에 있음을 찬양합니다.
하물며 나의 인생이겠습니까. 모든 것을 주님께 올려드립니다.
예수 그리스도의 이름으로 기도합니다. 아멘!

:: 주의 성실하심은 대대에 이르나이다 주께서 땅을 세우셨으므로 땅이 항상 있사오니 천지가 주의 규례들대로 오늘까지 있음은 만물이 주의 종이 된 까닭이니이다 (시편 119:90-91).

01 | 11

하나님은 나보다 나를 더 지극히 사랑하십니다

나의 사랑 되시는 하나님 아버지, 쨍하는 추운 날씨 주심을 감사합니다.
겨울에 겨울을 찬양하게 하시고, 여름에 여름을 감사하게 하소서.
모든 것이 자신의 모습을 갖추게 하심을 감사합니다.
아주 작은 것 하나도 주님의 손길 안에 있을 때 온전할 수 있습니다.

어제까지의 모든 근심과 걱정, 죄악과 실수들을
예수 그리스도의 보혈 앞에 올려드립니다.
나의 어두운 모든 구석을 십자가의 보혈로 씻어주소서.
나의 자질구레한 번민들을 내려놓습니다.
아버지여, 나의 시선을 주님께 고정하게 하소서.
그리고 주님을 찬양함으로 하루를 시작하게 하소서.
만나는 모든 사람을 축복합니다.
이 하루 동안 만나는 그 많은 사람에게
내 아버지의 자녀의 향기를 전하게 하소서.
나의 감사하는 삶이 그들에게 향기가 되게 하소서.

장애물을 만날 때마다 하나님을 찬양하기 원합니다.
나를 인도하시는 하나님의 손길에는 한 치의 오류도 없음을 고백합니다.
내가 나를 사랑하는 것보다 하나님이 나를 사랑하심이 더 지극함을 믿습니다.
그래서 오늘도 기쁨으로 시작합니다.
나의 사랑 되시는 예수 그리스도의 이름으로 기도합니다. 아멘!

:: 우리가 사랑함은 그가 먼저 우리를 사랑하셨음이라 (요한일서 4:19).

01 | 12

때로는 겨울 같지만, 나는 결코 죽지 않습니다

소망의 하나님 아버지,
이 아침 하나님의 사랑으로 나를 일으키시니 감사합니다.
모든 자연이 겨울 속에 잠들어 있는 것 같으나
여전히 주님의 생명력을 품고 있음에 감사합니다.
나의 인생도 때로는 겨울 같지만 결코 내가 죽지 않음을 믿습니다.
그래서 오늘도 하루를 시작하며 주님을 찬양합니다.

주님은 나를 만드셨고, 살리시며, 오늘도 일하십니다.
하나님의 신실하심이 언제나 함께함을 믿습니다.
그 믿음으로 오늘도 두려움을 떨쳐버리고 담대하게 나아갑니다.
매 순간 주님을 기억하고 기도할 것입니다.
나의 호흡이 아버지 손에 있음을 고백합니다. 모든 순간 동행하소서.
아버지의 뜻을 따라가는 길이 나의 길이 되게 하소서.

오늘 필요한 모든 것을 공급하시는 주님께 감사를 드립니다.
아버지가 나에게 주신 모든 것을 바라보며 감사하겠습니다.
무엇을 하든지 주님을 찬양하겠습니다.
나의 모든 것이 되시는 예수 그리스도의 이름으로 기도합니다. 아멘!

:: 네 평생에 너를 능히 대적할 자가 없으리니 내가 모세와 함께 있었던 것같이 너와 함께 있을 것임이니라 내가 너를 떠나지 아니하며 버리지 아니하리니 (여호수아 1:5).

주신 것에 감사하고, 주실 것에 감사합니다

나의 사랑이 되시는 하나님 아버지,
하나님의 은혜로 오늘도 시작하게 하시니 감사합니다.
어제의 온전한 마무리는 하나님이 지켜주셔서 가능한 것이었습니다.
오늘도 마음속에 백만 가지의 기도 제목이 있지만,
그 모든 것을 내려놓고 주님 손에 이 하루를 올려드립니다.
예수 그리스도와 함께 모든 것을 나에게 허락하신 하나님을 온전히 믿습니다.
그렇다면 오늘 나에게 부족한 것은 없습니다.

머리로 안다고 믿는 것이 아님을 고백합니다.
다 주셨다고 믿는다 하면서 구구절절 달라고만 하는 기도를 멈추게 하소서.
하나님의 주권을 믿는다 하면서 불평불만하는 나의 원망을 멈추게 하소서.
주신 것에 감사하고, 주실 것에 감사하며, 하나님의 크심을 찬양합니다.
이 땅에 나를 살게 하심은 나에게 사명 주심임을 믿습니다.
오늘 나의 사명을 발견하고 성실히 살겠습니다.

나의 힘듦이 하나님과의 거리를 말하는 것이 아님을 믿습니다.
나의 형통이 하나님과의 친밀함을 말하는 것이 아님을 고백합니다.
나의 영혼이 하나님과 가까이, 친밀히 거하려 하겠습니다.
나와 동행하소서.
나의 주 예수 그리스도의 이름으로 기도합니다. 아멘!

:: 여호와여 주는 의로우시고 주의 판단은 옳으니이다 주께서 명령하신 증거들은 의롭고
지극히 성실하니이다 (시편 119:137-138).

모든 것이 기적과 같은 은혜입니다

나의 주 하나님 아버지,
오늘도 주님의 사랑이 가득한 아침에 감사를 올려드립니다.
나의 모든 형편을 아시는 아버지 하나님이
이 아침에도 내 이름을 부르심을 믿습니다.
아버지는 위대한 참 신이시며 구원자이십니다.
내가 무엇을 한들 주님이 회복시키시는 그 힘에 닿을 수 있겠습니까.
이 모든 것은 당연한 것이 아니라 기적과 같은 은혜임을 고백합니다.
하나님이 주신 모든 복이 오늘 내가 누리고 있는 지금임을 찬양합니다.

하나님이 거둬 가시면 아무것도 남을 것이 없는 인생임을 고백합니다.
풀이고 먼지인 인생을 이렇게 들어 사용하시니 감사합니다.
오늘도 나의 입술로 영적인 것을 말하게 하심을 감사합니다.
나의 작은 머리로 하늘의 신비를 알게 하시니 감사합니다.
이 모든 거룩한 것이 하늘로부터 내려옴을 찬양합니다.

이 땅의 것에 매이지 말게 하시되, 성실하게 하소서.
하늘의 소망을 가지고 살되, 이 땅에서 참되게 하소서.
표면의 파도를 바라보느라
저 유속 깊은 곳의 하나님의 흐름을 놓치지 말게 하소서.
하늘의 은혜를 이 땅에 임하게 하는 하나님의 자녀이며 통로 되게 하소서.
나의 주 예수 그리스도의 이름으로 기도합니다. 아멘!

:: 이는 그가 우리의 체질을 아시며 우리가 단지 먼지뿐임을 기억하심이로다 (시편 103:14).

01 | 15

주님과 가까워지는 것, 가장 큰 은혜입니다

나의 찬양 되시는 하나님, 나의 사랑이 되시는 아버지를 찬양합니다.
내 하루의 첫 시작이 찬양과 경배가 되게 하시니 감사합니다.
어제의 모든 풀리지 않은 문제로 인하여 감사합니다.
오늘 이 모든 것이 주님 앞에 더 가까이 가는 징검다리 되게 하소서.

나의 걱정 하나에 한 걸음 더 나아가고,
나의 번민 하나에 두 걸음 더 가까이 가겠습니다.
나의 고독 하나에 주님의 품에 와락 안기겠습니다.
그래서 감사하고 감사합니다.
주님과 가까워질 수 있다면 이보다 더 큰 은혜가 없습니다.

나의 존재가 주님을 찬양합니다.
모든 피조물 중에 나를 가장 아름답게 하시고
소중히 여겨주심에 감사합니다.
인간을 사랑하시되, 죄지은 인간까지 사랑해주심에 감사합니다.
나의 현재 모습이 어떠하든지 사랑하시는 아버지를 찬양합니다.
그래서 나는 오늘도 소망이 있습니다. 아버지께 달려갑니다.
오늘 나의 사는 모든 곳에서 아버지를 찾으며 붙좇아 가겠습니다.
나를 기다리시는 주님의 품 안에 달려들어가 동행하는 하루 되게 하소서.
나의 주님 되시는 예수 그리스도의 이름으로 기도합니다. 아멘!

:: 나를 보내신 이가 나와 함께하시도다 나는 항상 그가 기뻐하시는 일을 행하므로 나를 혼자 두지 아니하셨느니라 (요한복음 8:29).

아버지로 다시 시작하게 하소서

나의 하나님 아버지여,
오늘도 나에게 주시는 아버지의 사랑으로 인해 감사를 드립니다.
주님은 이 세상의 무엇과도 바꿀 수 없는 분이심을 찬양합니다.
아버지는 나에게 모든 것이십니다. 아버지 때문에 나는 빛이 납니다.

오늘도 나를 회복하게 하신 아버지, 감사합니다.
내 마음에 남아 있는 모든 묵은 감정을 내어버리고
성령님으로 다시 채웁니다.
내 마음이 지금의 현실을 담고 있는 것이 아님을 믿습니다.
나의 부정적인 상황 인식이 사실이 아니라
나의 마음임을 고백하며 회개합니다.
아버지로 모든 것을 다시 시작하게 하소서.
모든 것의 시작이시며 끝이 되시는 하나님을 찬양합니다.
이제 나로 이 하루의 시작 앞에서 새로운 출발을 주심에 감사합니다.
내 마음에 있는 모든 문제를 다 내어버리고
오늘 주시는 은혜를 누리며 찬양하려 합니다.

아버지의 은혜가 오늘도 부족함이 없습니다.
아버지의 사랑이 오늘도 온 세상에 가득합니다.
나의 모든 가는 길을 주님의 손에 올려드립니다.
나의 모든 것 되시는 예수 그리스도의 이름으로 기도합니다. 아멘!

:: 모든 지킬 만한 것 중에 더욱 네 마음을 지키라 생명의 근원이 이에서 남이니라
(잠언 4:23).

내 모든 삶의 무게, 주님 손안에 있습니다

나의 주 하나님 아버지, 이 아침에 주님을 찬양합니다.
미세먼지가 있어도 주님을 찬양합니다. 나로 숨쉬게 하시니 감사합니다.
날이 흐려도 주님을 찬양합니다. 구름 너머 태양이 있음에 감사합니다.
나에게 주어진 모든 것으로 주님을 찬양합니다.
이날도 주님이 주신 축복의 날입니다.

나에게 여전히 머물러 있는 고민과 근심에도 주님을 찬양합니다.
이날들이 지나 나로 성숙하게 하실 것임을 믿기 때문입니다.
오늘 만나는 모든 사람을 인해 주님을 찬양합니다.
나로 외롭지 않게 하시고, 때로 싸울 수 있는 대상이 있게 하심을 감사합니다.
누군가와 함께 일하게 하심을 찬양합니다.
그들이 나의 도울 손이 되게 하셨습니다.
돌볼 가족을 주시니 감사합니다.
나에게 주어진 책임이 무겁다 여기지 않고,
나로 감당하게 하시는 주님을 찬양합니다.

이 세상 모든 것이 숨쉬게 하셔서 오늘도 살아가게 하시니 감사합니다.
오늘 주어진 나의 모든 삶의 무게 또한 주님의 손안에 있음을 믿습니다.
주님 앞에 감사함으로 나아갈 때 주여, 나를 인도하소서.
나의 주 예수 그리스도의 이름으로 기도합니다. 아멘!

:: 우리에게 있는 대제사장은 우리의 연약함을 동정하지 못하실 이가 아니요 모든 일에 우리와 똑같이 시험을 받으신 이로되 죄는 없으시니라 (히브리서 4:15).

01 | 18

오늘은 어제보다 나은 하루가 될 것입니다

사랑하는 하나님 아버지, 이 아침에 주님을 경배합니다.
내가 숨쉬는 모든 것이 주님의 은혜입니다.
어제의 모든 짐을 내려놓고 새로운 마음으로 하루를 시작하게 하소서.
예수 그리스도의 보혈로 나의 영혼이 씻김 받고 새로워질 줄 믿습니다.
비록 어제는 열매가 없었다 하더라도
오늘은 어제보다 나은 하루가 될 것을 믿습니다.
나에게 열매가 보이지 않더라도 실망하지 않고 주님을 인해 소망을 품습니다.
오늘도 손을 놓아버리고 싶은 나의 상황을 이기게 하시는 주님을 신뢰합니다.

내가 하나님의 사랑을 받는 것처럼
오늘도 내가 다른 사람을 사랑하게 하소서.
내가 주님의 선한 인도하심을 받는 것처럼
오늘 내가 다른 사람을 선하게 인도하게 하소서.
오늘도 주님의 형상을 닮은 나를 사랑하고 소중하게 여깁니다.
그 형상이 잘 드러나는 삶을 살도록 노력하겠습니다.

아버지의 변함없으심을 믿고 신뢰합니다.
거대한 산보다도 더 무거운 아버지의 사랑을 찬양합니다.
그것이 내 것임에 감탄합니다.
그 사랑을 누리고, 나누며, 찬양하는 하루 되게 하소서.
나의 사랑이 되시는 예수 그리스도의 이름으로 기도합니다. 아멘!

:: 하나님은 불의하지 아니하사 너희 행위와 그의 이름을 위하여 나타낸 사랑으로 이미 성도를 섬긴 것과 이제도 섬기고 있는 것을 잊어버리지 아니하시느니라 (히브리서 6:10).

나에게로부터가 아니라 주님께로부터입니다

새로운 날을 시작하며 모든 두려움을 이기게 하시는 아버지를 찬양합니다.
오늘도 만날 수많은 일을 상상하며 두려워하지 않고 주님께로 나아갑니다.
나의 가는 길을 먼저 가시는 주님,
나보다 먼저 나를 사랑하신 아버지여,
나의 죄의 모든 대가를 온몸으로 지불하신 그리스도의 사랑에 감사합니다.
그 사랑이 힘이 되어 오늘도 기쁨으로 시작합니다.
나의 견딤은 나의 상황에 있지 않고 주님께 있습니다.
나의 이김은 나의 능력에 있지 않고 아버지께 있습니다.
나의 모든 선한 것은 나에게로부터가 아니라 주님께로부터입니다.
그래서 아버지가 정말 좋고, 아버지를 사랑합니다.

가족이 나를 만족스럽게 사랑해주지 못해도 주님으로 인해 감사합니다.
환경이 나를 무겁게 눌러도 주님으로 인해 내 마음이 다시 기뻐합니다.
나는 신의 사랑을 받는 자임에 감사와 찬양을 올려드립니다.
아버지의 말씀으로 나를 다시 세우고 살리소서.
오늘도 주님의 말씀 앞에 서고, 기도의 무릎을 꿇으며, 찬양으로 나아갑니다.
나의 하루가 예배가 되게 하시되,
사람들 앞에 성실과 섬김으로 드러나게 하소서.
작은 예수로 살아가는 하루가 되어 저녁의 기쁨을 맛보게 하소서.
나의 주 예수 그리스도의 이름으로 기도합니다. 아멘!

:: 비록 무화과나무가 무성하지 못하며…외양간에 소가 없을지라도 나는 여호와로 말미암 아 즐거워하며 나의 구원의 하나님으로 말미암아 기뻐하리로다 (하박국 3:17-18).

하나님이 나의 아버지이심을 자랑합니다

사랑의 하나님 아버지, 이 아침에 아버지의 사랑 앞에 섭니다.
어제의 하루도 주님의 보호하심으로 잘 지나게 하심을 감사드립니다.
모든 것이 주님의 은혜였음을 고백합니다.
오늘도 주님의 은혜가 나를 사로잡을 것을 믿고 찬양합니다.

부모님이 버젓이 계신데도 집을 나가 고아인 척하고 사는 사람처럼
오늘 하나님이 나의 아버지이심에도 혼자인 척하지 말게 하소서.
오늘 나의 아버지가 하나님이심을 자랑하고 보이기 원합니다.
매 순간 주님을 기억하겠습니다.
내가 받은 아버지의 사랑이 아주 커서 오늘 그 사랑을 나누며 살겠습니다.
비록 나의 하루가 녹록지 않다 하더라도 실망하지 않고 기뻐하겠습니다.
내가 어렵다고 하나님의 사랑이 줄어든 것이 아님을 선포합니다.
아버지는 언제나 매 순간 나를 사랑하십니다.
이 믿음과 고백이 오늘 나의 힘이 되게 하소서.

만나는 사람들마다 축복하기를 원합니다.
그들에게 복을 나누어주되, 무엇보다 예수 그리스도를 나누게 하소서.
일상의 나의 고백이 아버지를 찬양함으로
그들을 놀라게 하는 하루 되게 하소서.
나의 주 예수 그리스도의 이름으로 기도합니다. 아멘!

:: 그리스도께서 대제사장 되심도 스스로 영광을 취하심이 아니요 오직 말씀하신 이가 그에게 이르시되 너는 내 아들이니 내가 오늘 너를 낳았다 하셨고 (히브리서 5:5).

오늘은 하늘의 것을 꿈꾸며 살게 하소서

놀라우신 하나님, 나의 모든 것 되시는 아버지, 감사합니다.
하나님의 높으신 이름을 부르며 이 아침에도 주님을 찬양합니다.
모든 만물을 만드시고 운행하시는 아버지를 높여드립니다.
모든 만물 안에 나를 두시고 나의 가는 길을 인도하시니 감사합니다.
아버지만이 나의 참 신이시며 나의 모든 것이십니다.

내가 아버지를 바라봄이 나의 가장 큰 기쁨입니다.
매일 이 땅만 바라보고, 이 세상 속의 근심 속에 살다가
아침마다 주를 바라볼 수 있다는 것이 얼마나 감사한 일인지요.
오늘은 하늘의 것을 꿈꾸며 살게 하소서.

내가 고민하여 무엇 하나 나아지지 못함을 고백합니다.
이 땅의 모든 근심과 걱정을 주님께 올려드리며 크신 하나님을 찬양합니다.
아버지는 저보다 비교할 수 없을 만큼 크십니다.
내가 가진 모든 문제 위에 위대하신 주님이 계십니다.
그 하나님이 나를 오늘도 주관하시니 나는 걱정할 것이 없습니다.
아버지의 인도하심을 따라 순리대로 살게 하소서.
모든 욕심을 내려놓고 아버지의 빛난 영광을 기억하는 하루 되게 하소서.
어둠의 자리에서 빛의 자리로 나아가는 날이 되게 하소서.
나의 주 예수 그리스도의 이름으로 기도합니다. 아멘!

:: 진실로 생명의 원천이 주께 있사오니 주의 빛 안에서 우리가 빛을 보리이다 (시편 36:9).

모든 것을 미루고, 주님을 당깁니다

위대하신 하나님 아버지,
세상의 흉흉한 소문과 삶의 팍팍한 모든 문제를 버리고
주님 앞에 나아갑니다.
나의 눈을 훔쳐가는 모든 악한 것에서 벗어나 주님을 바라봅니다.
아침부터 나를 사로잡는 뉴스들과 소음들을 뒤로하고 아버지께 나아갑니다.
나의 마음을 끌고 가는 모든 이슈를 미루고 주님을 당깁니다.
내가 주님 앞에 가장 먼저 나아갑니다.

나의 아버지, 당신을 사랑합니다.
나의 모든 삶을 다 드려 사랑하기 원합니다.
나의 마음을 대체하기 위해 돈으로, 일로, 성공으로
하나님께 입막음하지 않겠습니다.
나를 받으시는 아버지가 기뻐 받으시고 인도하소서.
나의 사는 이 하루가 나만의 하루가 아님을 고백합니다.
아버지와 함께 산다면 이 하루는 아버지의 하루입니다.
아버지와 나의 하루를 축복하소서.

가족들에게 믿음을 주셔서 한마음으로 하나님을 찬양하며 기뻐하게 하소서.
나의 주인이 아버지이신 것처럼 그들의 주인도 아버지가 되게 하소서.
한 입으로 주를 찬양하는 가족 되게 하소서.
나의 주 예수 그리스도의 이름으로 기도합니다. 아멘!

:: 너희는 여호와의 선하심을 맛보아 알지어다 그에게 피하는 자는 복이 있도다 (시편 34:8).

01 | 23

익숙해진 복들에 감사하게 하소서

내가 잠잘 때도 졸지 않고 일하시는 아버지, 감사합니다.
눈동자와 같이 나를 보호하셔서 오늘도 건강하게 눈 뜨게 하시니 감사합니다.
주님은 나를 방패와 같이 지키시고, 반석과 같이 흔들리지 않게 하셨습니다.
한순간도 놓지 않고 나를 위해 일하시는 주님을 찬양합니다.
오늘 나에게 일을 주시고, 일할 수 있는 건강을 주신 아버지, 감사합니다.
누군가 나에게 그 일을 맡길 만큼 성실함을 주심에 감사합니다.
그 일을 기대하는 누군가가 나를 믿고 있음에 감사합니다.
그리고 이 하루를 유지할 수 있는 능력을 주신 아버지, 감사합니다.

하나님이 허락하신 모든 복이 이 하루에 가득합니다.
하나의 사건으로 수만 개의 복을 부정하지 말게 하소서.
고작 수만 개의 복 중에 하나가 틀어졌음에 감사합니다.
얼마나 많은 변수가 있는데, 모든 것을 지켜주시고
감당할 만하게 하시니 감사합니다.
익숙해진 복들에 불평하지 말게 하시고 감사하게 하소서.

오늘도 당연한 것은 하나 없습니다.
모든 것이 아버지의 은혜입니다.
그 사랑에 감사하고 찬양을 올려드립니다.
나의 주 예수 그리스도의 이름으로 기도합니다. 아멘!

:: 나를 눈동자같이 지키시고 주의 날개 그늘 아래에 감추사 내 앞에서 나를 압제하는 악인
들과 나의 목숨을 노리는 원수들에게서 벗어나게 하소서 (시편 17:8-9).

01 | 24

오늘, 다시 하늘을 보게 하소서

아름다운 태양을 주신 아버지, 감사합니다.
오늘도 숨쉴 공기를 주신 아버지를 찬양합니다.
하나님의 높고 위대하심이 온 우주에 가득찬 것처럼
오늘 나의 하루도 하나님의 위대하심으로 가득하게 하소서.

오늘도 가는 걸음마다 아버지의 걸음으로 함께하심을 찬양합니다.
나의 가는 길이 나 혼자의 길이 아니라 주님이 먼저 가신 길임에 감사합니다.
모든 순간의 두려움은 나의 마음일 뿐 실제가 아님을 고백합니다.
주님이 함께하시니, 그리고 먼저 가셨으니 그 길을 따라가겠습니다.

나를 회복하게 하시는 주님을 찬양합니다.
어제 영적인 침체가 있었다 하더라도 오늘 다시 하늘을 보게 하소서.
오늘 나의 눈이 아버지를 바라보고 새 힘을 얻습니다.
주님이 나의 모든 힘의 근원이십니다.
오늘 세상을 향하는 나의 발걸음 앞에 주님을 초대합니다.
내 발에 등이 되어주시고, 내 길에 빛이 되어주소서.
나의 모든 행함이 주님의 손에 있음을 믿고 감사드립니다.
오늘도 그 힘으로 살겠습니다.
나의 주 예수 그리스도의 이름으로 기도합니다. 아멘!

:: 여호와는 나의 힘과 나의 방패이시니 내 마음이 그를 의지하여 도움을 얻었도다 그러므로 내 마음이 크게 기뻐하며 내 노래로 그를 찬송하리로다 (시편 28:7).

나의 호흡 가운데서도 하나님을 느끼게 하소서

어제의 모든 순간을 지켜주신 아버지, 감사합니다.
이 아침에도 어제와 다름없는 아버지의 크신 은혜를 믿고 찬양합니다.
하나님의 사랑이 오늘도 나를 가득 채움을 찬양합니다.
하늘을 펴시고, 땅을 지으신 아버지를 찬양합니다.
바람 가운데 하나님의 손길을 주신 아버지를 경배합니다.

모든 것 가운데 하나님의 존재가 있으니 감사합니다.
나의 호흡 가운데서도 하나님을 느끼게 하시고,
오늘도 주님 속에 온전히 거하게 하소서.
내가 만나는 모든 사람을 사랑하시니 감사합니다.
나도 그들을 위하여 하루를 살게 하소서.
무엇을 하든 주님의 손안에 있음을 고백합니다.
나의 지혜와 경험을 버리고 주님의 지혜와 섭리를 따르게 하소서.

나의 마시는 호흡이 은혜를 마시게 하시고,
나의 내뱉는 호흡이 죄를 내뱉게 하소서.
그래서 매 순간 정결해지고 아버지와 가까워지게 하소서.
나의 입술로 주님을 찬양하며 마음으로 주님을 경배합니다.
나의 주 예수 그리스도의 이름으로 기도합니다. 아멘!

:: 우주와 그 가운데 있는 만물을 지으신 하나님께서는 천지의 주재시니…이는 만민에게 생명과 호흡과 만물을 친히 주시는 이심이라 (사도행전 17:24-25).

01 | 26

주님처럼 그리 사는 하루 되겠습니다

이 세상의 무엇보다 아름다우신 하나님 아버지를 찬양합니다.
나를 향한 아버지의 사랑은
이미 십자가로 완벽하게 증명되었음을 선포합니다.
그 사랑으로 오늘도 내가 살며, 일하며, 사랑하며, 힘을 얻습니다.

모든 사랑이 아버지로부터 오니, 그 사랑을 이미 나에게 주셨으니
이제 내가 사랑하는 것은 나의 사랑으로 하는 것이 아닙니다.
나로 오늘 아버지의 사랑을 드러내게 하소서.
나 또한 놀라우신 아버지의 형상을 닮았음을 찬양합니다.
하루를 살면서 아버지의 형상을 가진 자로서의 멋진 삶을 기대합니다.
이미 주신 것을 믿고 감사합니다.

오늘 나의 사랑으로 사는 것이 아니니 내가 힘들 것이 없습니다.
타락하고, 더럽고, 탐욕으로 가득한 이 세상을 위해 오신 주님,
바로 그 세상을 오늘도 사랑하여 섬기며, 낮아지며, 겸손하게 살겠습니다.
죄 된 내가 사는 방식이 아닌 주님의 방식으로 살기 원합니다.
주님, 도와주소서.
사랑할 만해서 사랑하지 않겠습니다.
흉해서, 더러워서, 못마땅해서 사랑하겠습니다.
주님처럼 그리 사는 하루 되겠습니다.
나의 주 예수님의 이름으로 기도합니다. 아멘!

:: 그의 영광의 풍성함을 따라 그의 성령으로 말미암아 너희 속사람을 능력으로 강건하게
하시오며 (에베소서 3:16).

오늘도 아버지의 때를 신뢰합니다

나의 반석 되시는 하나님 아버지,
아버지의 땅 위에 오늘도 일어서게 하신 아버지, 감사합니다.
모든 것이 주님의 것이니, 내가 선 이 땅도 주님의 것입니다.
천국이 아니라 불완전하고 부족한 이 땅에서 아버지를 찬양합니다.

나의 모든 필요를 채우시는 아버지를 찬양합니다.
주님이 나의 생명을 채우셨습니다.
나의 죽음을 생명으로 바꾸신 주님을 찬양합니다.
나에게 필요한 모든 것은 이미 받았음을 찬양합니다.
아버지가 주신 것에 만족하고 감사하게 하소서.
아직 더 바라는 것이 있다면
그것은 나의 원함이지 필요가 아님을 고백합니다.
설령 그것이 나의 필요라 하더라도 아직 아버지의 때가 아님을 믿습니다.
나는 오늘도 아버지의 때를 신뢰합니다.
아버지만 신뢰하는 것이 아니라 아버지의 행하시는 모든 것을 신뢰합니다.
그러니 오늘 모든 불평을 멈추고 찬양을 시작합니다.

아버지의 베푸심이 따로 있는 것이 아님을 찬양합니다.
나와 나의 신앙이 따로 있는 것이 아님을 고백합니다.
그러니 오늘 행하시는 아버지의 역사와 나의 믿음이 하나임을 찬양합니다.
나의 믿음의 대상 되시는 예수 그리스도의 이름으로 기도합니다. 아멘!

:: 여호와의 사심을 두고 나의 반석을 찬송하며 내 구원의 반석이신 하나님을 높일지로다
(사무엘하 22:47).

01 | 28

모든 만물에 담긴 기적을 발견하게 하소서

하늘의 아버지,
하늘에 별을 주셔서 빛나게 하시고 예수님을 알게 하신 아버지, 감사합니다.
바다를 가르시고 고통받는 자들의 구원을 보이신 하나님을 찬양합니다.
광야에 길을 내시며 길 잃은 자들을 인도하시는 아버지를 찬양합니다.
사막에 물을 내시고 목마른 자를 먹이시는 하나님, 감사합니다.

이 세상 모든 만물이 아버지의 기적을 품고 있음을 찬양합니다.
오늘 내가 만나는 모든 만물 안에 담긴 기적을 발견하게 하소서.
내가 그 기적의 매개체가 되는 은혜를 갈망합니다.
부패하고 타락한, 썩어 없어질 세상에 한숨 쉬며 사는 것이 아니라
숨겨진 보물과 은혜와 기적을 발견하는 기대 가득한 하루 되게 하소서.

내가 목소리를 낼 수 있어 입으로 주를 찬양하고 높여드립니다.
내가 볼 수 있어 아버지를 바라보며 하늘을 향하여 시선을 돌립니다.
내가 나의 발을 가지고 구원의 발걸음을 걸어 영적인 산을 넘습니다.
나의 몸과 마음 모두 주님의 것이니 내 안에도 기적을 기대합니다.
오늘 만나는 모든 사람과 아버지의 이 기적을 나누게 하소서.
복의 분배자 되어서 하나님을 높이는 하루 되게 하소서.
나를 통해 누구 한 사람이라도 더 주님을 찬양하게 하소서.
나의 주 예수 그리스도의 이름으로 기도합니다. 아멘!

:: 보라 내가 새 일을 행하리니 이제 나타낼 것이라…내가 광야에 물을, 사막에 강들을 내어 내 백성, 내가 택한 자에게 마시게 할 것임이라 (이사야 43:19-20).

01 | 29

나의 기대대로 되지 않음을 찬양합니다

내 모든 것 되시는 아버지,
모든 고단한 육체를 회복시키시고 새로운 힘을 주신 아버지, 감사합니다.
내가 기대했던 인생은 아니었지만
모든 것을 이기고 살게 하신 아버지를 찬양합니다.
내가 기대하지 못한 많은 은총으로
나의 삶을 가득 채우신 주님을 찬양합니다.

나의 기대대로 되지 않음을 찬양합니다.
나의 기대와 나의 계획대로 되지 않는 인생이
더 큰 아버지의 인도하심 속에 있는 인생임을 믿고 감사합니다.
주님의 손에 모든 것을 맡겨드립니다.
그리고 나의 인생만이 아니라
나의 가족과 사랑하는 사람들의 삶도 주님께 올려드립니다.
주님 안에 있는 인생이 가장 귀한 인생임을 믿습니다.

아버지, 오늘도 주님께 나아갑니다.
세상을 미워하지 않고 사랑하게 하시고 돕게 하소서.
나의 회사와 학교, 가정과 이웃 앞에서 살 수 있는 넉넉한 힘을 주소서.
아버지의 사랑을 듬뿍 받았으니 그 사랑을 나누는 하루 되겠습니다.
주님, 함께하소서. 오늘도 주님을 기대합니다.
나의 주 예수 그리스도의 이름으로 기도합니다. 아멘!

:: 사람이 마음으로 자기의 길을 계획할지라도 그의 걸음을 인도하시는 이는 여호와시니라
(잠언 16:9).

무엇을 하든지 주님의 손안에 있습니다

나의 가는 길을 인도하시는 아버지, 감사합니다.
하나님의 인도하심에 모든 것을 내어 맡기며 오늘 하루를 시작합니다.
어제의 하루도 나의 만족과 상관없이 하나님의 인도함 속에 있음을 믿습니다.
그래서 오늘도 주님을 찬양합니다.
나의 삶이라 하더라도 나의 판단이 아니라
하나님의 판단에 모두 맡기게 하소서.

아버지의 인도하심은 언제나 실수가 없습니다.
내가 원하는 길로 인도함 받지 못함은
주님의 크신 뜻으로의 인도함임을 믿습니다.
그래서 오늘도 감사와 또 감사를 올려드립니다.
오늘도 나에게 예비하신 모든 것을 찬양합니다.
무엇을 하든지 주님의 손안에 있다는 믿음으로
하루를 시작하게 하소서.
오늘 내가 해야 하는 모든 일 속에서 하나님의 섭리를 발견하게 하소서.
내가 만나는 모든 사람 속에서 예수님의 얼굴을 발견하고
주님을 섬기듯 하게 하소서.

내가 가는 모든 곳에서 주님을 경배하겠습니다.
입술의 찬양과 감사가 나의 하루를 지배하게 하소서.
매 순간 주님을 의지함으로 기쁨의 하루가 되게 하소서.
나의 주 예수 그리스도의 이름으로 기도합니다. 아멘!

:: 기쁜 마음으로 섬기기를 주께 하듯 하고 사람들에게 하듯 하지 말라 (에베소서 6:7).

나는 연약하나 주님은 강하십니다

인자하신 하나님 아버지,
주님의 인자하심으로 오늘도 눈을 뜨게 하시니 감사합니다.
나의 호흡과 나의 사는 모든 순간의 주권이 주님께 있음을 찬양합니다.
모든 것이 주님의 손에 있으니 나는 오늘도 그 믿음으로 하루를 시작합니다.
예수 그리스도의 십자가의 구원으로 오늘 내가 생명을 얻었습니다.
이 모든 생명이 주님께 있음을 찬양합니다.
오늘 나의 사는 것은 예수님을 대신하여 사는 삶임을 믿습니다.
나를 살리신 그 선택을 기뻐하시도록 열심히 살게 하소서.
나를 바라보며 즐거워하시는 주님을 기억하며 살게 하소서.

오늘도 나의 손을 붙들어주시기 원합니다.
나는 연약합니다. 그러나 주님은 강하십니다.
나의 모든 힘의 근원이 주님이심을 믿고 찬양합니다.
이 손을 붙들고 오늘도 하루를 나아갑니다.
주님의 손으로 만지는 모든 것이 회복되듯 나도 그러하게 하소서.

아버지, 오늘도 내가 아버지의 자녀임에 감사합니다.
나의 존재가 얼마나 소중한지 기억하게 하시고 기뻐하게 하소서.
나의 힘, 나의 반석이 되시는 주님을 사랑합니다.
나의 주 예수 그리스도의 이름으로 기도합니다. 아멘!

:: 오직 나는 주의 풍성한 사랑을 힘입어 주의 집에 들어가 주를 경외함으로 성전을 향하여 예배하리이다 (시편 5:7).

02

할렐루야 그의 성소에서 하나님을 찬양하며
그의 권능의 궁창에서 그를 찬양할지어다
_ 시편 150:1

이 달 의 기 도 제 목

-
-
-
-
-

02 | 01

신의 사랑을 받는 나는 소중한 존재입니다

나를 바라보시는 하나님 아버지여,
오늘도 나는 잤으나 주님은 주무시지 않고 나를 일으키시니 감사합니다.
한순간도 나를 놓지 않고 바라보시는 주님을 찬양합니다.
신의 사랑을 받는 내가 얼마나 소중한 존재인지 기억하며
이 하루를 시작합니다.

아버지여, 오늘도 주님의 능력과 빛이 나를 지켜줌을 믿습니다.
아버지의 일하심이 나의 일함을 넘어서 나와 함께함을 믿습니다.
내가 가는 모든 길에 아버지가 먼저 가심을 믿습니다.
그 믿음으로 오늘도 주님을 자랑하며 살게 하소서.

나의 부족함에 눈을 두지 말고 나의 가득참에 눈을 두게 하소서.
나의 원함 앞에 무릎 꿇고 비굴하게 살지 말게 하소서.
이미 모든 것을 다 주신 아버지의 사랑을 믿게 하소서.
그래서 지금 내게 없는 것은 없는 것이 훨씬 나은 것임을 믿게 하소서.
그 모든 섭리가 주님 안에 있음을 믿고 감사드립니다.

오늘도 내가 다른 사람의 필요를 채우는 도구 되기 원합니다.
나는 아버지로 인하여 사랑을 가득 받았으니
다른 사람을 채우고도 남는 사랑으로 부어주게 하소서.
나의 주 예수 그리스도의 이름으로 기도합니다. 아멘!

:: 이스라엘을 지키시는 이는 졸지도 아니하시고 주무시지도 아니하시리로다 여호와는 너를 지키시는 이시라 여호와께서 네 오른쪽에서 네 그늘이 되시나니 (시편 121:4-5).

나의 곁에 계시며 나의 뒤에 계신 주님

나를 만족시키시는 하나님 아버지,
어제의 하루도 주님이 가득 채워주심에 감사합니다.
내가 모르는 모든 사고와 어려움을 이기게 하시니 감사합니다.
언제나 나의 울타리와 방패가 되시는 주님을 찬양합니다.
오늘도 그 인도하심에 내가 부족함이 없습니다.

모든 순간 나를 만족시키시는 주님을 찬양합니다.
나의 곁에 계시며 나의 뒤에 계신 주님을 찬양합니다.
나의 바라볼 희망이 되시고 모든 가능성 되신 아버지를 찬양합니다.
나를 바라보고도 실망할 것이 없는 것은 주님이 내 안에 계심 때문입니다.

내가 주님을 의지한다면 나에게 부족할 것이 없음을 고백합니다.
아버지를 놓치고 나를 바라보며 아등바등하며 살지 말게 하소서.
나에게 벌어진 일들이 나를 죽이지 못하며, 나를 지옥으로 보내지 못합니다.
일희일비하지 않고 주님을 바라보게 하소서.
모든 순간 찬양하게 하소서.
오늘도 그 담대함으로 도전하는 하루를 살기 원합니다.
조금 더 아버지께 가까이 가기 위해 한 걸음 나아가게 하소서.
주님의 손을 붙잡고 새로운 것을 향하여 나아가는 하루 되게 하소서.
나의 모든 것이 되시는 예수 그리스도의 이름으로 기도합니다. 아멘!

:: 그가 너를 그의 깃으로 덮으시리니 네가 그의 날개 아래에 피하리로다 그의 진실함은 방패와 손 방패가 되시나니 (시편 91:4).

나의 작은 하루를 주님께 맡깁니다

가장 완전하신 하나님 아버지,
이 세상의 불완전한 모든 것 속에서 가장 완전하신 주님을 찬양합니다.
나의 왜곡된 모든 기억에도 불구하고 나를 온전히 인도하심에 감사합니다.
내가 잘못된 판단으로 하나님을 원망할 때도 나를 사랑하심에 감사합니다.
나의 기억과 판단을 믿지 말고 주님의 기억과 판단을 믿게 하소서.
그래서 아버지를 원망하지 않고
주님을 매 순간 찬양하는 사람이 되게 하소서.

오늘도 아버지의 기억하심을 구합니다.
약속을 지키시는 하나님의 완전한 기억 속에 나의 모든 것을 내어 맡깁니다.
나의 기억으로 하나님을 비난하는 일이 없게 하소서.
마음속에 불평이 올라올 때마다 나의 연약함을 고백하며 회개하게 하소서.

오늘 세상 속에서 살아가며 그들에게 물들기보다
그들을 물들이는 주체가 되게 하소서.
작은 자를 사용하시는 주님께 나의 더 작은 하루를 맡겨드립니다.
내가 잘 살기 위해서가 아니라 남을 잘 살게 하기 위해 주님을 부릅니다.
아버지여, 일하여 주소서.
나의 살아가는 작은 순간이 하나님을 가리키는 표지판이 되게 하소서.
썩어진 세상이 아니라 썩어진 교회에서 희망을 보여주는 자 되게 하소서.
나의 주 예수 그리스도의 이름으로 기도합니다. 아멘!

:: 이같이 너희 빛이 사람 앞에 비치게 하여 그들로 너희 착한 행실을 보고 하늘에 계신 너희 아버지께 영광을 돌리게 하라 (마태복음 5:16).

02 | 04

가정의 울타리와 하나님의 울타리에 감사합니다

오늘도 선물과 같은 하루를 주신 아버지, 감사합니다.
24시간 동안 펼쳐질 하나님의 은혜에 감동하는 하루로 시작합니다.
나를 향한 아버지의 뜻은 언제나 평안입니다.
보이지 않는 곳에서 일하시는 하나님을 바라보게 하소서.
하나님의 일하심이 있는 나의 삶 속에서 더 멀리 바라보기 원합니다.
나를 인도하시는 하나님의 손길에 나를 맡겨드립니다.
만나는 이들을 축복합니다.

계절마다 절기마다 가족이라는 울타리에 나를 담으심을 감사드립니다.
때로는 그 울타리가 답답하고, 나의 가는 길을 막는 것처럼 보이지만
더 많은 순간, 그 울타리로 인하여 안전했음을 고백합니다.
그 울타리로 인하여 성장하며, 배우며, 오늘에 이르렀음에 감사합니다.
이만큼 컸다고 그동안의 감사를 잊지 말게 하소서.

나의 주 하나님의 울타리도 감사하게 하소서.
넘지 말라고 하신 것을 넘어서는 것이 자유라 여기지 말게 하시며
머물라 하실 때에 가장 안전한 곳을 나에게 주심을 찬양하게 하소서.
오늘도 가정의 울타리와 하나님의 울타리에 감사하는 하루 되겠습니다.
나의 기쁨의 근원 되시는 예수 그리스도의 이름으로 기도합니다. 아멘!

:: 여호와의 말씀이니라 너희를 향한 나의 생각을 내가 아나니 평안이요 재앙이 아니니라 너희에게 미래와 희망을 주는 것이니라 (예레미야 29:11).

아버지께는 어떤 모습도 보일 수 있습니다

나의 모습 그대로를 기뻐 받으시는 아버지, 감사합니다.
나의 실수와 죄들까지 깨끗하게 하시며
나로 주님 앞에 나갈 자격을 주심에 감사합니다.
모든 사람이 나를 버려도 주님은 절대 나를 버리시지 않음에 감사합니다.
영원히 받아들여짐이, 언제나 받아들여짐이 얼마나 기쁜 일인지요.
내가 잘 나갈 때나, 내가 못 나갈 때나
아무 상관없는 아버지가 나의 힘이십니다.
아버지 앞에서는 어떤 모습도 보일 수 있음에 감사합니다.
세상의 기준과 상관없이 나의 모습을 사랑해주심에 감사합니다.
그 아버지로 인해 오늘도 기뻐 찬양을 드립니다.

오늘 나도 주님을 닮게 하소서.
주님을 닮아 사람을 용납하는 자 되게 하소서.
세상의 기준으로 판단하지 않고 하나님의 사랑으로 바라보게 하소서.
나의 사랑으로 할 수 없으나
주님의 사랑이 나에게 있으니 가능함을 믿습니다.

누군가에게는 기쁜 날이 누군가에게는 슬픈 날도 될 수 있음을 기억합니다.
그래서 만나는 이들마다 위로하고 격려하겠습니다.
한 사람, 한 사람의 내면을 바라보며 기도하겠습니다.
내가 용납받은 만큼 다른 사람을 용납하는 하루 되겠습니다.
나의 사랑이 되시는 예수 그리스도의 이름으로 기도합니다. 아멘!

:: 사람들이 너를 일컬어 거룩한 백성이라 여호와께서 구속하신 자라 하겠고 또 너를 일컬어 찾은 바 된 자요 버림받지 아니한 성읍이라 하리라 (이사야 62:12).

02 | 06

올해 가장 잘한 일이 말씀 읽기가 되게 하소서

이 세상을 말씀으로 창조하신 아버지, 감사합니다.
오늘 나의 하루도 주님의 말씀에 의해 새롭게 창조될 것을 믿습니다.
오늘도 내가 경험하는 모든 것에 주님의 말씀 선포가 담기게 하소서.
그 선포 안에 기적이 있음을 믿습니다.

오늘도 아버지의 말씀을 사모합니다.
성경을 읽게 하시고 기억하게 하셔서 나로 그 말씀의 땅에 굳게 서게 하소서.
한 해를 살면서 가장 잘한 일이 말씀을 읽는 일이 되게 하소서.
나의 믿음이 흔들릴 때마다 그 말씀이 나에게 가장 큰 힘이 될 것입니다.
오늘도 선포합니다. 주님의 말씀과 약속은 변함이 없습니다.
그래서 이 세상은 요동하나 아버지의 자녀는 평안할 것입니다.
주님이 약속하신 영원한 생명이 내 안에 있음을 선포합니다.
그 구원의 약속으로 오늘도 십자가의 은혜의 완성을 향해 나아가겠습니다.

땅의 요동하는 소리에 두려워 말게 하소서.
하늘의 음성에 귀 기울이며 오늘 이 땅에서의 사명을 감당하게 하소서.
나에게 주어진 예수 그리스도라는 이름의 권세가
참된 나의 것이 되게 하소서.
나의 주 예수 그리스도의 이름으로 기도합니다. 아멘!

:: 풀은 마르고 꽃은 떨어지되 오직 주의 말씀은 세세토록 있도다 하였으니 너희에게 전한 복음이 곧 이 말씀이니라 (베드로전서 1:24-25).

아무리 작은 일도 버릴 것이 없습니다

온전하신 하나님 아버지,
오늘도 아름다운 하루를 시작하게 하심을 감사합니다.
쉴 때의 기쁨을 주시고, 또한 일할 때의 기쁨을 주심에 감사합니다.
나는 온전하지 못하나 주님은 완전하신 분임에 감사합니다.
아버지의 온전하심 앞에 나를 내어 맡깁니다.

오늘 하루도 문득문득 만날 수 있는 모든 어려움을 인해 감사합니다.
갈등은 화해를 위해 나아가는 길임에 감사합니다.
질병은 건강으로 가기 위한 길임에 감사합니다.
절망은 소망으로 가기 위한 과정임에 감사합니다.
주님 안에서 모든 것이 선한 길로 갈 수 있음을 믿습니다.

나의 하루가 주님을 찬양하고 감사하는 것으로 가득차게 하소서.
내가 행하는 이 하루의 모든 일이 의미 있는 일임을 고백합니다.
아무리 작은 일도 버릴 것이 없음을 믿습니다.
그것이 실망이어도 새로운 희망을 발견할 것입니다.
그것이 고난이어도 거룩의 길로 들어설 것을 믿습니다.
그것이 이별이어도 더 좋은 만남을 위한 비움임을 믿습니다.
오늘도 아버지를 사랑하고, 찬양하며, 신뢰합니다.
나의 주 예수 그리스도의 이름으로 기도합니다. 아멘!

:: 우리가 알거니와 하나님을 사랑하는 자 곧 그의 뜻대로 부르심을 입은 자들에게는 모든 것이 합력하여 선을 이루느니라 (로마서 8:28).

02 | 08

내 삶의 모든 필연은 하나님의 지극한 사랑입니다

오늘도 나의 삶을 우연으로 만들지 않으신 필연의 하나님, 감사합니다.
내가 우연히 생겨난 존재가 아님에 감사합니다.
내 삶의 중요한 일들이 우연의 산물이 아님을 찬양합니다.
하나님이 나를 주목하시고
나의 이름으로 불러 나를 존재하게 하심에 감사합니다.
내 삶의 모든 필연은 곧 하나님의 지극한 사랑이니 감사를 드립니다.

나도 나를 하찮게 보는 많은 순간이 있음에도
나를 귀히 여기시니 감사합니다.
세상 사람들이 때로 나를 무시하는 순간에도
그 모든 것을 무시하시는 아버지를 찬양합니다.
언제나 나를 나보다 사랑하시는 주님을 찬양합니다.
아버지가 나를 소중히 인도하시는 것처럼
오늘 나도 나의 하루를 소중히 여기며 살게 하소서.
하나님의 사랑만큼이나 나를 사랑하고, 집중하며, 귀히 여기게 하소서.
그리고 그 마음으로 나를 무시하거나 동료를 무시하지 않고,
나를 사랑하고 동료를 사랑하게 하소서.

주님이 나를 사랑하셨으니 나도 주님을 더욱 사랑합니다.
일평생 주님을 인해 기뻐하며 찬양하겠습니다.
나의 주 예수 그리스도의 이름으로 기도합니다. 아멘!

:: 너를 만들고 너를 모태에서부터 지어 낸 너를 도와줄 여호와가 이같이 말하노라 나의 종 야곱, 내가 택한 여수룬아 두려워하지 말라 (이사야 44:2).

나의 것은 하나도 없으니 모두 주님의 것입니다

오늘도 나의 주인 되시는 아버지를 찬양합니다.
내가 나의 주인이 아니라 아버지가 나의 주인이시라는 사실이 감사합니다.
그것이 나를 오늘 살게 할 것임을 믿습니다.
오늘도 내 삶의 주인이 되어 나를 인도해주소서.
나의 가장 큰 것부터 가장 작은 것까지 모두 주님께 드립니다.

아버지를 주인으로 모셨다면 진정한 주인이 되시도록 하겠습니다.
나의 모든 것을 상의하고 아뢰겠습니다.
나의 것은 하나도 없으니 모두 주님의 것이 되게 하겠습니다.
그래서 내가 사는 것이 아니라 그리스도가 사시는 것이 되게 하소서.

오늘도 나와 함께하시며 나로 기쁘게 하실 주님을 찬양합니다.
나의 마음 가장 깊은 곳에서 주님으로 인해 참된 평화가 넘침을 믿습니다.
오늘 내게 일어나는 모든 일 앞에 담대하게 하소서.
주님이 모든 것을 책임지실 것을 믿으므로 담대하겠습니다.
나를 책임지시는 주님이 오늘도 나를 지키실 것을 믿습니다.
나의 입술이 이 하루를 찬양하고 또 찬양하며 지내겠습니다.
아버지를 사랑합니다.
나의 주 되시는 예수 그리스도의 이름으로 기도합니다. 아멘!

:: 너희는 자유가 있으나 그 자유로 악을 가리는 데 쓰지 말고 오직 하나님의 종과 같이 하라 (베드로전서 2:16).

끝에서도 주님이 시작하게 하시면 '이제' 시작입니다

오늘도 새로운 마음으로 아침을 시작하게 하신 아버지, 감사합니다.
아버지께로만 새로운 시작이 있습니다.
나의 모든 삶이 아버지의 손에 있음을 고백합니다.
세상 모든 것이 내가 끝이라 하여도
주님이 나로 시작하게 하시면 이제 시작입니다.
사람들이 이제 그만하라 하여도
아버지가 다시 시작하라 하시면 그리하는 것이 가장 선함을 믿습니다.
아버지가 계획하신 삶으로 오늘도 나를 인도하소서.
사람들이 기준이 아니라 아버지가 기준이 되시는 삶을 가르치소서.

멈춤과 시작의 모든 기준이 아버지께 있음을 고백합니다.
나의 살고 죽는 모든 것이 주님의 손에 있음을 찬양합니다.
모든 상황에서 주님을 사랑한다 고백하는 기쁨을 주소서.
작은 상황에 좌지우지되지 않는 믿음을 허락하소서.

오늘도 만나는 모든 사람을 축복하며 기뻐합니다.
그들의 존재가 나에게 가치 있고 없음이 나의 유익에 있지 않습니다.
그들의 존재 자체가 존귀하고 아름다움을 믿습니다.
더불어 행복하게 하소서.
나의 기쁨이 되시는 예수 그리스도의 이름으로 기도합니다. 아멘!

:: 우리가 항상 예수의 죽음을 몸에 짊어짐은 예수의 생명이 또한 우리 몸에 나타나게 하려 함이라…그런즉 사망은 우리 안에서 역사하고 생명은 너희 안에서 역사하느니라
(고린도후서 4:10-12).

조건 없는 사랑에 조건 없는 믿음을 갖게 하소서

새로운 아침을 주신 아버지, 감사합니다.
나의 모든 사는 날이 주님으로 인해 기쁜 날임에 감사합니다.
오늘도 바로 그 모든 날 중의 하루이니 오늘도 기쁜 날입니다.
이 기쁜 날을 시작하는 하루를 아버지와 대화함으로 열게 하시니 감사합니다.

오늘 있을 모든 일 가운데 하나님의 일하심을 발견하게 하소서.
사람 속에서 주님의 얼굴을 보게 하시고,
상황 속에서 주님의 일을 보게 하소서.
상한 마음으로 볼 때 아버지의 위로의 손길을 보게 하시고,
무너진 상황을 볼 때 주님의 회복을 보게 하소서.

내가 힘들고 어려울 때 언제나 나를 위로하시는 주님을 찬양합니다.
내가 잘했지만 힘들 때를 골라 위로하시는 주님이 아니심을 찬양합니다.
내가 못했지만 힘들 때도 나를 위로하시는 주님을 찬양합니다.
이 믿음이 흔들리지 않게 하소서.
오늘도 아버지의 조건 없는 사랑 앞에 조건 없는 믿음을 갖게 하소서.
분에 넘치는 하나님의 사랑 앞에 분에 넘치는 기쁨을 표현하게 하소서.
하나님의 사랑에 대한 최고의 응답은 하나님을 사랑하는 것임을 알게 하소서.
하루 종일 만나는 모든 일 속에서 하나님의 사랑을 찾아 감사하게 하소서.
나의 주 예수 그리스도의 이름으로 기도합니다. 아멘!

:: 우리의 모든 환난 중에서 우리를 위로하사 우리로 하여금 하나님께 받는 위로로써 모든 환난 중에 있는 자들을 능히 위로하게 하시는 이시로다 (고린도후서 1:4).

02 | 12

나의 어떤 약함도 아버지 앞에서는 약점이 되지 않습니다

사랑의 하나님 아버지,
오늘도 주님의 풍성한 사랑 안에서 눈을 뜨고 일어납니다.
하나님이 동행하실 것이니 더욱 기쁨으로 하루를 시작합니다.
나의 찬양을 받아주소서.

언제나 나의 연약함을 무시하지 않으시는 주님을 찬양합니다.
나의 미련함을 타박하지 않으시는 주님을 사랑합니다.
나의 실수를 빌미삼지 않으시는 주님을 찬양합니다.
나의 어떤 약함도 아버지 앞에서 약점이 되지 않음에 감사합니다.
나의 부족한 모든 것을 채우기 기뻐하시는 주님을 찬양합니다.

오늘 하루도 많은 순간 연약함이 있겠지만 두렵지 않습니다.
그 연약함을 도우시는 아버지가 합력하여 선을 이루시기 때문입니다.
나의 미련함도 상관없는 것은
지혜의 아버지가 깨닫게 하실 것이기 때문입니다.
모든 순간 나의 도움이 되시는 주님을 사랑합니다.
오히려 내가 너를 도울 수 있어 기쁘다 하시는 주님을 사랑합니다.
그래서 나의 있는 모습 그대로를 내가 사랑할 수 있음에 감사합니다.
내게 해줄 것이 있어 기뻐하시는 주님이 나의 아버지이심에 기뻐합니다.
나의 주 예수 그리스도의 이름으로 기도합니다. 아멘!

:: 이와 같이 성령도 우리의 연약함을 도우시나니 우리는 마땅히 기도할 바를 알지 못하나 오직 성령이 말할 수 없는 탄식으로 우리를 위하여 친히 간구하시느니라 (로마서 8:26).

내가 오늘 존재함으로 아버지를 기뻐합니다

오늘도 신선한 아침을 주신 아버지, 감사합니다.
나의 몸이 신선하지 않다고 만물이 신선하지 않은 것은 아닙니다.
비록 나의 몸이 피곤하여도 하나님이 만드신 모든 것은 아름답습니다.
아버지의 손길이 닿은 모든 것이 아름다움을 고백합니다.
나의 주 하나님은 찬양받기에 합당하신 분입니다.

볼을 스치는 바람도 주님을 찬양합니다.
하늘도, 나무도, 새들도 주님께 영광을 올려드립니다.
세상의 모든 만물이 아버지의 창조물임을 고백합니다.
그들은 모두 아버지를 찬양하며 존재만으로도 영광을 올리고 있습니다.
그 모든 것 중 가장 존귀한 인간인 나도 주님께 영광을 올려드립니다.

내가 오늘 존재함으로 아버지를 기뻐합니다.
내가 아버지의 작품임을 선포합니다.
아버지의 형상으로 다니며 그것을 전하는 하루 되겠습니다.
내가 아버지를 기뻐함으로 아버지께 선물이 될 수 있음을 믿습니다.
내가 만나는 오늘 하루 동안의 모든 상황에 감사합니다.
나를 존재하게 하신 분이 오늘을 살게 하실 것이기 때문입니다.
그 아버지를 사랑하고, 찬양하고, 기뻐합니다.
나의 주 예수 그리스도의 이름으로 기도합니다. 아멘!

:: 할렐루야 그의 성소에서 하나님을 찬양하며 그의 권능의 궁창에서 그를 찬양할지어다
(시편 150:1).

02 | 14

제발 오래 살아주기를 바라는 존재 되게 하소서

오늘도 나에게 생명을 허락하신 주님, 감사합니다.
나의 생명이 주님의 손에 있음을 고백합니다.
나의 생명이 살아 있음에 진심으로 감사한다면
오늘 일어나는 일들로 인해 불평하지 않을 것입니다.
오늘 나의 가족이 살아 있음에 감사한다면
그들로 인해 생겨나는 어려움에 불평하지 않을 것입니다.
나의 오늘의 불평은 주님에 대한 감사가 없음입니다.

그래서 오늘도 주님 앞에 나아가 생명 주신 주님을 찬양합니다.
나를 살리시고, 나의 가족을 살리시는 아버지를 찬양합니다.
이 땅에 살아 있는 모든 것으로 인하여 주님을 찬양합니다.
아직도 주님이 이 땅에 사명을 허락하셔서 남겨두신 것임을 믿습니다.
그러니 오늘 나의 입술에서 불평이 완전히 사라지게 하소서.

내가 오늘 살아 있는 것이 누군가에게 덕이 되게 하소서.
내가 살아 있어서 누군가를 살릴 수 있는 하루 되게 하소서.
누군가의 소망이 내가 사라지는 것이 되는 악한 존재가 아니라
누군가의 소망이 제발 저 사람이 오래 살아주기를 바라는 존재 되게 하소서.
이 생명을 주님께 드립니다.
나의 주님 되시는 예수 그리스도의 이름으로 기도합니다. 아멘!

:: 우리는 그가 만드신 바라 그리스도 예수 안에서 선한 일을 위하여 지으심을 받은 자니 이 일은 하나님이 전에 예비하사 우리로 그 가운데서 행하게 하려 하심이니라 (에베소서 2:10).

오늘, 가는 곳마다 아버지를 드러내게 하소서

오늘도 숨쉬게 하시고 일어나 걷게 하시는 아버지, 찬양합니다.
나에게 일할 힘을 주신 주님을 찬양합니다.
나로 입을 열어 말하게 하신 주님을 찬양합니다.
생각하고 판단할 머리를 주신 아버지를 찬양합니다.
나의 손으로 누군가를 섬기게 하신 주님을 찬양합니다.

아버지가 허락하신 모든 것으로
오늘 가는 곳마다 아버지를 드러내게 하소서.
내가 하는 것이 아니라 아버지가 하시는 것으로 살게 하소서.
내가 한다 생각했던 것이 착각이었음을 고백합니다.
오늘도 아버지의 주신 힘으로 선하고 아름다운 하루를 만들기 원합니다.

오늘 내가 가는 곳마다 아버지가 계시니 내가 그곳에서 예배합니다.
나의 삶으로 드리는 향기를 받아주소서.
나의 행동으로 올리는 나의 제사를 받아주소서.
나의 말로 다른 사람을 통해 올리는 나의 찬양을 받아주소서.
오늘도 집이든, 회사든, 학교든, 길거리든 모든 곳에서 예배합니다.
내가 주님을 경배할 때 다툼이 사라지고 꼬인 것이 풀릴 것을 믿습니다.
아버지의 영적인 순리를 따라 순종하며 살겠습니다.
나의 주 예수 그리스도의 이름으로 기도합니다. 아멘!

:: 모든 것이 하나님께로서 났으며 그가 그리스도로 말미암아 우리를 자기와 화목하게 하시고 또 우리에게 화목하게 하는 직분을 주셨으니 (고린도후서 5:18).

딱 오늘만큼의 짐조차도 주님께 내어드립니다

나의 사랑하는 아버지여,
나의 하루가 하나님으로 인하여 빛나고 축복받음을 찬양합니다.
주님이 주신 이 하루를 불평과 불만으로 낭비하지 않겠습니다.
아버지를 찬양하는 입술로 나의 하루를 가득 채우겠습니다.

오늘도 지난 나의 모든 걱정과 근심을 털어버리겠습니다.
태어나서 죽을 때까지의 모든 근심을
오늘 하루에 이고 지고 살고 있음을 회개합니다.
내일 또 그 일평생의 근심을 짊어지고 살지 않게 하소서.
태어나서 지금까지의 모든 근심을 절벽에 버리겠습니다.
오지도 않을 죽을 때까지의 모든 걱정을 바다에 던져버립니다.

딱 오늘만큼만의 걱정을 손가방에 넣고 주님의 손을 붙들겠습니다.
딱 오늘만큼만의 근심을 가볍게 들고 하루를 시작합니다.
주님의 손을 붙잡고 흥겹게 걸어가는 하루 됨을 찬양합니다.
내 멍에는 쉽고 내 짐은 가볍다 하신 예수님을 따라갑니다.
딱 오늘만큼의 짐조차도 주님께 내어드리고 마음의 쉼을 얻습니다.
굳이 짐을 빼앗아 드는 나의 고집을 버립니다.
모든 것을 주님께 내어 맡기고 오늘 허락하신 축복을 만끽합니다.
나의 사랑 되시는 예수 그리스도의 이름으로 기도합니다. 아멘!

:: 이는 내 멍에는 쉽고 내 짐은 가벼움이라 하시니라 (마태복음 11:30).

02 | 17

나는 오늘도 아버지를 갈망합니다

내 힘의 근원 되시는 아버지,
내 모든 체력을 지켜주시고, 나의 정신을 가다듬어
새 하루를 맞게 하신 아버지를 찬양합니다.
모든 순간 아버지의 은혜 가운데 살게 하심을 찬양합니다.
오늘 새로운 시작 앞에 귀한 선물로 시간을 허락하심을 찬양합니다.

오늘도 가는 곳마다 주님을 경배하기 원합니다.
나를 부르신 어느 곳이든 그곳이 내가 아버지를 만나는 곳입니다.
나는 오늘도 아버지를 갈망합니다.
내게 문제가 없어서 주님을 찬양하는 것이 아니라
산재한 문제가 나의 찬양을 가로막을 수 없어 주님을 찬양합니다.

모든 상황과 문제와 현실보다 내가 주님을 사랑함이 더 큽니다.
내 모든 어려움이 해결되지 않는다 하더라도 주님을 찬양합니다.
내가 주님을 만날 수만 있다면 어떤 것도 마다하지 않겠습니다.
아버지를 만나는 것이 내 삶의 가장 큰 기쁨입니다.
나의 주 하나님만이 나의 모든 것이심을 고백합니다.
나의 아버지를 얻기 위해 다른 것들을 포기하는 용기를 허락하소서.
아버지의 늘어난 손이 되어 오늘도 세상 사람들을 사랑하며 돌보게 하소서.
나의 주 예수 그리스도의 이름으로 기도합니다. 아멘!

:: 주께서 심지가 견고한 자를 평강하고 평강하도록 지키시리니 이는 그가 주를 신뢰함이니이다 (이사야 26:3).

오늘 마음껏 일하여 주소서

나의 능력 되시는 하나님 아버지, 이 아침에 주님을 찬양합니다.
나를 일으키시고 능력을 부여하시는 아버지를 찬양합니다.
아버지는 선하셔서 오늘 하루의 모든 일을 아름답게 이끄심을 믿습니다.
하나님의 기적이 오늘도 가득한 하루 되게 하소서.
하나님의 일하심이 매 순간 가득한 하루 되게 하소서.

오늘도 모든 것을 주님께 내어 맡깁니다.
나의 뜻대로 하다가 잘 안돼서 주님께 맡기는 것이 아니라
처음부터 순전히 아버지께 기쁨으로 맡겨드립니다.
하나님이 온전히 일해주시고 역사해주실 것을 믿고 감사합니다.
현실에 대한 믿음보다 주님을 향한 믿음이 나를 살림을 고백합니다.

오늘 마음껏 일하여 주소서.
하나님의 사랑과 은혜를 모든 사람이 경험하는 하루 되게 하소서.
온전히 역사하실 주님을 찬양하고 찬양합니다.
온전히 하나님의 능력을 의지하여 하루를 삽니다.
모든 순간 임하소서.
하나님의 이름만이 드러나는 하루 되게 하소서.
주님이 기뻐하시는 하루 되게 하소서.
나의 주 예수 그리스도의 이름으로 기도합니다. 아멘!

:: 너의 행사를 여호와께 맡기라 그리하면 네가 경영하는 것이 이루어지리라 (잠언 16:3).

02 | 19

나의 분량을 조절하는 믿음을 선택하게 하소서

지난밤에도 단잠 주신 회복의 아버지, 감사합니다.
잠이 오지 않아도 강제적으로 쉴 수 있는 밤을 주심에 감사합니다.
인간의 욕심은 한도 끝도 없이 낮을 누리려 하여 병이 생김을 고백합니다.
하나님의 순리에 따라 사는 하루가 가장 복된 하루임을 고백합니다.
오늘도 그 순리를 따라 일어나 일하게 하시니 감사합니다.
나의 욕심으로 오늘 나의 하루를 소진하며
나를 깎아먹는 일을 하지 않겠습니다.
오늘의 분량만큼 일하고, 오늘의 분량만큼 감사하며,
오늘의 분량만큼 예배합니다.

더 하지 않아도 죽지 않음을 믿게 하소서.
믿음이 없이는 한순간도 쉴 수 없음을 고백합니다.
오늘 나의 분량을 조절하는 믿음을 선택하게 하소서.
아버지의 살게 하신 그만큼도 충분히 복될 수 있음을 믿게 하소서.
하나님의 정하신 나의 길이 선하다는 것을 기쁨으로 받아들이게 하소서.

내가 빨리 가고자 한다고 빨리 가지는 것이 아님을 고백합니다.
내가 천천히 가려 해도 하나님이 미시면 빨라지는 것을 믿습니다.
빠르고 느림에 옳고 그름이 속하지 않으니 내어 맡기고 평안을 누리게 하소서.
오늘도 주님을 의지함으로 내가 평안을 누립니다.
나의 주 예수 그리스도의 이름으로 기도합니다. 아멘!

:: 그리스도 예수의 사람들은 육체와 함께 그 정욕과 탐심을 십자가에 못 박았느니라
(갈라디아서 5:24).

나의 한 발, 한 발마다 임재하여 주소서

귀하고 아름다운 하루를 시작하게 하신 아버지, 감사합니다.
오늘도 나에게 필요한 모든 것을 이미 주신 아버지를 찬양합니다.
하나님의 사랑이 오늘도 나의 하루에 가득함을 찬양합니다.
이 하루도 주님을 경배하며 하나님의 하나님 되심을 높입니다.
아버지는 유일하신 나의 하나님이십니다.

오늘도 나의 모든 욕심이 아니라 필요를 채우시는 아버지를 찬양합니다.
부족함을 알게 하시고 멈출 줄 알게 하신 아버지를 찬양합니다.
아버지의 주심에 만족하며 감사하는 하루 되기 원합니다.
나의 한 발, 한 발마다 임재하여 주소서.
나의 두 손에 주님의 손을 잡아주소서.
나의 가는 곳마다 하나님의 시선이 머물게 하시고, 나도 함께하게 하소서.
내가 만나는 사람들과 함께 대화하시고 임하여 주소서.
내가 하는 일마다 주님의 능력으로 하게 하소서.

아버지의 일하심이 곧 나의 일하심과 일치하는 축복을 주소서.
오늘도 주님의 은혜가 넘침을 믿고 기뻐합니다.
나의 불행은 은혜의 부족이 아니라 감사의 부족임을 알게 하소서.
오늘도 감사와 찬양을 주님께 올려드립니다.
나의 주 예수 그리스도의 이름으로 기도합니다. 아멘!

:: 우리의 눈이 여호와 우리 하나님을 바라보며 우리에게 은혜 베풀어 주시기를 기다리나이다 (시편 123:2).

02 | 21

원망했던 입술로 찬양하게 하소서

사랑스런 나의 아버지, 이 아침에 주님을 찬양합니다.
이 세상의 모든 사랑스러운 것들을 다 모아도
아버지의 모습을 표현할 수 없습니다.
아버지의 아름다우심 안에 들어가 오늘도 그것을 만끽하는 하루 되게 하소서.

보이는 것들로 하나님을 판단했음을 회개합니다.
종로에서 뺨 맞고 한강에서 화풀이하는 것처럼,
마귀의 속임수에 넘어가놓고 하나님께 화풀이하며 살았음을 용서하소서.
모든 잘못된 일은 엄마 탓이라고 투정하는 것처럼,
보이는 못마땅한 것을 다 하나님 탓으로 돌렸던 것을 용서하소서.
한강의 잘못이 아니고 엄마의 잘못이 아닌 것처럼,
성숙해졌다면 이제 원망을 멈출 줄도 아는 자녀 되게 하소서.

오늘 하나님께 원망했던 모든 것을 회개하고 그 입술로 찬양하게 하소서.
나를 지금까지 지키신 이가 하나님이십니다.
주님이 아니면 단 한순간도 살아남지 못했을 것입니다.
나의 나 됨의 모든 것은 하나님의 은혜임을 고백합니다.
이제 하나님 앞에 찬양과 감사의 입술의 하루를 사는 성숙한 자 되게 하소서.
나의 주님만이 나에게 가장 선한 것을 주시는 분입니다.
나의 사랑 되시는 예수 그리스도의 이름으로 기도합니다. 아멘!

:: 우리가 잠시 받는 환난의 경한 것이 지극히 크고 영원한 영광의 중한 것을 우리에게 이루게 함이니 (고린도후서 4:17).

아버지를 많이 닮게 하소서

나의 노래가 되시는 하나님 아버지여,
아버지의 도우시는 손길로 하루를 지나게 하시니 감사합니다.
어제의 모든 열매는 주님의 것입니다.
오늘도 어제의 신실하신 아버지를 인하여 감사와 찬양을 드립니다.
오늘도 오늘의 노래로 주님을 찬양합니다.

어제나 오늘이나 동일하신 주님으로 인해 오늘도 담대함을 얻습니다.
세상은 변하고 사람도 변하지만 하나님은 언제나 변하지 않으십니다.
그래서 내가 언제나 의지하고 기댈 수 있음에 감사합니다.
오늘도 변하는 것들에 마음을 두지 말게 하시고
변하지 않으시는 하나님께 마음을 두고 평안을 누리게 하소서.

하나님은 나를 바라보며 기뻐하시는 것을 믿습니다.
나의 연약함에도, 나의 죄성에도 불구하고
나를 사랑하시는 아버지, 감사합니다.
오늘도 아버지의 기쁨을 위하여 최선을 다하겠습니다.
내게 주어진 환경을 나의 힘으로 어쩔 수 없음을 고백합니다.
그래서 주님을 의지합니다.
나의 모든 말하고 행하는 것이 아버지를 많이 닮을 수 있도록 도와주소서.
나의 주 예수 그리스도의 이름으로 기도합니다. 아멘!

:: 예수 그리스도는 어제나 오늘이나 영원토록 동일하시니라 (히브리서 13:8).

02 | 23

하나님의 눈으로 바라보는 하루 되게 하소서

오늘도 주님의 손에서 일어나 주님의 품에 가장 먼저 나아갑니다.
내가 계획하는 모든 것이 하나님의 손에서 완성됨을 믿습니다.
어제의 모든 일에 열매가 있었다면 그것은 아버지가 하신 것입니다.
오늘도 나에게 주어진 일들과 시간들 앞에 기도하며 나아갑니다.
하나님이 기뻐하시는 일을 위해 최선을 다하는 하루 되게 하소서.
하나님이 허락하신 상황들에 감사하게 하시고
만나는 사람들을 하나님의 사람처럼 사랑하며 섬기게 하소서.
그것이 참된 기쁨이 되게 하시고 아버지를 사랑하는 방법이 되게 하소서.

가는 곳, 만나는 사람들마다 나의 입술에서 복음이 전해지게 하소서.
하나님을 찬양하며 감사하는 언어가 나오게 하소서.
한 입으로 쓴물과 단물을 내지 않고
온전히 아름다운 것만 말하는 사람 되게 하소서.

하나님이 선물로 허락하신 모든 것을 인해 감사합니다.
나의 눈에는 약점이어도 하나님의 눈에 강점이라면 그것으로 감사합니다.
내 눈이 아닌 하나님의 눈으로 바라보는 하루 되게 하소서.
매 순간 하나님이 동행해주시길 기도합니다.
나의 주 예수 그리스도의 이름으로 기도합니다. 아멘!

:: 그러므로 우리는 예수로 말미암아 항상 찬송의 제사를 하나님께 드리자 이는 그 이름을 증언하는 입술의 열매니라 (히브리서 13:15).

02 | 24

높고 크고 멀리 바라보시는 하나님을 믿습니다

언제나 나의 곁에서 나를 지키시는 하나님, 찬양합니다.
나는 때로 분주하여 하나님을 향한 시선을 놓칠 때가 있습니다.
그러나 주님은 단 한순간도 나를 향한 시선을 놓지 않으심에 감사합니다.
언제나 먼저 사랑하셨고, 언제나 끝까지 사랑하시는 주님을 찬양합니다.

오늘도 주님을 향한 나의 진심을 꺼내어 주님께 보여드리기 원합니다.
나의 앞과 뒤가 같고, 겉과 속이 같기를 소망합니다.
내가 버렸을 때에도 나를 사랑하신 아버지로 인해
내가 오늘도 주님을 끝까지 사랑합니다.
나도 주님을 닮아 변하지 않는 마음으로 주님을 사랑하겠습니다.

오늘 부어주신 많은 은혜와 선물에 감동하기 원합니다.
주신 분을 위하여 기뻐하고 감사함으로 받겠습니다.
내가 기대했던 것이 아니어도 기뻐하겠습니다.
내가 원했던 것이라면 더 뛸 듯이 기뻐하겠습니다.
주님이 허락하신 것이라면 무엇이든 감사드립니다.
하나님의 생각은 나의 생각과 다르며,
높고 크고 멀리 바라보시는 것을 믿습니다.
아버지를 찬양하고 또 기뻐합니다.
나의 주 예수 그리스도의 이름으로 기도합니다. 아멘!

:: 이는 내 생각이 너희의 생각과 다르며 내 길은 너희의 길과 다름이니라…이는 하늘이 땅
보다 높음같이 내 길은 너희의 길보다 높으며 내 생각은 너희의 생각보다 높음이니라
(이사야 55:8-9).

하나님이 주신 모든 것은 버릴 것이 없습니다

은혜의 하나님 아버지,
새로운 아침에 새로운 힘을 공급하시는 아버지를 찬양합니다.
때로 몸이 아프나 아프게 하심을 감사합니다.
나의 몸이 나에게 쉬라고 신호를 보내게 하시니 감사합니다.
그로 말미암아 조절하고 건강을 돌아볼 기회로 삼게 하셨습니다.

하나님이 주신 모든 것이 버릴 것이 없음을 고백합니다.
아픔도 감사하고, 피로도 감사합니다.
주님이 주신 몸을 더 소중히 여기라는 음성으로 듣습니다.
이제 삶의 균형을 갖게 하시고 넘치는 것을 조절하게 하소서.
일도 탐욕일 수 있음을 고백합니다.
오늘도 해야 하는 모든 일 속에서 하나님의 능력이 드러나게 하소서.
세상에서, 가정에서, 학교에서, 교회에서, 머무는 모든 곳에서
내가 영광을 받는 것이 아니라 하나님의 영광이 드러나게 하소서.

이 나라를 주님이 지켜주셔서 하나님의 공의가 드러나게 하소서.
아버지의 사랑이 사람들의 마음에 가득차서 서로 위로하며 격려하게 하소서.
생명을 존귀히 여기며 약자를 돌보는 데 주저함 없는 나라 되게 하소서.
오늘도 일하실 하나님을 찬양합니다.
예수님의 이름으로 기도합니다. 아멘!

:: 너희는 너희가 하나님의 성전인 것과 하나님의 성령이 너희 안에 계시는 것을 알지 못하느냐…하나님의 성전은 거룩하니 너희도 그러하니라 (고린도전서 3:16-17).

하나님이 바라고 원하시는 하루가 되게 하소서

하나님 아버지, 오늘도 새날을 주신 은혜를 감사합니다.
어제의 모든 은혜가 부족함이 없었으니 주님을 찬양합니다.
이제까지 내가 지은 모든 죄를 예수 그리스도의 보혈로 사하여 주소서.
그리고 정결한 영혼으로 이 아침을 영광 올려드리며 시작하게 하소서.

오늘 하루를 어떻게 살아야 할지 지혜를 구합니다.
내가 바라고 원하는 하루가 아니라
아버지가 바라고 원하시는 하루가 되게 하소서.
나의 뜻을 구하는 것이 아니라 아버지의 뜻을 구합니다.
오늘 행하는 모든 것이 주님의 은혜 가운데 이루어지게 하소서.
내가 서 있는 곳에서 아버지를 찬양하는 하루를 보내게 하소서.

오늘도 만나는 사람들을 축복하게 하소서.
나와 관련이 있든 없든 스쳐지나가는 모든 사람이 주님을 알도록 기도합니다.
하나님의 은혜 없이 사는 사람들을 불쌍히 여기며 기도하겠습니다.
인생의 어느 순간이든 아버지를 만나는 은혜를 그들에게 허락하소서.
아버지의 긍휼을 따라 오늘도 긍휼을 베푸는 자 되기 원합니다.
이기적인 눈이 아니라 아버지의 눈으로 사람들을 바라보게 하소서.
그리고 그들을 지극히 사랑하여 품어 안을 수 있는 마음을 허락하소서.
나의 주 예수 그리스도의 이름으로 기도합니다. 아멘!

:: 하나님의 뜻은 이것이니 너희의 거룩함이라 (데살로니가전서 4:3).

02 | 27

오늘도 소풍 같은 하루 되게 하소서

사랑의 하나님 아버지,
나의 모든 부족함을 채우시고 매일을 살게 하심을 감사합니다.
내가 잘나서 하루를 잘 보내는 것이 아니라,
아버지의 온전하심으로 내가 하루를 보냄을 고백합니다.
오늘도 그 주님의 온전하심 앞에 나를 맡겨드립니다.

오늘도 인생의 여정 가운데 소풍 같은 하루 되게 하소서.
하나님과 손잡고 가는 길이 때로는 좋고, 때로는 어려워도
내가 잡은 이 손 때문에 평안을 누리고 감사하게 하소서.
주님이 오라시면 가야 하는 인생길에서 주어진 시간에 충실하게 하소서.

내가 나의 시간을 더 연장할 수도 없고,
얼마나 시간이 남았는지도 알 수 없습니다.
그래서 오늘 나의 세월을 더 아껴 주님을 사랑해야 함을 믿습니다.
오늘도 해야 하는 모든 일을 주님의 마음으로 하기 원합니다.
오늘 만나는 모든 사람을 주님의 마음으로 사랑하겠습니다.
모든 연약함을 덮으시는 주님의 능력으로 오늘을 지켜주소서.
이 하루도 높으신 하나님을 찬양합니다.
이 세상을 만드시고, 다스리시고, 함께하시는 주님을 높여드립니다.
나의 주 예수 그리스도의 이름으로 기도합니다. 아멘!

:: 세월을 아끼라 때가 악하니라 (에베소서 5:16).

02 | 28

이 땅에 평화를 주소서

모든 순간 함께하시는 아버지, 찬양합니다.
내가 무엇을 하든, 어디에 있든
하나님이 동행해주심을 인해 감사를 드립니다.
오늘도 아버지의 함께하심을 무시하지 않고 기억하는 하루 되게 하소서.
아버지의 놀라운 성품을 발견하고, 느끼며, 누리는 날 되게 하소서.
모든 것이 아버지의 작품이라는 사실을 느끼며 감사하는 하루 되게 하소서.

이 나라를 우리에게 선물로 주신 아버지, 감사합니다.
때로 불만스럽고, 때로 고통스럽고, 어느 순간에는 부끄럽기도 하지만
이 긴 시간 동안 견디며, 일구며, 지켜온 이 땅을 주심에 감사합니다.
이 땅에 아버지가 허락하시는 평화를 주소서.

북한에 있는 우리와 같은 모든 사람을 지켜주소서.
그들을 만나 부둥켜안고 하나님을 찬양하는 날을 속히 허락하소서.
위정자들의 마음을 움직이셔서 올바른 결정들을 내리게 하소서.
하나님의 마음이 그들에게 임하게 하소서.
이기적인 마음을 내려놓고 주님 앞에 나아갑니다.
내가 손해를 보더라도 다른 사람을 위해 하나 되는 시간을 기다립니다.
남과 북이 하나 되게 하소서.
하나님을 한목소리로 찬양하는 날을 속히 허락하소서.
나의 주인 되시는 예수 그리스도의 이름으로 기도합니다. 아멘!

:: 내 이름으로 일컫는 내 백성이 그들의 악한 길에서 떠나 스스로 낮추고 기도하여 내 얼굴을 찾으면 내가 하늘에서 듣고 그들의 죄를 사하고 그들의 땅을 고칠지라 (역대하 7:14).

02 | 29

매 순간 주님의 은혜가 필요합니다

하나님은 높으시며 아름다운 분이심을 찬양합니다.
나의 모든 것을 다하여 주님의 이름을 높여도 모자란 나의 아버지이십니다.
이 아침을 허락하신 아버지를 찬양합니다.
나의 모든 호흡이 주님의 손에 있음을 발견합니다.

아버지여, 2월의 마지막 날을 맞았습니다.
한 해의 시작이 엊그제 같은데 얼마나 세월이 빠른지요.
매 순간 주님의 은혜가 아니라면 이날들이 의미 없음을 고백합니다.
오늘도 주님의 은혜를 모든 순간 구합니다. 아버지를 갈망합니다.

일평생 아버지를 갈망하지만 오늘 특별히 아버지를 갈망합니다.
나에게 흡족한 은혜를 베풀어주소서.
오늘 다니는 모든 곳에서 아버지를 드러내게 하소서.
오늘 만나는 모든 사람 속에서 아버지의 향기를 나타내게 하소서.
내가 아버지를 꼭 닮은 사람으로 살기 원합니다.

오늘 이 나라와 민족을 불쌍히 여기소서.
하나님의 임재가 있는 곳이 되게 하시며
아버지의 사랑이 가득한 곳 되게 하소서.
나의 모든 영혼을 다하여 아버지를 찬양합니다.
나의 주 예수 그리스도의 이름으로 기도합니다. 아멘!

:: 우리가 다 그의 충만한 데서 받으니 은혜 위에 은혜러라 (요한복음 1:16).

항상 기뻐하라 쉬지 말고 기도하라 범사에 감사하라
이것이 그리스도 예수 안에서 너희를 향하신 하나님의 뜻이니라
_ 데살로니가전서 5:16-18

이 달 의 기 도 제 목

-
-
-
-
-

03 | 01

이 나라를 축복해주소서

방패 되시는 하나님 아버지, 좋은 아침을 주셔서 감사합니다.
오늘은 삼일절입니다.
이 아침이 똑같은 아침 같지만,
그때의 그 아침과는 너무나 다른 아침임에 감사합니다.
나라를 잃은 슬픔을 뒤돌아보게 하시니 감사합니다.
뒤돌아본다는 것은 이미 회복된 곳에서 살고 있다는 것이니 감사합니다.

때로 너무 좋은 것만 기억하느라 지난 아픔을 서둘러 지우지 않게 하소서.
아픔을 기억해야 경성하며 다시 아픔을 겪지 않을 수 있음을 알게 하소서.
잘못을 알아야 고칠 수 있고,
나쁜 것을 알아야 좋은 것을 선택할 수 있습니다.
어리석음을 반복하지 않기 위해 역사를 올바로 보고 알게 하소서.
방패 되신 주님이 이 나라를 지켜주심에 감사합니다.
아버지가 지키지 않으셨다면 수십 번 더 잃을 수 있던 나라임을 고백합니다.
아버지가 지키셨고, 아버지가 은혜를 알게 하셨습니다.

오늘을 보내며 이 나라가 얼마나 독립을 갈망했던 나라인지 기억하게 하소서.
그리고 하나님의 자녀가 얼마나 나라를 위해
기도만이 아니라 행함으로 애썼는지 알게 하소서.
그리고 나만을 위해 기도하고 행동하는 나의 모습을 회개하게 하소서.
이 나라를 축복해주소서.
나의 주 예수 그리스도의 이름으로 기도합니다. 아멘!

:: 이스라엘이여 너는 행복한 사람이로다…그는 너를 돕는 방패시요 네 영광의 칼이시로다 네 대적이 네게 복종하리니 네가 그들의 높은 곳을 밟으리로다 (신명기 33:29).

다시 오실 주님을 기다리며 하루를 살겠습니다

나의 주 하나님 아버지, 귀한 하루를 허락하셔서 감사합니다.
어느 곳에서는 사경을 헤매며
안타까운 위기를 맞은 사람들도 많이 있음을 기억합니다.
오늘 내가 감사하지 못함은 나의 주어진 생명이 얼마나 귀한지를 잊음입니다.
날마다 새로운 마음으로 하루를 살게 하심을 감사드립니다.

우리를 버리지 않고 언제나 돌보아주시는 아버지, 감사합니다.
나 혼자라고 힘들다고 외롭다고 몸부림치지만
사실은 주님이 동행하고 계십니다.
이 고백이 믿음이 되게 하시고, 그래서 어느 순간에도 좌절하지 말게 하소서.
언제나 다시 오실 주님을 기다리며
오늘 주어진 삶 앞에 부끄러움이 없게 하소서.
나만을 위해 모든 것을 소진하는 하루가 되지 말게 하소서.

다시 오실 주님을 기다리며 감사함으로, 기대함으로 하루를 살겠습니다.
다시 오고 싶어 하시는 주님의 마음을 인해 감사를 드립니다.
나를 잊지 않고 날마다 주시하시는 주님을 찬양합니다.
미천한 인간을 신부로 여기고 존중하시는 주님을 찬양합니다.
인간을 구원하는 데 모든 것을 쏟아부으신 예수 그리스도를 찬양합니다.
이 마음으로 기대하고 소망하며 하루를 살게 하소서.
하나님의 계획에 나를 맞추며 인도하시는 그 길을 따라가게 하소서.
나의 주 예수 그리스도의 이름으로 기도합니다. 아멘!

:: 나의 사랑하는 자가 내게 말하여 이르기를 나의 사랑, 내 어여쁜 자야 일어나서 함께 가자 (아가 2:10).

03 | 03

말씀이 그대로 나의 삶이 되게 하겠습니다

찬양받기에 마땅하신 아버지, 감사합니다.
오늘도 하나님의 인자하심과 긍휼하심을 의지하며 하루를 시작합니다.
오늘 내 손에 아무 열매가 없어도 주님을 찬양합니다.
무화과나무의 잎이 마르고 포도 열매가 없어도 주님을 찬양합니다.
이 고백이 그저 말이 아니라 실제로 나의 삶에서 월급을 받지 못하고,
인정을 받지 못해도 하나님을 찬양하게 하소서.
말씀과 삶이 따로 노는 일이 없게 하소서.
말씀이 그대로 나의 삶이 되게 하겠습니다.

오늘 내가 가진 것이 턱없이 부족하나 아낌없이 주님을 위해 드립니다.
그것이 물질이든, 힘이든, 재능이든, 고백이든, 무엇이든 드립니다.
모든 것이 주님의 손에서 와서 나에게 존재하는 것이니,
이것은 주님의 것입니다.
어떤 것도 내 것인 양 자랑하지 말게 하소서.
어떤 것도 내 것인 양 다른 사람을 비하하지 말게 하소서.

설령 그것이 깨달음이라 하더라도 자랑하지 말게 하시고,
설령 그것이 아주 보잘것없는 성실이라 하더라도 비난하지 말게 하소서.
남의 것으로 자랑하는 자리에서 속히 내려오게 하소서.
모든 것을 주님께 올려드립니다.
나의 주 예수 그리스도의 이름으로 기도합니다. 아멘!

:: 나의 하나님이여…내가 정직한 마음으로 이 모든 것을 즐거이 드렸사오며 이제 내가 또 여기 있는 주의 백성이 주께 자원하여 드리는 것을 보오니 심히 기쁘도소이다
(역대상 29:17).

나는 약점투성이라 주님이 필요합니다

사랑의 하나님 아버지,
약한 자를 존중하시며 버려진 자를 찾으시는 아버지의 사랑을 찬양합니다.
언제나 내가 예상하지 못한 곳에서 일하시는 주님께 감사를 드립니다.
오늘도 나의 예상을 넘어서는 하나님의 일하심을 구합니다.
나의 강점이 아닌 약점이 아버지를 빛나게 하소서.
나의 약점에 하나님이 가장 강하게 일하여 주소서.

그래서 오늘도 주님을 구합니다. 나는 오늘 아버지가 필요합니다.
나는 오늘 약점투성이라 주님이 필요합니다.
약점이 있어서 주님이 온전히 임하신다면 나는 나의 약점을 기뻐할 것입니다.
무엇이든 주님과 가까이할 수 있는 것이라면 그것이 가장 좋은 선물입니다.
그래서 때로는 고난이 선물이고, 약점이 선물이고, 상처가 선물입니다.
그래서 모든 순간에 주님을 찬양할 수 있습니다.
모든 순간을 가장 빛난 것으로 만드시는 주님을 찬양합니다.

오늘도 임하소서. 오늘도 동행하소서.
아버지의 동행을 막는 나의 모든 잘난 척과
교만과 자랑과 이기심을 버립니다.
빈손으로 아버지를 구합니다.
나의 모든 것이 되시는 예수 그리스도의 이름으로 기도합니다. 아멘!

:: 내 은혜가 네게 족하도다 이는 내 능력이 약한 데서 온전하여짐이라 하신지라 그러므로 도리어 크게 기뻐함으로 나의 여러 약한 것들에 대하여 자랑하리니 (고린도후서 12:9).

주기 위해 기도하는 날 되게 하소서

내가 배고플 때 먹을 것으로 채우시는 아버지, 감사합니다.
내가 목마를 때 생수로 넘치게 하시는 아버지, 감사합니다.
내가 고통스러울 때 나에게 버틸 힘을 주시는 아버지, 감사합니다.
이 하루의 시작 속에 모든 부족함을 주님께 올려드립니다.

이 하루의 모든 것 안에 풍성하게 채우시는 주님을 찬양합니다.
무엇을 해야 나의 것을 채울까 내가 고민하지 말게 하소서.
그저 오늘 내게 주어진 사명을 감당하며 꿋꿋이 나아가는 하루 되게 하소서.
그리고 부족한 것은 나의 필요를 아시는 주님께 맡겨드립니다.
전전긍긍하는 신앙이 아니라 믿고 맡기는 신앙 되게 하소서.

오늘도 나그네 같은 사람들을 기쁨으로 맞이하게 하소서.
의지할 곳 없고, 마음 둘 곳 없고, 먹고 입을 것이 없는 자들을 돌보게 하소서.
내가 나그네 되었을 때 주님이 나를 그렇게 맞아주셨던 것처럼
이제 조금 더 살 만한 내가 조금 더 부족한 자들을 향해 손을 내밀게 하소서.
오늘도 받기만 하려고 기도하지 않겠습니다.
주기 위해 기도하는 날이 되게 하소서.
섬기기 위해 손을 내미는 날이 되게 하소서.
사랑하기 위해 안아주는 날이 되게 하소서.
나의 사랑 되시는 예수 그리스도의 이름으로 기도합니다. 아멘!

:: 내가 주릴 때에 너희가 먹을 것을 주었고…헐벗었을 때에 옷을 입혔고 병들었을 때에 돌보았고 옥에 갇혔을 때에 와서 보았느니라 (마태복음 25:35-36).

당연한 것들을 주신 아버지, 감사합니다

귀한 날을 주신 아버지, 감사합니다.
날마다 주어진 당연한 것들을 주신 아버지를 찬양합니다.
숨을 쉬는 것을 당연히 여겼으나 은혜였음을 고백합니다.
산책할 수 있음을 당연히 여겼으나 모두 은혜였음을 고백합니다.
아버지가 허락하시지 않으면 할 수 없는 것들이 천지임을 고백합니다.
오늘도 이미 누리고 있는 더 당연한 것들을 발견하고 감사하겠습니다.

오늘도 일할 수 있는 곳을 주심에 감사합니다.
오늘도 쉴 수 있는 집을 주심에 감사합니다.
이 하루 주어진 시간과 공간에 감사합니다.
만날 수 있는 사람들이 있음에 감사를 드립니다.
말할 수 있는 것에 감사합니다.
들을 수 있고 볼 수 있음에 감사합니다.
웃을 수 있음에 감사합니다.
눈물 흘릴 수 있음에 감사합니다.

나의 모든 일상과 일거수일투족 모두 주님의 은혜임을 고백합니다.
모든 것이 찬양할 것뿐입니다.
나의 찬양이 되시는 예수 그리스도의 이름으로 기도합니다. 아멘!

:: 내게 주신 모든 은혜를 내가 여호와께 무엇으로 보답할까 (시편 116:12).

은혜의 기억력을 회복하게 하소서

하나님 아버지, 오늘도 나의 영혼이 주님을 기억합니다.
지난 시간들 안에 기적들이 가득 채워져 있음을 고백합니다.
그 기적들을 인하여 주님을 찬양합니다.
내 삶에는 왜 하나님의 일하심이 없을까 고민하지 말고
지난 기적을 기억하게 하소서.
아침에 모든 하나님의 역사가 리셋되지 말게 하소서.

언제나 하나님은 선하셨습니다.
언제나 하나님은 기적같이 나를 인도하셨습니다.
내가 살아 있는 증인이면서 또 다른 증거를 달라 떼 부리지 말게 하소서.
은혜의 기억력을 회복하고
오늘 이 아침에 내가 잘 살 수밖에 없음을 믿게 하소서.
십자가의 은혜는 과거의 것이 아니라 오늘의 것임을 고백합니다.
오늘 나를 구원하신 그 은혜만으로 더 바랄 것이 없음을 찬양합니다.
나는 오늘도 그 구원으로 만족합니다.
그 구원만으로 오늘 나의 힘껏 다른 사람을 돕고 살겠습니다.
마지못해 하는 것이 아니라 기쁨으로 하겠습니다.
하나님의 힘으로 하는 모든 일은 평안할 줄 믿습니다.
나의 주 예수 그리스도의 이름으로 기도합니다. 아멘!

:: 그의 기적을 사람이 기억하게 하셨으니 여호와는 은혜로우시고 자비로우시도다
(시편 111:4).

전진 있는 하루가 될 줄 믿습니다

의로우신 하나님 아버지,
오늘도 주님을 찬양함으로 아침을 열게 하시니 감사합니다.
의식을 차리는 순간, 해야 할 일들을 기억하기보다
아버지를 먼저 생각하고 감사하게 하시고 기도하게 하소서.
어제의 모든 부족함과 어리석음을 십자가 앞에 내어놓습니다.
나의 죄를 용서하시고, 십자가의 보혈로 나를 깨끗이 씻어주소서.
이 아침에는 죄 용서 받은 자의 기쁨과 은혜로 가볍게 시작하게 하소서.
오늘도 주님 안에서 나는 회복되었습니다.

예수님이 계셔서 날마다 행복하게 하소서.
나의 의가 아니라 주님의 의가 나를 의롭다 여겨주시니 감사합니다.
이 의의 흉배가 나의 용기가 되게 하시고 담대한 신앙의 도전을 하게 하소서.
오늘도 내가 해야 하는 모든 일 앞에 담대하게 나아갑니다.
만나야 하는 모든 사람 앞에 사랑으로 나아갑니다.

쳇바퀴 돌 듯 아주 똑같은 일상을 살지만
이 시간은 새로운 시간이니 기쁜 마음을 갖게 하소서.
쳇바퀴를 도는 것이 아니라 나선형 계단을 올라가는 것처럼
전진이 있는 하루가 될 줄 믿습니다. 그리 믿고 선포합니다.
나의 주 예수 그리스도의 이름으로 기도합니다. 아멘!

:: 이 모든 일에 전심전력하여 너의 성숙함을 모든 사람에게 나타나게 하라 (디모데전서 4:15).

어디든 어려운 사람이 있다는 것을 기억하게 하소서

우리를 부르시고 받아주시는 아버지, 감사합니다.
아버지의 은혜로 하루하루를 살아가고 있음을 고백합니다.
우리의 구원이 되시는 주님께 영광을 올려드립니다.
오늘도 병상 가운데 있는 사람들을 불쌍히 여겨주소서.
눈물의 기도를 드리며 그 곁을 지키는 가족들에게 힘을 허락하소서.
날마다 어느 곳이나 어렵고 힘든 사람이 있다는 것을 기억하게 하소서.
그래서 늘 겸손하고 감사하게 하소서.
오늘의 나로 자만하지 말게 하시고,
영원히 행복할 것처럼 방만하지 말게 하소서.

언제나 매 순간 주님의 긍휼하심이
나보다 더 힘겨운 사람들을 향해 넘치게 하소서.
오늘도 사랑하는 가족들을 지켜주소서.
그들의 마음 가운데 하나님이 가득하게 하시고
주님을 찬양하는 입술을 갖게 하소서.
구원이 필요한 자들에게 구원을 베푸소서.

하나님의 놀라운 은혜가 가득한 하루가 될 것을 믿습니다.
주님의 복음을 나누게 하시고 소망을 말하게 하소서.
나의 주 예수 그리스도의 이름으로 기도합니다. 아멘!

:: 그러므로 너희 죄를 서로 고백하며 병이 낫기를 위하여 서로 기도하라 의인의 간구는 역사하는 힘이 큼이니라 (야고보서 5:16).

03 | 10

이제 아버지의 것을 아버지께 돌려드립니다

나의 힘이 되시는 하나님 아버지,
하늘의 아버지가 나의 아버지이심을 찬양하며 하루를 시작합니다.
이렇게 보잘것없는 죄인을 위하여 큰 사랑을 베풀어주심에 감사합니다.
오늘도 그 사랑에 감동하며 이 하루를 시작합니다.
인간의 언어로 주님을 찬양하는 것이 너무 부족합니다.
그럼에도 불구하고 이 미천한 언어로 주님을 찬양합니다.

자녀 삼아주신 그 사랑에 감사합니다.
십자가의 은혜로 오늘을 살게 하시니 감사합니다.
오늘도 내가 사는 것은 절대로 나의 힘이 아님을 고백합니다.

그런데 제일 힘든 척하는 것은 나이고,
제일 수고한 척하는 것도 나입니다.
잘한 것의 모든 영광을 취하는 것도 나이고,
못한 것의 모든 책임을 남에게 돌리는 것도 나입니다.
이런 나를 언제나 여전히 사랑하시는 주님을 찬양합니다.
이제 아버지의 것을 아버지께 돌려드립니다.
모든 영광과 존귀와 능력은 바로 아버지의 것입니다.
나는 오늘 온전히 그것을 찬양하며 하루를 살겠습니다.
나의 힘이 되시는 예수 그리스도의 이름으로 기도합니다. 아멘!

:: 나의 힘이신 여호와여 내가 주를 사랑하나이다 (시편 18:1).

03 | 11

하나님 사랑의 마음으로 세상을 다시 보게 하소서

하나님 아버지, 아침을 주시니 감사합니다.
인생의 밤을 만날 때마다 태양이 떠오르는 아침을 얼마나 기다리는지요.
그런데 매일 주시는 아침에 감사를 모르고 살았습니다.
아침마다 새로운 기회를 주심에 감사합니다.
고단함을 털어낼 수 있는 밤을 주심에 감사합니다.
언제나 주어진 것에 감사하게 하소서.
밤에는 밤을 감사하게 하시고, 아침에는 아침을 감사하게 하소서.

이 세상 가운데 고통당하는 모든 사람을 위해 기도합니다.
내가 편하다고 모든 세상이 편하다 여기지 말게 하시고
어려운 사람들에게 관심을 가지는 하루 되게 하소서.
오늘도 내 주변의 많은 사람을 돌아보게 하소서.
하나님이 주신 사랑의 마음으로 세상을 다시 바라보게 하소서.
무슨 일을 하든지 하나님 앞에서 행하는 자 되게 하소서.
오늘도 정직한 삶을 살게 하소서.

주님이 이 아침에 나에게 복 주시고 은혜 주시는 것처럼
나도 다른 사람에게 복을 나눠주고 은혜를 베풀게 하소서.
하나님을 닮은 사람으로 이 하루를 살게 하소서.
나의 주 예수 그리스도의 이름으로 기도합니다. 아멘!

:: 너희도 함께 갇힌 것같이 갇힌 자를 생각하고 너희도 몸을 가졌은즉 학대받는 자를 생각하라 (히브리서 13:3).

오늘도 주님의 은혜 안에 잠기기 원합니다

새로운 가능성을 모두 가진 하루를 시작하게 하신 아버지, 감사합니다.
비록 어제 범죄했고, 비록 어제 실패했더라도 그것은 어제입니다.
오늘은 오늘의 은혜가 있음을 믿습니다.
하나님은 언제나 모든 죄의 짐을 가지고 나오는 자를 거절하지 않으십니다.
오늘 그 은혜의 보좌 앞에 나아갑니다.
나의 모든 죄악과 실수와 실패들을 가지고 나아갑니다.
부족한 모든 것을 십자가의 보혈로 깨끗이 씻어주소서.
그래서 오늘, 어제의 실패를 기억하게 하는 모든 것을 털어버리게 하소서.
새로운 하루를 나의 마음과 영혼에서 다시 시작하게 하소서.

오늘도 주님의 은혜 안에 잠기기 원합니다.
그 은혜 안에 나의 성품과 행함과 언어와 표정과 태도가
더 깊이, 더 깊이 잠기기 원합니다.
예수님처럼 생각하고 말하게 하소서.
모든 이에게 소망을 말하게 하소서.

나의 자리가 언제나 낮은 자리에 있는 것처럼 행하게 하소서.
언제나 겸손하게 하시고, 언제나 따뜻하게 하소서.
하나님의 마음을 가장 닮은 하루 되기 원합니다.
주님을 사랑합니다. 나의 주 예수 그리스도의 이름으로 기도합니다. 아멘!

:: 너희 안에 이 마음을 품으라 곧 그리스도 예수의 마음이니 그는 근본 하나님의 본체시나…오히려 자기를 비워 종의 형체를 가지사 사람들과 같이 되셨고 (빌립보서 2:5-7).

매 순간 주님과 발을 맞춰 걷게 하소서

나의 곁에 계시는 하나님 아버지,
매 순간이 주님과 함께하는 순간임을 감사드립니다.
내가 의식하는 순간이든 의식하지 못하는 순간이든
주님은 언제나 나의 곁에, 나의 뒤에, 나의 앞에, 나의 모든 곳에 계십니다.
나의 형편을 아시는 주님은 언제나 나의 필요를 채울
가장 정확한 시간을 보고 계십니다. 그 시간에 만족하게 하소서.
오늘도 하나님을 졸라 성급한 은혜를 구하지 말게 하소서.

무엇이든 주님을 앞서가지 말게 하시고,
매 순간 주님과 발을 맞춰 걷게 하소서.
말하는 것보다 행하게 하소서.
판단하는 것보다 안아주게 하소서.
기준이 되기보다 조금 모자라게 하소서.
똑똑하기보다 따뜻하게 하소서.
앞서가기보다 함께 가게 하소서.

이 세상을 사랑하며 더불어 살기에 부족함이 없게 하소서.
이 세상을 섬기기에 더 뜨겁게 하소서.
나의 주님을 닮은 나로 살게 하소서.
나의 주 예수 그리스도의 이름으로 기도합니다. 아멘!

:: 여호와께서 그들 앞에서 가시며 낮에는 구름 기둥으로 그들의 길을 인도하시고 밤에는 불 기둥을 그들에게 비추사 낮이나 밤이나 진행하게 하시니 낮에는 구름 기둥, 밤에는 불 기둥이 백성 앞에서 떠나지 아니하니라 (출애굽기 13:21-22).

죄로부터 자유하여 주님께로 달려가게 하소서

자유하게 하시는 하나님 아버지,
오늘도 어둠의 속박을 물리치고 아침을 주신 아버지를 찬양합니다.
나의 모든 죄악을 깨뜨려버리고 정결하게 하신 아버지를 찬양합니다.
나의 과거를 물리치고 미래의 소망으로 시작하게 하시니 감사합니다.
아버지가 나의 아버지이심에 감사합니다.
내 모든 힘의 근원이 아버지께 있음을 찬양합니다.

나 스스로 나를 자유하게 할 수 없음을 고백합니다.
내가 갈망하는 하나님으로부터 자유하여
죄로 달려가려는 본능을 깨뜨려주소서.
죄로부터 자유하여 주님께로 달려가게 하소서.
내가 무엇으로부터 자유해야 하는지를 분명히 알고 깨닫는 지혜를 주소서.
세상의 풍조를 따르지 않으며 주님의 방식으로 살게 하소서.

오늘도 말씀 위에 굳건히 서게 하소서.
읽게 하시고, 외우게 하시고, 기억나게 하소서.
그래서 위기가 올 때에 그 말씀이 나를 살릴 수 있도록 저장하게 하소서.
오늘 나의 모든 의지를 동원하여 주님의 말씀에 집중하기 원합니다.
아버지를 향한 갈망만큼이나 말씀을 소중히 여기겠습니다.
주님의 빛을 전달하는 자 되게 하소서.
나의 자유 되시는 예수 그리스도의 이름으로 기도합니다. 아멘!

:: 너희는 이 세대를 본받지 말고 오직 마음을 새롭게 함으로 변화를 받아 하나님의 선하시고 기뻐하시고 온전하신 뜻이 무엇인지 분별하도록 하라 (로마서 12:2).

03 | 15

선물로 주신 하루를 다시 주님께 선물로 드리게 하소서

언제나 나를 지켜보시는 높으신 하나님 아버지를 찬양합니다.
이 아침에 아직 죄로 오염되지 않은 하루를 품에 안고 기도합니다.
주님 안에서 더 정결한 하루를 살게 하소서.
나에게 선물로 허락하신 이 하루를 다시 주님 앞에 선물로 드리게 하소서.
언제나 우리와 함께하시는 주님을 찬양합니다.

이 땅의 모든 혼돈과 아픔을 주님께 올려드립니다.
가장 어둡고 혼돈 가운데 있을 때 빛을 허락하신 주님의 능력을 믿습니다.
이곳에도 주님의 빛이 필요합니다.
오늘도 이 땅을 새롭게 하시고 아버지의 공의와 일하심이 가득하게 하소서.

내가 오늘 하나님의 늘어난 손이 되어
이 땅에서 하나님을 보여주는 자 되게 하소서.
가장 작은 것이라도 내가 먼저 실행하고 노력하는 사람 되게 하소서.
오늘 나의 기도와 찬양과 삶이 하나님을 빛나게 하소서.
오늘도 조금 더 공의롭게 행하게 하소서.
오늘도 조금 더 사랑으로 행하게 하소서.
오늘 어제보다 조금 더 복음을 전하는 자 되게 하소서.
오늘이 더 주님을 사랑하는 하루 되기를 소망합니다.
나의 주 예수 그리스도의 이름으로 기도합니다. 아멘!

:: 공의와 정의를 행하는 것은 제사드리는 것보다 여호와께서 기쁘게 여기시느니라
(잠언 21:3).

아버지, 오늘도 기대합니다

나의 가는 모든 길을 인도하시는 아버지, 감사합니다.
언제나 부족함 없이 채우신 아버지, 오늘도 기대합니다.
나보다 나를 더 아셔서
나에게 가장 필요할 것을 채우시는 주님을 찬양합니다.
무엇보다 오늘 나에게 필요한 영적인 은혜를 허락하소서.
아버지를 더욱 갈망하고, 더욱 뜨겁게 사랑하기 원합니다.
나의 삶이 주님으로 인해 만족하는 삶으로 바뀌기 원합니다.
매 순간 주님을 만나는 날 되게 하소서.

오늘의 기대가 기도가 되게 하시고 역사가 되게 하소서.
오늘도 만나는 모든 이들 속에서 작은 예수를 발견하게 하소서.
모든 사람 가운데 은혜로 역사하시는 주님으로 인하여
오늘 감동하고, 감격하며, 찬양하는 하루 되기 원합니다.

언제나 나를 기다리시며
내가 주님의 품으로 달려가기를 갈망하시는 주님, 감사합니다.
나도 주님을 갈망하여 주님께로 달려갑니다.
하나님이 아버지의 마음을 이 땅에 이루어주소서.
모든 만물을 인하여 주님을 찬양합니다.
나의 주 예수 그리스도의 이름으로 기도합니다. 아멘!

:: 하나님이여 주는 나의 하나님이시라 내가 간절히 주를 찾되 물이 없어 마르고 황폐한 땅에서 내 영혼이 주를 갈망하며 내 육체가 주를 앙모하나이다 (시편 63:1).

약한 자를 부르신 하나님, 감사합니다

아버지의 일하심에 안전히 거하여 오늘을 맞이하게 하신 아버지, 감사합니다.
이제까지의 모든 일을 주님이 하셨음을 믿습니다.
아버지가 세우시고 아버지가 이루셨습니다.
이 모든 것을 하신 이가 아버지이심을 찬양합니다.
오늘도 일하시는 주님을 찬양합니다.

아버지의 일을 위해 약한 자를 부르신 하나님, 감사합니다.
나의 약함이 하나님의 일에 아무런 장애가 되지 않음에 감사합니다.
나의 부족함이 하나님을 무력하게 만들지 않음을 찬양합니다.
그래서 언제나 주님 앞에 당당히 나갈 수 있음을 고백합니다.
내 모습 그대로 받으시는 주님이 계셔서 오늘도 기뻐하며 찬양합니다.

아버지여, 오늘도 이 부족한 자의 사랑을 받으소서.
한없이 약한 자의 고백을 받으소서.
주님을 사랑합니다. 주님만이 영광 받으소서.
모든 것이 합력하여 선을 이루게 하소서.
내가 사람들 앞에 자랑할 것이 없음은 모든 것이 주님의 은혜임입니다.
주께서 주신 것이라면 그것이 무엇이어도 받게 하시고,
감사하게 하시고, 찬양하게 하소서.
나의 주 예수 그리스도의 이름으로 기도합니다. 아멘!

:: 여호와의 사자가 기드온에게 나타나 이르되 큰 용사여 여호와께서 너와 함께 계시도다 하매 (사사기 6:12).

03 | 18

이미 숨겨진 수많은 축복을 인하여 찬양을 드립니다

아버지의 인자하심으로 이 아침을 깨우시니 감사합니다.
그 선한 인도하심이 오늘도 나에게 참 기쁨으로 다가옵니다.
가장 처음 시간에 주님을 찬양합니다.
높으신 하나님을 찬양합니다.
그 높으신 아버지가 나의 아버지이심에 감사합니다.

오늘도 나에게 주어진 모든 것에 먼저 감사합니다.
내가 발견하지 못한 수많은 보물과 선물이 있음을 믿습니다.
내 눈에 선해 보이지 않는 사람 안에 있는 선물을 발견하는 하루 되게 하소서.
오늘 내 눈에 불편해 보이는 상황 속에 담긴 보물을 발견하게 하소서.
그래서 비록 내가 그 숨기운 것을 발견하지 못한다 하더라도
이미 숨겨진 수많은 축복을 인하여 감사와 찬양을 드립니다.

온전한 안식과 온전한 신뢰와 온전한 인도함이 있는 날 되게 하소서.
일하는 순간에도 호흡처럼 안식하게 하소서.
멈추는 순간에도 마음의 열정으로 성실하게 하소서.
나를 보이는 대로 판단하고 스스로 정죄하지 말게 하시고
그 마음으로 다른 이들도 품어주게 하소서.
나의 주 예수 그리스도의 이름으로 기도합니다. 아멘!

:: 내가 보는 것은 사람과 같지 아니하니 사람은 외모를 보거니와 나 여호와는 중심을 보느니라 (사무엘상 16:7).

오늘도 나에게 하나님의 상식으로 일하여 주소서

모든 신비한 하나님의 은혜로
이 세상을 만들고 이끄시는 아버지, 감사합니다.
하나님의 모든 일은 인간의 머리로 생각할 수 없는 일임을 고백합니다.
하나님은 크셔서 나의 생각을 뛰어넘는 분이심을 찬양합니다.
그래서 오늘도 내가 상상할 수 없는 일들이 내게 일어날 수 있음을 믿습니다.
나의 머리로 하나님을 고정하지 말게 하소서.

하나님의 신비하심은 내 눈에 선한 것이 아닐지라도
선할 수 있음을 믿게 하십니다.
나의 모든 판단을 넘어서는 하나님의 일하심을 믿습니다.
나의 고정관념을 벗어나는 하나님의 크심을 찬양합니다.
오늘도 나에게 그렇게 일하여 주소서.
오늘도 나의 상식이 아니라 하나님의 상식으로 일하여 주소서.

내가 믿는 하나님을 나의 상식에 묶어두지 말게 하시고
하나님이 마음껏 일하실 수 있도록 나의 모든 영역을 맡겨드리게 하소서.
나의 방법이 아니라 하나님의 방법으로
충분히 일하실 수 있도록 올려드립니다.
나의 삶이 하나님에 의해 주도되기를 소망합니다.
그래서 아버지가 무슨 일을 하시든 놀라지 말게 하시고 신뢰하게 하소서.
아버지만이 나의 참된 신이심을 고백합니다.
나의 주 예수 그리스도의 이름으로 기도합니다. 아멘!

:: 여호와는 위대하시니 크게 찬양할 것이라 그의 위대하심을 측량하지 못하리로다
(시편 145:3).

주님의 선하심에 모든 문제를 올려드립니다

오늘도 나를 돌보시고 일으키시는 아버지, 감사합니다.
하나님의 크심을 높여 찬양합니다.
온 우주를 다스리시며 모든 것을 움직이시는 주님을 찬양합니다.
그 주님이 오늘 이 작고 작은 나를 주목하시니 감사합니다.
그 아버지로 인하여 오늘도 새 힘과 능력을 얻습니다.

아버지여, 이 작은 존재에 담긴 수많은 일을 주님 앞에 올려드립니다.
이 일들이 아버지께 얼마나 작은 일인지 압니다.
그러나 이 작은 나에게 그 문제들이 얼마나 큰 일인지
이해하여 주시길 소망합니다. 그리고 그 일들을 올려드립니다.
오늘도 아버지의 선하신 뜻을 따라 인도함 받을 것을 믿습니다.
그리고 먼저 찬양드립니다.

하나님은 선하시고 아름다운 분이시며 내가 보지 못하는 것을 보십니다.
그래서 오늘 내 코앞에 보이는 이 일로 놀라지 말게 하시고
아버지의 안목으로 멀리 바라볼 수 있게 하소서.
주님의 선하심에 모든 문제를 올려드립니다.
주님의 손으로 만지시고 고쳐주소서.
나의 작음을 한탄하지 않으며 주님의 크심을 찬양합니다.
나의 주 예수 그리스도의 이름으로 기도합니다. 아멘!

:: 주 여호와여…천지간에 어떤 신이 능히 주께서 행하신 일 곧 주의 큰 능력으로 행하신 일같이 행할 수 있으리이까 (신명기 3:24).

모든 적절한 것을 허락하신 주님을 찬양합니다

오늘도 만물을 주도하시고 다스리시는 하나님, 감사합니다.
그 섭리 안에서 오늘 내가 눈을 뜨고 다시 일어납니다.
하루 동안 주어지는 많은 일 앞에 담대하게 하소서.

주님이 이미 허락하신 많은 것을 인해 감사합니다.
모든 것을 가지는 것이 행복이라는 잘못된 생각을 버리게 하소서.
모든 적절한 것을 허락하신 주님을 찬양하게 하소서.
오늘도 나에게 주어지지 않은 것을 인하여 감사합니다.
하마터면 큰일 날 뻔한 수많은 일을 막아주심에 감사합니다.
오늘도 나의 욕심을 불러일으킬 많은 것으로부터 멀어지게 하소서.
오늘도 나를 주님과 더 가깝게 할 것들을 소유하게 하소서.
이미 소유한 것들을 누리는 지혜를 허락하소서.

가지지 못한 것을 끝없이 소유하려고
가진 것도 누리지 못하는 어리석음을 버리게 하소서.
이미 가진 것을 누리기에도 바쁜데,
언제나 더 가지려 목말라하는 탐욕을 버리게 하소서.
나의 모든 만족이 되시는 예수 그리스도의 이름으로 기도합니다. 아멘!

:: 내가 궁핍하므로 말하는 것이 아니니라 어떠한 형편에든지 나는 자족하기를 배웠노니
　(빌립보서 4:11).

이제 하나님의 시간을 믿고 따릅니다

우리의 모든 시간을 주관하시는 아버지, 감사합니다.
오늘도 우리에게 하루라는 시간을 주심에 감사합니다.
괴로운 시간은 너무 더디 가고, 즐거운 시간은 빨리 가는 것처럼 느껴집니다.
나의 느낌과 상관없이 모든 시간은 하나님께 속해 있음을 믿습니다.
느낌을 버리고 온전하신 주님께 나의 시간을 올려드립니다.

하나님의 일하시는 시간을 믿습니다.
나의 모든 불평과 불만은
내가 원하는 것을 빨리 얻지 못함에서 옴을 회개합니다.
나의 성급함이 늘 불평을 만들었습니다.
내 시간에 맞춰주시지 않는 하나님을 향해 섭섭함을 가진 것을 회개합니다.
시간의 주관자이신 아버지를 신뢰하지 못함입니다.

이제 하나님의 시간을 믿고 따릅니다.
실수가 없으신 아버지의 계획을 믿습니다.
나에게 주셔야 할 때를 가장 정확하게 아시는 분이 아버지이심을 믿습니다.
가장 좋은 것을 가장 빨리 주고 싶어 하시는 분도 아버지이심을 믿습니다.
마치 하나님이 나를 사랑하시지 않아서 안 주시는 것처럼
여기지 말게 하소서.
하나님을 먼저 신뢰하게 하소서.
아버지가 바로 나를 사랑하심을 먼저 믿게 하소서.
나의 주 예수 그리스도의 이름으로 기도합니다. 아멘!

:: 오늘 있다가 내일 아궁이에 던져지는 들풀도 하나님이 이렇게 입히시거든 하물며 너희
일까 보냐 믿음이 작은 자들아 (마태복음 6:30).

하나님의 말씀을 갈망하고 탐하게 하소서

이 땅의 모든 언어의 주인이신 하나님 아버지, 감사합니다.
오늘도 내가 나의 말로 하나님을 찬양할 수 있음에 감사합니다.
나의 생각과 말을 표현할 수 있게 하시니 감사합니다.
온 천지 만물을 만드신 하나님의 언어를 누리게 하시니 감사합니다.
하나님의 말씀보다 더 큰 힘은 없으며 모든 것이 그로부터 나옴을 믿습니다.

오늘도 하나님의 말씀이 나의 가장 큰 힘이 되게 하소서.
인간이 속삭인 말이 마음에 남을 때도 감동하는데,
그 크신 하나님의 말씀이 내 마음에 남는다니, 이 얼마나 대단한 일인지요.
오늘 하나님의 말씀에 집중하게 하소서.
하나님의 말씀을 읽게 하시고, 듣게 하소서.
하나님의 언어를 느끼게 하시고, 깨닫게 하소서.
나의 존재하는 모든 수단을 통해 주시는 그 언어가
얼마나 소중한 것인지 알게 하소서. 그래서 갈망하고 소유하게 하소서.
세상의 물질을 탐하는 것만큼만이라도 하나님의 말씀을 탐하게 하소서.

그래서 하나님의 말씀 그 한 조각이
나의 인생을 얼마나 크게 바꾸는지 경험하게 하소서.
허탄한 인간의 천 마디보다
하나님의 말씀 한 마디가 기적을 일으킴을 믿습니다.
말씀으로 오신 예수 그리스도의 이름으로 기도합니다. 아멘!

:: 대저 하나님의 모든 말씀은 능하지 못하심이 없느니라 (누가복음 1:37).

하나님과 함께 나는 매일 전진합니다

오늘도 새날을 허락하시고 전진하는 인생을 주신 아버지, 감사합니다.
나는 매일 똑같은 하루를 보내는 것 같지만,
나는 하나님과 함께 전진하고 있음을 믿습니다.
하나님의 한 날이 나의 천 날보다 낫다면
오늘 내가 하나님과의 한 날을 보내기 원합니다.
그래서 이날이 인생에서 가장 의미 있는 아름다운 날이 되게 하소서.

나에게 약속하신 모든 것을
영원히 기억하시고 지키시는 아버지를 사랑합니다.
오늘도 나는 잊었을 많은 순간을 기억하시는 하나님을 찬양합니다.
내가 기억을 하든 못하든 계산하시지 않고
언제나 정확한 때에 주실 것을 주셨습니다.
나는 언제나 아버지께 드리는 것을 계산하고 또 계산하는데
하나님은 한 번도 계산하지 않고 주시니 감사합니다.
언제나 배은망덕한 이기주의자로 살고 있지만
하나님은 그 모습조차 사랑해주시니 감사합니다.

오늘 나도 아버지와의 언약을 기억합니다.
내가 했던 모든 약속을 기억하여 실천하겠습니다.
하나님을 사랑하고, 찬양하며, 헌신하고, 기뻐하겠습니다.
여호와 하나님을 즐거워하겠습니다.
나의 주 예수 그리스도의 이름으로 기도합니다. 아멘!

:: 주의 궁정에서의 한 날이 다른 곳에서의 천 날보다 나은즉 악인의 장막에 사는 것보다 내 하나님의 성전 문지기로 있는 것이 좋사오니 (시편 84:10).

03 | 25

나의 모든 상황에 감사하며 찬양을 드립니다

언제나 나를 채우시고, 이끄시며, 함께하시는 아버지, 감사합니다.
오늘도 주님이 주신 이 하루가 감격스럽고 귀합니다.
나의 상황과 상관없이 주님이 주신 것이니 감사합니다.
나의 마음속에 있는 모든 불평과 불만이 사라지고 찬양이 넘치게 하소서.
주시되 풍성히 주시는 주님을 찬양하며 이 하루를 시작합니다.

오늘도 입술에서 감사와 찬양이 넘치게 하시고 불평이 사라지게 하소서.
집이 작다 불평하는 자는 이미 집이 있음을 감사하게 하소서.
직장이 힘들다 불평하는 자는 이미 취업이 되어 있음을 감사하게 하소서.
배우자가 괴롭힌다 여기는 자는 이미 결혼했음에 감사하게 하소서.
자녀가 속을 썩이는 자는 자녀가 있다는 것에 감사하게 하소서.
내가 불만하는 모든 곳에는 이미 소유가 있음을 알게 하소서.
내가 불평하는 모든 속에 감사의 조건이 가득함을 알게 하소서.
이 사실을 믿고 오늘 나의 모든 상황에 감사하며 찬양을 드립니다.

아버지는 위대하시며 나의 모든 필요를 채우셨습니다.
아버지의 허락하신 모든 것 안에는 감사로 가득차 있습니다.
오늘도 나의 입술을 들어 쓴물과 단물을 함께 내지 않을 것입니다.
주신 것에 자족하며 기뻐 찬양하겠습니다.
풍족히 주시는 예수 그리스도의 이름으로 기도합니다. 아멘!

:: 나는 비천에 처할 줄도 알고 풍부에 처할 줄도 알아 모든 일 곧 배부름과 배고픔과 풍부와 궁핍에도 처할 줄 아는 일체의 비결을 배웠노라 (빌립보서 4:12).

나를 통해 아버지의 뜻이 이루어지게 하소서

온 천지를 지으신 아버지, 감사합니다.
오늘도 하나님의 초대를 받아 기쁨으로 응하는 하루 되기를 원합니다.
나를 이 시간 속으로 불러주심에 감사합니다.
당연한 하루가 아니라 초대받은 하루처럼 살게 하소서.

오늘도 만날 모든 사람을 축복하며 기도합니다.
그들의 삶 가운데 하나님이 임재하여 주소서.
아버지를 알게 하시고 아버지의 인도하심을 받게 하소서.
하나님이 나를 사랑하신 것처럼 그들도 사랑하심을 믿고 감사드립니다.
하나님의 사랑이 임한 것처럼 모두가 사랑으로 대하는 하루 되게 하소서.

이 땅 가운데 하나님의 임재가 있기를 기도합니다.
아버지의 뜻이 이루어지게 하시고, 여기에 내가 일조하는 하루 되게 하소서.
무엇이든지 내가 하나님의 자녀임을 드러내는 하루 되게 하소서.
말로만이 아니라 나의 선택과 행함 속에서 드러나게 하소서.
내 안에 있는 구원의 소망이
인내로, 사랑으로, 돌봄으로 드러나는 하루 되게 하소서.
오늘 내가 있는 곳에서 온전한 삶의 예배를 드리겠습니다.
쉬지 않고 기도하겠습니다. 하나님을 찬양하겠습니다.
주님을 기뻐하겠습니다.
나의 주 예수 그리스도의 이름으로 기도합니다. 아멘!

:: 항상 기뻐하라 쉬지 말고 기도하라 범사에 감사하라 이것이 그리스도 예수 안에서 너희를 향하신 하나님의 뜻이니라 (데살로니가전서 5:16-18).

03 | 27

주님께 이 하루의 주권을 올려드립니다

오늘도 새로운 아침을 주신 아버지, 감사합니다.
내가 열중할 수 있는 일을 주시고 그 일 가운데 함께하심을 감사합니다.
어제도 함께하시는지 매 순간 깜박깜박 잊으며 혼자인 줄 알았습니다.
오늘은 잊지 않고 매 순간 하나님을 기억하게 하소서.
내가 잊은 순간에도 주님은 내 곁에 계심을 믿고 감사드립니다.

모든 순간 임재하시는 주님을 찬양합니다.
나의 모든 집중하는 곳에 주님도 집중하고 계심을 믿습니다.
매 순간 하나님의 동행을 느끼게 하소서.
그리고 하나님께 묻고 답을 구하게 하소서.
나의 뜻대로 결정하는 것이 아니라 하나님의 뜻대로 결정하게 하소서.
오늘은 내가 무엇 하기 원하십니까?
오늘의 우선순위는 무엇입니까?
내가 하려는 일들 중에 하나님이 싫어하시는 것은 무엇입니까?
오늘도 주님께 이 하루의 주권을 올려드립니다. 일하시고 역사하소서.

주신 하늘에 감사합니다. 호흡하게 하신 모든 건강에 감사합니다.
모든 순간 주님을 찬양합니다. 주님의 인자하심이 오늘 나를 두르소서.
나의 주 예수 그리스도의 이름으로 기도합니다. 아멘!

:: 그런즉 너희는 먼저 그의 나라와 그의 의를 구하라 그리하면 이 모든 것을 너희에게 더하시리라 (마태복음 6:33).

03 | 28

모든 것을 공급하시지 않는 하나님을 신뢰합니다

나의 모든 것 되어주시는 아버지, 감사합니다.
내가 가진 모든 것이 주님으로부터 온 것임을
인정하고 찬양을 드립니다.
아버지는 나의 공급자요, 나의 위로자 되십니다.
나의 유형의, 무형의 모든 것을 채워주시는 하나님이십니다.

오늘 내가 그 아버지 앞에 나아가 입술로 찬양하고 고백합니다.
오늘도 그 모든 은혜 안에 내가 있음을 믿습니다.
아버지의 가장 좋은 때에 주실 것을 믿습니다.
주시지 않는다면 나에게 유익하기보다 해가 되기 때문임을 믿습니다.
부족한 것이 없는 아버지의 인색하심에 시험 들지 말게 하소서.
그것은 인색하심이 아니라 자제하심이며, 사랑하심임을 믿게 하소서.
모든 것을 공급하는 것이 모든 것에 유익한 것이 아님을 믿습니다.

오늘도 그 은혜 아래서 하루를 시작합니다.
나도 나의 자녀에게 모든 것을 공급하지 않음을 알기에
믿음으로 시작합니다.
더 큰 사랑 아래 있음을 믿습니다. 주님을 사랑합니다.
나의 주 예수 그리스도의 이름으로 기도합니다. 아멘!

:: 하나님은 높으시니 우리가 그를 알 수 없고 그의 햇수를 헤아릴 수 없느니라 (욥기 36:26).

하나님은 언제나 최상으로 나를 사랑하십니다

끝날 것 같지 않은 하루가 끝나고 안식을 주시니 감사합니다.
두려운 하루를 마감하고 소망을 주시니 감사합니다.
이 아침은 기쁨의 시작이요, 기대의 시작임을 고백합니다.

오늘도 나를 택하셔서 자녀 삼으심에 감사합니다.
자녀 삼으심 안에 선물과 풍성함이 있으며,
동시에 결핍과 책망이 있음을 믿습니다.
관련 없는 사람을 책망하시는 법은 없듯이,
사랑하기에, 가깝기에, 좋아지길 바라기에 책망하심에 감사드립니다.
때로 어려운 일을 당하는 것이
사랑이 아니라는 증거가 아님을 알게 하소서.

하나님은 언제나 최상으로 나를 사랑하심을 믿습니다.
환란의 때에도 하나님의 사랑은 변함이 없음을 믿습니다.
내가 어떤 행동을 한다고 그 사랑을 더할 수 없음을 고백합니다.
왜냐하면 이미 최상으로 사랑하시기 때문입니다.
그 사랑에 감동하며 하루를 시작합니다.

오늘 나의 등 뒤에서 나를 도우시는 주님을 믿고 나아갑니다.
내가 어디에 가든 함께하소서. 내가 무엇을 하든 도와주소서.
모든 것을 내어 맡깁니다.
나의 주 예수 그리스도의 이름으로 기도합니다. 아멘!

:: 우리가 아직 죄인 되었을 때에 그리스도께서 우리를 위하여 죽으심으로 하나님께서 우리에 대한 자기의 사랑을 확증하셨느니라 (로마서 5:8).

03 | 30

나의 하나님으로 인해 자부심을 갖습니다

내가 가는 모든 곳에 계시는 아버지, 감사합니다.
어제도 나의 잠자리에 함께하심을 감사드립니다.
오늘 아침 분주한 일상에도 곁에 계심에 감사합니다.
세상 많은 사람이 혼자라 하는 그곳에도 함께하심을 믿습니다.

내 마음의 고독함을 아시는 주님이 오늘 나와 동행하소서.
군중 속에 있다고 모두가 행복한 것은 아닌 것처럼,
홀로 있는 자리에 더욱 함께하시는 주님을 의지하게 하소서.
때로 낙망하여 아버지께로부터 도망하여도 거기 계심에 감사합니다.
내가 방탕하여 떠나려 하여도 거기 계시니 감사합니다.

인간은 함께할 수 없는 물리적 한계가 있으나
주님은 무한함으로 함께하시니 감사합니다.
모든 한계를 뚫고 나에게 오셔서 위로하시고 동행하시니 감사합니다.
오늘 그 마음을 받아 가장 뿌듯한 마음으로 하루를 시작하게 하소서.
남을 부러워하지 말고 나에게 있는 하나님으로 인해 자부심을 갖게 하소서.

오늘도 세미하게 말씀하시는 하나님의 음성을 듣기 원합니다.
말씀하시고, 듣거든 순종하게 하소서.
나의 발걸음만이 아니라 나의 마음도 온전히 인도하소서.
나의 주 예수 그리스도의 이름으로 기도합니다. 아멘!

:: 예수께서 이르시되 할 수 있거든이 무슨 말이냐 믿는 자에게는 능히 하지 못할 일이 없 느니라 하시니 (마가복음 9:23).

나의 뜻에서 하나님의 뜻으로 나아가겠습니다

오늘도 나를 일으키시며 새롭게 하시는 아버지를 찬양합니다.
하나님의 일하심으로 어제도 무사하게 하시니 감사합니다.
이 나라를 지켜주시고 여전히 일하여 주심을 믿습니다.
나의 가족을 보호하시며 사랑해주심을 감사드립니다.
오늘 아버지의 사랑을 힘입어 살아갈 힘을 얻게 하소서.

오늘도 먼저 그의 나라와 그의 의를 구하는 자 되게 하소서.
아버지의 나라에 관심도 없었다면 먼저 그 사실을 알게 하소서.
언제나 나를 위한 기도만 나열하며 살았다면 회개하게 하소서.
이제 말씀 앞에 서게 하소서.
아버지의 가장 확실한 성경 말씀을 읽게 하시고 외우게 하소서.
아버지의 뜻을 알기 위한 갈급한 심령을 주소서.
아버지를 알아야 아버지의 뜻을 실천할 수 있음을 알게 하소서.
오늘도 나의 일에 갇히지 않기를 원합니다.

나를 향한 관심에서 나와 하나님의 뜻을 향한 관심으로 가겠습니다.
나의 뜻에서 나와 하나님의 뜻으로 나아가겠습니다.
그 시작이 되는 하루 되게 하소서.
나의 주 예수 그리스도의 이름으로 기도합니다. 아멘!

:: 그 후로는 다시 사람의 정욕을 따르지 않고 하나님의 뜻을 따라 육체의 남은 때를 살게 하려 함이라 (베드로전서 4:2).

04

눈물을 흘리며 씨를 뿌리는 자는
기쁨으로 거두리로다
_ 시편 126:5

이 달 의 기 도 제 목

·
·
·
·
·

무엇보다 주님을 먼저 찬양합니다

귀한 아침을 열어주신 아버지, 감사합니다.
언제나 주님은 나의 모든 것이십니다.
아버지의 놀라운 은혜로 오늘까지 지켜주심을 감사합니다.
아버지의 크심이 오늘 나의 작음을 온전하게 할 줄 믿습니다.
오늘도 그 담대함으로 하루를 시작하게 하소서.

오늘도 신실하신 주님을 기대합니다.
오늘 해야 하는 많은 일 가운데, 무엇보다 주님을 먼저 찬양합니다.
주님은 나를 만드셨고, 이끄시고, 지키십니다.
나의 모든 필요를 아시며 나를 가장 온전한 길로 인도하십니다.
하루의 모든 순간 하나님의 섭리가 있음을 믿습니다.
그 믿음으로 주님께 오늘을 올려드립니다.
오늘 놓치지 말아야 할 것이 무엇인지 기억나게 하소서.
내가 중요하다 생각하는 것 말고,
주님이 중요하다 여기시는 것을 알게 하소서.
나의 이기심의 우선순위 말고, 주님의 사랑의 우선순위로 판단하게 하소서.

나의 모든 영혼을 열어 주님을 환영하고 모셔들입니다.
주님과 동행하는 하루 되게 하소서.
주님의 명령대로 순종하는 하루 되게 하소서.
주님을 사랑합니다. 나의 주 예수 그리스도의 이름으로 기도합니다. 아멘!

:: 그런즉 너희가 어떻게 행할지를 자세히 주의하여 지혜 없는 자같이 하지 말고 오직 지혜 있는 자같이 하여 (에베소서 5:15).

예수 그리스도의 능력으로 하루를 시작합니다

하늘의 높음이 아버지를 보이며 밝은 햇살이 주님을 찬양합니다.
천하 만물이 매 순간 주님을 찬양함을 봅니다.
오늘 새로운 날, 새로운 시간을 주신 주님을 나도 찬양합니다.
내게 하나님의 형상을 주신 아버지를 찬양합니다.
오늘 나의 모습이 하나님으로 인해 더없이 소중함을 선포합니다.
이 세상 누구를 닮은 것보다 나는 주님을 닮았으니 감사합니다.
내 안에 있는 아버지의 성품을 가지고 오늘을 살게 하소서.

내 안에 모든 불가능을 벗어버리고 주님 앞에 담대하게 하소서.
나의 욕심을 이루기 위한 가능이 아니라
하나님의 자녀답게 살기 위한 모든 가능성을 선포합니다.
기운 없는 내 모습을 벗어버리고 주님으로 힘을 얻습니다.
모든 피로를 물리치고 다시 새 능력을 입습니다.
내 안에 살아 계신 예수 그리스도의 능력으로 하루를 시작합니다.

오늘도 이 나라를 위해 일하게 하소서.
조금 더 하나님의 뜻을 이루기 위해 아주 작은 일에 정직하게 하소서.
아주 작은 일을 작다 하지 말고 나의 삶이 빛이 되게 하소서.
주님의 빛 되심을 닮은 자녀로서의 삶이 오늘 나의 삶이 되게 하소서.
나의 주 예수 그리스도의 이름으로 기도합니다. 아멘!

:: 영원하신 하나님 여호와, 땅 끝까지 창조하신 이는 피곤하지 않으시며 곤비하지 않으시며 명철이 한이 없으시며 피곤한 자에게는 능력을 주시며 무능한 자에게는 힘을 더하시나니 (이사야 40:28-29).

04 | 03

나도 그리 살겠습니다

오늘도 예수 그리스도의 사랑으로 함께하시는 아버지, 감사합니다.
십자가의 은혜로 나를 구원하신 은혜에 감사합니다.
주님이 치르신 대가로 오늘 내가 평안을 누립니다.
오늘도 두려워 말라는 주님의 음성을 의지합니다.
주님은 말만 하시는 분이 아니라 나를 책임지시는 분임을 믿습니다.
이 말씀이 그냥 하신 말씀이 아님을 믿기에 오늘도 평안을 누립니다.
주님으로 인해 자유를 누립니다.
오늘도 좋을 때나 나쁠 때나 한결같은 믿음으로 살게 하소서.

나에게 주어진 모든 일을 오늘 더 기쁨으로 맞이하기 원합니다.
하나님이 나에게 주신 일임을 기억하게 하소서.
오늘 사람을 섬기는 일이 주님을 섬기는 일이라는 믿음으로 살게 하소서.
매 순간 주님 앞에 기도합니다.
주님, 도우소서. 함께하소서.

오늘도 고통당하는 많은 사람을 불쌍히 여기시고 회복시키소서.
병든 자들의 병상에 함께하시고, 가난한 자들의 아픔에 함께하소서.
슬픈 자들의 마음을 위로하시고, 고독한 자들의 외로움에 함께하소서.
나도 그리 살겠습니다.
나의 주 예수 그리스도의 이름으로 기도합니다. 아멘!

:: 모세에게 이르시되 내가 긍휼히 여길 자를 긍휼히 여기고 불쌍히 여길 자를 불쌍히 여기리라 하셨으니 (로마서 9:15).

누군가에게 기쁨을 보이는 하루 되게 하소서

아름다운 봄을 주신 아버지, 감사합니다.
언제나 당연한 줄 알았던 좋은 날씨가 이제 진정 감사의 제목이 되었습니다.
빼앗기고 나서야 감사한 줄 알게 되는 어리석음을 불쌍히 여기소서.
그러나 빼앗기고 나서야 진정 귀한 것을 알고
소중히 여기게 됨을 감사합니다.
하늘도, 구름도, 바람도, 풀도 정말 아름답고 귀한 날입니다.

이 모든 것을 인간을 위해 선물로 주신 아버지, 감사합니다.
오늘 이 모든 것보다 하나님을 닮은 내가 가장 아름답게 하소서.
나의 외면만이 아니라 나의 내면이 더욱 그들보다 아름답게 하소서.
하나님을 가장 닮고 사모하는 피조물이 되게 하소서.
자연은 존재만으로 사람들을 위로하지만,
나는 존재와 말과 행동으로 그들을 위로할 수 있음에 감사합니다.

오늘 아버지를 찬양하며, 높여드리며, 나의 역할에 성실함으로 살게 하소서.
누군가가 나를 보며 당신은 왜 그리 기뻐하냐고
물을 수 있는 사람 되게 하소서.
그리고 그들에게 나는 하나님을 사랑해서 이리 기쁘다 말하게 하소서.
누군가에게 나의 기쁨을 보이는 하루 되게 하소서.
오늘도 기뻐하지 못할 수많은 이유를 가진 사람들을 위해 기도합니다.
주님이 그들을 돌아보시고 위로하여 주소서.
나의 주 예수 그리스도의 이름으로 기도합니다. 아멘!

:: 내 영혼아 여호와를 송축하며 그의 모든 은택을 잊지 말지어다 (시편 103:2).

나의 모든 빈자리를 채우시는 아버지를 찬양합니다

좋은 날을 허락하신 아버지, 감사합니다.
어제의 모든 시간도 주님이 채워주셨음을 감사합니다.
오늘도 높으신 하나님을 찬양하며 하루를 시작합니다.
하나님의 존귀하심이 오늘도 나의 삶에 가득할 줄 믿습니다.
인자하신 하나님의 사랑 앞에 온전히 이 아침을 머뭅니다.

오늘도 나의 모든 빈자리를 채우시는 아버지를 찬양합니다.
나는 혼자 있다 생각하나 아버지는 언제나 나와 동행하십니다.
내 마음의 빈자리도 주님이 채우시며,
나의 물질의 빈자리도 주님이 채우십니다.
나의 일의 빈자리도 주께서 도우시며,
나의 사랑의 빈자리도 주님이 채우십니다.
나의 느낌을 믿지 말고 주님의 사랑을 믿게 하소서.

나의 모든 것을 주님 앞에 올려드립니다.
오늘 하루 해야 하는 모든 일을 주님, 축복하소서.
그 일들의 모든 열매가 주님께 있음을 믿습니다.
오늘은 열매를 거두는 날이 아니라 씨를 뿌리는 날일 수 있음을 알게 하소서.
매일 열매를 거두려 하지 말고, 매일 씨를 뿌리려 하게 하소서.
그래서 실망하지 않고 소망과 희망을 거두는 날이 되게 하소서.
나의 주 예수 그리스도의 이름으로 기도합니다. 아멘!

:: 눈물을 흘리며 씨를 뿌리는 자는 기쁨으로 거두리로다 (시편 126:5).

어려움을 당한 자에게 손 내밀어 그 손 붙잡게 하소서

오늘도 눈을 떠 하루를 시작하게 하신 아버지, 감사합니다.
어려운 일을 당한 사람들에게는 이 아침이
악몽을 꾸고 일어난 것처럼 힘들 텐데
주님이 그들의 마음을 위로하여 주소서.
어려움을 당한 것도 힘든데 마음까지 다치지 말게 하소서.
아버지의 손으로 그들을 굳건하게 붙잡아주소서.
인생의 고통을 이해할 수는 없지만 그것을 이겨나가게 하소서.
납득하지 못했다는 것 때문에 이겨가는 일을 포기하지 말게 하소서.
그럼에도 불구하고 언제나 함께하시는 하나님을 믿음으로 찬양합니다.

어려움을 당한 자들의 삶을 남의 이야기라 여기지 말게 하시고
내가 가진 것이 없다 핑계하지 않고 손을 내밀어 그들의 손을 붙잡게 하소서.
나의 가진 입술로 위로하게 하소서.
나의 가진 손으로 안아주게 하소서.
나의 가진 힘으로 일으키게 하소서.

무엇보다 강하신 하나님의 힘을 구하며 중보하고 기도합니다.
오늘 더욱 고난당한 자들과 함께하소서.
우리의 기도가 그들에게 힘과 용기가 되게 하소서.
나의 구원이 되시는 예수 그리스도의 이름으로 기도합니다. 아멘!

:: 고아와 과부를 위하여 정의를 행하시며 나그네를 사랑하여 그에게 떡과 옷을 주시나니
(신명기 10:18).

04 | 07

하나님의 예측할 수 없는 사랑을 기대합니다

오늘도 나의 작음을 고백하며 이 아침을 시작합니다.
아버지의 크심을 찬양합니다.
아버지의 뜨거운 사랑을 찬양합니다.
나의 아버지의 보호하심을 찬양합니다.
승리하시는 주님을 찬양합니다.

그 수많은 아버지의 이름을 불러도 모자랄 이 하루를 감사합니다.
나의 입술로 다 담을 수 없는 아버지의 놀라우심을 찬양합니다.
내가 생각하고 고민해도 다 이해할 수 없는 아버지의 신비하심을 찬양합니다.
사탄이 주는 예측할 수 없는 고난 앞에
하나님의 예측할 수 없는 사랑을 기대합니다.
나의 아버지 되시는 주님이 계셔서 오늘도 담대할 수 있습니다.
나의 힘을 의지하지 않고 아버지의 힘을 의지하여 오늘을 삽니다.
감사합니다. 찬양합니다. 사랑을 고백합니다.
나의 모든 것이 되시는 주님을 위해 나의 모든 것을 드리기 원합니다.
내가 아버지 앞에 설 때에 제한하는 것이 없게 하소서.

나의 모든 것을 드려 오늘 주님을 기쁘시게 하겠습니다.
나의 마음과 몸과 물질과 힘과 지식을 동원하여 주님을 섬기기 원합니다.
주님과 동행하는 기쁨의 하루를 허락하소서.
나의 주 예수 그리스도의 이름으로 기도합니다. 아멘!

:: 여호와 우리 하나님이시여 주 외에 다른 주들이 우리를 관할하였사오나 우리는 주만 의지하고 주의 이름을 부르리이다 (이사야 26:13).

주님처럼 나도 베푸는 삶 살기 원합니다

세상의 모든 만물을 인해 주님을 찬양합니다.
하나님의 선하심과 인내하심을 찬양합니다.
나의 죄악으로 나를 멸하시지 않고 크신 사랑으로 용서하시니 감사드립니다.
아버지의 사랑하심이 너무 커서
인간의 작은 몸에 담을 수조차 없음을 고백합니다.
오늘 나의 눈을 크게 뜨고, 마음을 활짝 열고 주님을 바라보게 하소서.

오늘도 나의 편협한 마음과 눈으로 사람을 바라보지 않겠습니다.
나의 작은 경험의 조각들로 상황과 사람을 판단하지 않겠습니다.
나의 욕심과 사심 가득한 눈으로 그들을 바라보고 비판하지 않겠습니다.
아버지의 눈을 주소서. 아버지의 마음을 주소서.

주님이 나에게 베풀어주신 것처럼 나도 사람들에게 베풀게 하소서.
돈이 아니라 마음을 베풀게 하소서.
물질이 아니라 언어를 베풀게 하소서.
세상에 제일 좋은 게 돈이라는 고정관념을 버리게 하소서.
돈만이 좋다 생각하니 돈이 없어 아무것도 주지 않았음을 회개합니다.

오늘 돈이 아니라 보이지 않는 많은 중요한 것을 통해 일하게 하소서.
아버지의 마음으로 바라보는 날 되게 하소서.
나의 주 예수 그리스도의 이름으로 기도합니다. 아멘!

:: 날마다 마음을 같이하여 성전에 모이기를 힘쓰고 집에서 떡을 떼며 기쁨과 순전한 마음으로 음식을 먹고 하나님을 찬미하며 또 온 백성에게 칭송을 받으니 (사도행전 2:46-47).

04 | 09

내 짐만 무겁다 생각하지 않게 하소서

귀한 하루를 주신 아버지, 감사합니다.
높으신 하나님 아버지의 이름을 찬양합니다.
위대하고 위엄이 가득한 주님을 높여드립니다.
나의 주 하나님이 아버지 되심을 찬양합니다.

오늘도 달려가는 이 하루 가운데 나의 팔을 붙잡아주소서.
주님의 보이지 않는 손이 나를 붙들고 있음을 믿습니다.
누구는 병상에서, 누구는 회사에서, 누구는 학교에서, 누구는 가정에서
각자의 일상을 살아갈 때 그 짐이 무겁지 않게 하소서.
내가 지고 있는 짐만 무겁다 생각하지 않게 하소서.

주님이 나와 함께 달려주심을 언제나 믿게 하소서.
나의 곁에 계신 주님이 격려의 팔로 나를 안아주심에 감사합니다.
오늘도 그 주님을 찬양하며 달려갑니다.
나의 육체의 연약함이 제약이 되지 않게 하소서.
나의 마음이 더 강하고 담대해지게 하소서.
세상의 유혹에 넘어가지 말게 하시고
주님의 발 앞에 순종함이 진정한 자유임을 깨닫게 하소서.
오늘도 주님께 모든 것을 맡겨드립니다.
나의 주 예수 그리스도의 이름으로 기도합니다. 아멘!

:: 이러므로 우리에게 구름같이 둘러싼 허다한 증인들이 있으니 모든 무거운 것과 얽매이기 쉬운 죄를 벗어 버리고 인내로써 우리 앞에 당한 경주를 하며 (히브리서 12:1).

나의 작은 재료로 이 땅을 비추기 원합니다

어제의 모든 수고를 열매 맺게 하시는 아버지, 감사합니다.
어제는 어제의 씨를 뿌리고 잠을 잤습니다.
그 씨들이 오늘 자라나 성장하게 하실 주님을 찬양합니다.
나는 그저 주어진 일을 했으나
그것을 자라게 하심은 주님의 일임을 믿습니다.
그 믿음으로 오늘도 일어날 기쁨을 얻습니다.

오늘도 아주 작은 씨라 하더라도 거절하지 말고 뿌리게 하소서.
그 작은 일이 얼마나 큰 열매를 거둘지 나는 알 수 없기에
주님을 믿고 신뢰하는 마음으로 씨를 뿌리러 나갑니다.
겨자씨 안에 커다란 나무를 숨겨놓으신 주님의 섭리를 찬양합니다.
겨자씨 같은 내 안에도 그런 나무가 있을 것을 믿고 오늘을 삽니다.

나에게 새로운 용기를 불어넣어주소서.
나를 작다 여기지 않고 그 작은 것을 주님께 드리게 하소서.
소년의 도시락처럼 기적의 재료가 되게 하소서.
작다고 움켜쥐고 있지 말게 하소서.
부끄러움을 무릅쓰고 내어놓는 것이 믿음임을 알게 하소서.
오늘도 나의 작은 재료로 이 땅을 비추기 원합니다.
부끄러움을 이기고 내어놓겠습니다. 나를 사용하여 주소서.
나의 주 예수 그리스도의 이름으로 기도합니다. 아멘!

:: 마치 사람이 자기 채소밭에 갖다 심은 겨자씨 한 알 같으니 자라 나무가 되어 공중의 새들이 그 가지에 깃들였느니라 (누가복음 13:19).

04 | 11

오늘 나에게 주신 분깃대로 행하겠습니다

오늘도 나의 아침을 보장하시는 아버지, 감사합니다.
내가 모르는 영적인 세상에서
하나님이 오늘 나를 강한 팔로 보호하심을 믿습니다.
나를 사탄에게 내어주지 않고 안으시는 주님을 찬양합니다.
이 세상의 모든 유혹에서 이기는 하루 되게 하소서.

내가 모든 것을 해내는 것 같지만,
모든 것은 주님의 손에 있음을 믿습니다.
나의 수고가 헛된 것이 되지 않고 복된 것이 되게 하소서.
하나님이 지키지 않으시면 파수꾼의 깨어 있음이 헛되다고 했습니다.
오늘도 하나님의 지키심이 나의 인생 가운데 넘치게 하소서.

그 믿음으로 오늘 지키시는 주님의 품 안에서 담대함을 얻습니다.
모든 좌절과 슬픔과 용기 없음을 이기게 하소서.
오늘 내가 실망할 필요가 없음은 능력이 내게 있지 않음입니다.
내가 하는 일이 아닌데 내가 실망하지 말게 하소서.
너무 먼 미래를 바라보느라 오늘 좌절하지 말게 하소서.
오늘 나에게 주신 분깃대로 행하겠습니다.
내 분량만큼 분수를 지키겠습니다.
말이나 행함에 과함이 없게 정도를 가겠습니다.
나와 함께하소서. 나의 주 예수 그리스도의 이름으로 기도합니다. 아멘!

:: 여호와께서 집을 세우지 아니하시면 세우는 자의 수고가 헛되며 여호와께서 성을 지키지 아니하시면 파수꾼의 깨어 있음이 헛되도다 (시편 127:1).

하나님이 임재하시는 이 세상에 감사합니다

오늘도 주시는 햇살에 무한 감사합니다.
숨쉴 수 있는 공기에 한없이 감사합니다.
바라보는 눈길에 닿는 모든 자연 만물에 감사를 드립니다.
이 세상에 펼쳐진 모든 편리한 문명에 감사를 드립니다.
하나님이 임재하시는 이 세상에 감사합니다.

어느 곳이든 하나님이 없는 곳이 없으니 감사합니다.
모든 것의 가장 작은 것에도 임재하시니 감사합니다.
내 눈에 담을 수 없는 어마어마한 큰 것들을 주관하시니 감사합니다.
내게 보이지 않는 모든 영적인 것의 주인 되심을 찬양합니다.
오늘 나의 작음이 부끄럽지 않음은 주님이 나를 소중하다 하시기 때문입니다.
나의 나 된 모든 그대로 받아주시는 주님을 찬양합니다.
나의 잘남으로 나를 택하지 않으신 주님을 찬양합니다.
나의 못남으로 나를 거절하지 않으신 주님을 사랑합니다.
모든 인간은 나를 버려도 주님은 절대로 나를 버리지 않으시니 감사합니다.

내가 숨쉬는 모든 순간 주님을 찬양합니다.
내가 눈 뜨는 모든 순간 주님을 바라봅니다.
내가 들을 수 있는 모든 귀로 주님의 음성을 듣습니다.
주님은 나 자체이십니다.
나의 주 예수 그리스도의 이름으로 기도합니다. 아멘!

:: 내가 새벽 날개를 치며 바다 끝에 가서 거주할지라도 거기서도 주의 손이 나를 인도하시며 주의 오른손이 나를 붙드시리이다 (시편 139:9-10).

04 | 13

오고 가는 많은 상황 속에 의연하게 하소서

어제의 모든 짐을 내려놓고 쉬게 하신 아버지, 감사합니다.
지난밤의 모든 피로를 씻어주시고,
기쁨으로 새날을 맞게 하셔서 감사합니다.
높으신 주님을 찬양합니다.
나를 영원히 사랑하시는 아버지를 찬양합니다.

만날 사람을 주신 아버지, 감사합니다.
이야기를 나눌 대상을 허락하신 아버지, 감사합니다.
할 수 있는 일을 주신 아버지, 감사합니다.
몸을 누일 거처를 주신 아버지, 감사합니다.

나의 기쁨의 근원이 상황이 아니라 믿음이 되게 하소서.
매일매일 바뀌는 상황에 나의 마음을 맡기지 말게 하소서.
언제나 굳건한 믿음을 주셔서 흔들리지 않는 평안을 허락하소서.
오늘도 아버지를 믿고 신뢰하는 이 마음으로 평안을 누립니다.

오늘도 오고 가는 많은 상황 속에 의연하게 하소서.
내 눈에 보이는 것이 아니라
보이지 않는 아버지의 사랑이 내 삶의 근거 되게 하소서.
나의 주를 찬양합니다.
나의 주 예수 그리스도의 이름으로 기도합니다. 아멘!

:: 믿음은 바라는 것들의 실상이요 보이지 않는 것들의 증거니 (히브리서 11:1).

행하는 오늘 되게 하소서

오늘도 좋은 아침을 주신 아버지, 감사합니다.
지금까지의 모든 죄악을 주님 앞에 내려놓습니다.
예수 그리스도의 보혈로 나를 온전히 깨끗하게 하소서.
영적인 정결함을 얻고 새날을 맞이하게 하소서.
언제나 주님 앞에서 새 기회를 얻을 수 있음에 감사합니다.
내가 전심으로 주님을 사랑합니다.
이 사랑의 고백만큼이나 주님 앞에 살기 원합니다.
나를 위해 고난당하신 예수 그리스도를 기억합니다.

나의 모든 죄악을 담당하신 예수님의 길을 따라가기 원합니다.
눈물 흘리며 아프셨겠다, 고백하고 잊어버리는 시간 되지 말게 하소서.
"복음을 받을 때 고난도 함께 받으라" 하신 말씀처럼
주님과 동행하는 모든 것을 받아들이게 하소서.
시늉만 하지 않고 그 고난의 길을 나아가는 성도 되게 하소서.

나의 믿음이 감상이 아니라 결단이 되게 하소서.
그래서 오늘 내가 무엇을 하는 것이 주님을 기쁘시게 할지 고민하게 하소서.
그리고 행하는 오늘 되게 하소서.
나의 주 예수 그리스도의 이름으로 기도합니다. 아멘!

:: 율법을 따라 거의 모든 물건이 피로써 정결하게 되나니 피 흘림이 없은즉 사함이 없느니라 (히브리서 9:22).

04 | 15

하나님은 절대 나를 포기하지 않으십니다

변함없는 주님의 사랑에 감사합니다.
그 사랑으로 어제도 살았고, 오늘도 살아갑니다.
나의 값어치나 재능과 상관없이 나를 사랑하심에 감사합니다.
그 사랑을 실천하기 위해 이 땅에 오심을 감사합니다.

우리 주님의 포기하지 않는 사랑에 감사합니다.
눈앞에 고통을 알면서 그 길을 걸어가심에 감사합니다.
내가 가야 하는 그 길을 주님이 가시니 감사합니다.
나는 이 땅에 살면서 예수님의 마음조차도 헤아리지 못함을 용서하소서.
나를 포기하지 않으신 그 사랑이 얼마나 강렬한지도 알게 하소서.

십자가 앞에서의 주님의 두려움이 오히려 더 큰 은혜로 다가옵니다.
두려웠는데 받으셨습니다. 피하고 싶었는데 선택하셨습니다.
도망가고 싶은 마음보다 나를 향한 사랑이 더 강렬했습니다.
그 은혜와 사랑에 감동하고 감격합니다.
주님의 고난당하신 은혜가 오늘 나를 살리게 하소서.

십자가가 증명하는 것은 하나님은 절대 나를 포기하지 않으신다는 것입니다.
그 사랑이 오늘 나의 최고의 기쁨이 되게 하소서.
나의 주 예수 그리스도의 이름으로 기도합니다. 아멘!

:: 에브라임이여 내가 어찌 너를 놓겠느냐 이스라엘이여 내가 어찌 너를 버리겠느냐…내 마음이 내 속에서 돌이키어 나의 긍휼이 온전히 불붙듯 하도다 (호세아 11:8).

나를 위해 죽으신 예수님께 무한 감사합니다

언제나 사랑으로 나를 대하시는 아버지, 감사합니다.
오늘도 이 아침에 주님을 기억하며 감사와 찬양을 드립니다.
언제나 하나님의 뜻을 이해하기보다 나의 뜻을 관철하려는 나를 용서하소서.
아버지의 뜻에 관심이 없으면서
나의 뜻에 아버지의 관심이 없다며 불평한 나를 용서하소서.
나의 믿음 없음과 부족함에도 탓하지 않으시는 주님께 감사합니다.
나의 믿음 없음과 부족함으로 언제나 주님을 탓하는 나를 용서하소서.
내가 원하는 하나님을 정해놓고
그것에 맞지 않는다 투정하는 나를 용서하소서.

주님의 고난당하심은 이런 나를 위한 것임을 알게 하소서.
내가 잘해서 고난을 택하신 것이 아니라 나를 사랑하기에 택하신 것입니다.
나의 한심함이 주님의 선택에 방해가 되지 않았습니다.
나의 믿음 없음이 주님의 길을 돌이키는 이유가 되지 않았습니다.
그렇게 주님은 우리를 사랑하셨습니다.

인간의 어떤 조건도
십자가로 향하는 예수님의 발걸음을 돌이키는 이유가 되지 않았습니다.
그냥 하나님은 나를 사랑하기로 결정하셨습니다.
감사합니다. 그 주님을 찬양합니다. 일평생 무한 감사합니다.
나를 위해 죽으신 예수 그리스도의 이름으로 기도합니다. 아멘!

:: 아버지께서 나를 사랑하신 것같이 나도 너희를 사랑하였으니 나의 사랑 안에 거하라
(요한복음 15:9).

구원을 날마다 누리게 하소서

죄로 갇혀 있던 나를 풀어주신 아버지, 감사합니다.
죄인 줄도 모르고, 갇힌 줄도 모르고 살던 우리에게
해방을 주시니 감사합니다.
예수님을 통해 이루신 모든 역사가 나의 몸과 마음에 새겨지게 하소서.
고난을 묵상함이 한순간의 이벤트가 되지 말게 하소서.

주님을 통해 얻은 구원을 날마다 누리게 하소서.
감사가 더 깊어지게 하소서.
울고 잊는 가벼운 신앙이 아니라 깊이 새기고 사는 깊은 신앙 되게 하소서.
오늘도 십자가의 사랑을 묵상하는 하루 되기 원합니다.
그 십자가의 은혜가 얼마나 나를 자유롭게 하는지 깨닫기를 원합니다.
죄를 향하여 달려가고 싶은 자유를 갈구하지 말게 하소서.
죄로부터 떠나갈 수 있는 자유를 갈망하게 하소서.
신앙은 불편하다는 투정은 결국 마음대로 죄지을 수 없다는 투정이 아닌지요.
무엇이 나에게 유익한 것인지 매 순간 돌아보게 하소서.

나의 아버지를 사랑합니다.
아버지는 나를 위해 예수님의 생명을 주셨습니다.
나는 주님을 위해 생명을 바칠 수는 없으나 오늘 하루를 바치게 하소서.
내일과 나의 미래의 시간을 주님께 드리게 하소서.
나의 주 예수 그리스도의 이름으로 기도합니다. 아멘!

:: 그러나 내게는 우리 주 예수 그리스도의 십자가 외에 결코 자랑할 것이 없으니 그리스도로 말미암아 세상이 나를 대하여 십자가에 못 박히고 내가 또한 세상을 대하여 그러하니라 (갈라디아서 6:14).

십자가의 은혜가 나의 것임을 찬양합니다

아버지의 인자하심이 오늘 나를 붙들고 있음을 찬양합니다.
그 사랑으로 오늘 내가 존재하고, 오늘을 살아갈 힘을 얻습니다.
언제나 하나님의 뜻 앞에 완전한 순종을 보이신 주님을 기억합니다.
자신의 바람이 없어서 순종하신 것이 아니라
간절한 원함이 있음에도 불구하고 아버지의 뜻을 순종하심을 감사합니다.
그 순종의 은혜가 오로지 우리의 몫이었음에 감사합니다.
자신은 완벽하게 버리시고, 인간은 완벽하게 생명을 얻게 하셨습니다.

오직 일평생 예수 그리스도를 찬양하며 이 얻은 생명에 감사를 드립니다.
구원의 은혜가 나에게 선물로 주어짐에 찬양을 드립니다.
그 완전한 십자가의 은혜가 나의 것임에 찬양을 드립니다.
오늘 나의 사소한 짜증과 불만이 얼마나 창피한 것인지 알게 하소서.
예수 그리스도의 고난 앞에 서서 나의 삶을 돌아보게 하소서.

내가 받은 것과 내가 잃은 것을 매일 계산해보게 하소서.
그래서 은혜의 크기가 얼마나 대단한지,
나의 삶이 얼마나 부족한지 보게 하소서.
매일 계산해보아 단 한 번도 받은 것을 이기는 잃음이 없었음을 알게 하소서.
이제 나에게 남은 것은 찬양밖에 없음을 알게 하소서.
나의 주 예수 그리스도의 이름으로 기도합니다. 아멘!

:: 찬송하리로다 하나님 곧 우리 주 예수 그리스도의 아버지께서 그리스도 안에서 하늘에 속한 모든 신령한 복을 우리에게 주시되 (에베소서 1:3).

똑같은 날의 평안을 주시니 감사합니다

날마다 똑같은 날을 주신 아버지, 감사합니다.
이 똑같은 날을 지루하다 하겠지만,
이 똑같은 날의 평안이 얼마나 감사한지요.
사건, 사고 없이 지루할 수 있는 것이 얼마나 큰 은혜인지요.
어제와 똑같은 아침을 맞게 하신 아버지를 찬양합니다.

오늘 나에게 주신 이 동일한 은혜만큼이나
나 또한 변덕을 부리지 말게 하소서.
언제는 찬양하다가 언제는 불평하지 말게 하소서.
어느 날은 사랑한다 하다가 어느 날은 남 보듯 하지 말게 하소서.
감정에 의존하지 말고 뜻에 의존하게 하소서.

나에게 잘해주면 기뻐하고 나에게 못해주면 실망하지 말게 하소서.
나는 한결같이 하지 못하면서
남은 나에게 한결같기를 원하는 마음을 버리게 하소서.
사람의 반응에 일희일비하지 않고 주님의 마음으로 언제나 바라보게 하소서.
주님이 우리를 그리 보셨다면 우리에게 구원은 없습니다.
나의 잘함과 못함이 사랑의 조건이 되지 않았음을 찬양합니다.
주님의 죽으심의 값어치를 주님처럼 세상을 사랑함으로 이루게 하소서.
나의 앞길을 가신 예수 그리스도의 이름으로 기도합니다. 아멘!

:: 나는 하나님의 집에 있는 푸른 감람나무 같음이여 하나님의 인자하심을 영원히 의지하리로다 (시편 52:8).

04 | 20

하나님의 때를 믿고 맡겨드립니다

아름다운 계절을 주신 아버지, 감사합니다.
이 세상의 움직이는 많은 것을 인간이 하는 것 같지만
정작 진정한 변화는 하나님께로부터 옴을 바라봅니다.
그 모든 섭리를 인하여 주님을 찬양합니다.

살고 죽는 것, 만나고 이별하는 것, 세우고 허무는 것 등
모든 것이 때가 있음을 믿습니다.
오늘 내가 만나는 때는 어떤 것인지 분별하게 하소서.
살아야 하는 때 죽지 말게 하시고, 만나야 하는 때 이별하지 말게 하소서.
세워야 하는 때 허물지 말게 하시고, 그 반대의 때라도 거절하지 말게 하소서.
죽어야 하는 자아를 살겠다 몸부림치지 말게 하소서.
이별해야 할 때를 놓쳐 추해지지 말게 하소서.

하나님의 섭리에 따라 순응하는 법을 배우게 하소서.
바람이 불면 기울어지게 하시고 나이가 들면 늙게 하소서.
나뭇잎이 떨어져야 할 때 떨어지듯이,
가을에 떨어지지 않으려는 나뭇잎을 열정이라 하지 않듯이
하나님의 때를 믿고 맡겨드립니다.
주님 안에 있을 때 모든 것을 알려주실 줄 믿습니다.
나의 모든 시간이 되시는 예수 그리스도의 이름으로 기도합니다. 아멘!

:: 하나님이 모든 것을 지으시되 때를 따라 아름답게 하셨고…그러나 하나님이 하시는 일의 시종을 사람으로 측량할 수 없게 하셨도다 (전도서 3:11).

04 | 21

내가 오늘 살아 있음이 기적입니다

이 세상을 아버지의 신비로 이끄시는 놀라움을 찬양합니다.
내가 오늘 살아 있음이 기적인데
매일 살아 있으니 당연하게 여겼습니다.
죽은 자를 살리시는 아버지의 위대하심을 찬양합니다.
영원한 죽음에서 영원한 생명으로 옮기시는 신비를 찬양합니다.
내 머리로 납득되는 것만 믿지 말게 하소서.
나보다 너무나도 크신 하나님의 크심을 믿습니다.
찬양합니다. 높여드립니다. 아버지의 아버지 되심을 찬양합니다.

예수님은 살아나셨는데, 여전히 무덤에서 울지 말게 하소서.
이미 살아나셔서 일하고 계신데
죽은 순간만 묵상하며 좌절하지 말게 하소서.
무덤에서 털고 일어나 살아나신 주님을 만나러 달려가게 하소서.
나의 신앙이 비관의 신앙이 아니라 희망의 신앙이 되게 하소서.

나의 살아남의 기쁨을 모든 사람과 나누기 원합니다.
먼저 참된 기쁨을 내가 소유하게 하시고, 그것을 드러내게 하소서.
기쁨을 억지스럽게 숨기며 사는 비겁한 그리스도인 되지 말게 하소서.
나의 주님을 자랑스러워하며 일평생 살기로 결단합니다.
나의 주, 생명 되시는 예수 그리스도의 이름으로 기도합니다. 아멘!

:: 여자들이 두려워 얼굴을 땅에 대니 두 사람이 이르되 어찌하여 살아 있는 자를 죽은 자 가운데서 찾느냐 여기 계시지 않고 살아나셨느니라 (누가복음 24:5-6).

04 | 22

매일매일이 삶의 부활이 되게 하소서

부활의 기쁨을 주신 아버지, 감사합니다.
어제의 슬픔도, 걱정도 모두 내어던지고
부활을 기억하며 시작하는 하루 되게 하소서.
부활절에만 부활을 기억하지 말고, 매일매일이 삶의 부활이 되게 하소서.
어제의 모든 죄악을 깨끗게 하시고 오늘 씻음 받은 은혜로 살게 하소서.

나의 주님이 오늘도 나를 살리시며 일으켜 세우심을 찬양합니다.
주님이 오늘을 살 힘을 주셨습니다.
우리에게 주시는 그 산 소망으로 나의 마음을 가득 채우소서.
나의 모든 실수를 은혜로 다시 만드시는 주님을 찬양합니다.
그로 인해 담대함을 얻습니다.

오늘 나에게 주신 사명을 인정하고 받아들이게 하소서.
이 땅에 존재하게 하시고, 내가 있는 곳에서 빛이 되게 하심을 믿습니다.
나를 이 땅에 부르시고 주님을 사랑하게 하심에 뜻이 있음을 믿습니다.
하나님을 누구보다 사랑하는 사명자 되게 하소서.
오늘도 주님의 은혜를 갈구합니다.
아버지를 사랑하고 찬양합니다.
나의 주 예수 그리스도의 이름으로 기도합니다. 아멘!

:: 우리 주 예수 그리스도의 아버지 하나님을 찬송하리로다 그의 많으신 긍휼대로 예수 그리스도를 죽은 자 가운데서 부활하게 하심으로 말미암아 우리를 거듭나게 하사 산 소망이 있게 하시며 (베드로전서 1:3).

04 | 23

모든 은혜의 순간이 역사가 되게 하소서

오늘도 놀라운 아침을 주심에 감사합니다.
새로운 날만큼이나 새로운 마음으로 시작하게 하소서.
이 땅을 사랑하셔서 여전히 도우시고 계심을 믿습니다.
하나님의 은혜가 가득한 이 세상이 되도록 주님, 오늘도 함께해 주소서.

주님의 사랑에 감사를 드립니다.
어제의 모든 순간 도우시고 함께하심을 찬양합니다.
지나면 역사가 되듯이 별것 아닌 것 같은 모든 은혜의 순간이
역사가 되게 하소서.
알지 못하고 넘어간 모든 것이 하나님의 일하심으로 가득했음을 믿습니다.
뒤돌아볼 때 가장 정확한 때의 기적과 같은 역사로 남게 하소서.

오늘도 그런 기적의 모임이 이 하루가 되기를 소망합니다.
아버지여, 일하여 주소서.
오늘도 부활의 믿음으로 기적을 이루는 하루를 만들게 하소서.
보이는 것에 속지 말게 하시고,
그 내면을 들여다볼 수 있는 영안을 주소서.
모든 순간을 주님께 올려드립니다.
모든 사람을 주님께 올려드립니다.
지키시고, 보호하시고, 일하시고, 인도하여 주소서.
나의 주 예수 그리스도의 이름으로 기도합니다. 아멘!

:: 하나님이여 주의 인자하심이 어찌 그리 보배로우신지요 사람들이 주의 날개 그늘 아래에 피하나이다 (시편 36:7).

모든 곳이 나의 복됨으로 복을 누리게 하소서

오늘도 온전히 나를 사랑하시는 아버지, 감사합니다.
무엇을 하든지 아버지의 품 안에 있음을 감사합니다.
그 안전함이 나로 오늘 자유롭게 합니다.
오늘도 이 나라와 나의 가족과 직장과 학교 가운데 함께하소서.
나의 모든 것이 되시는 주님을 찬양합니다.
만물의 주인이 되시는 주님이 나의 아버지이심을 찬양합니다.
모든 것이 주님의 손안에 있음을 믿고 의지합니다.

오늘 나의 모든 발걸음을 지키시고 함께하소서.
만나는 모든 사람을 위해 기도하게 하소서.
내가 스쳐지나가는 모든 곳에서 모든 사람에게
하나님의 사랑이 흐르게 하소서.
모든 곳이 나의 복됨으로 복을 누리게 하소서.
내가 복의 종착역이 아니라 복의 통로, 복의 분배자가 되게 하소서.
복을 나누는 것을 두려워 말게 하소서.
혹여라도 내가 주면 나는 부족해질까 겁내지 말게 하소서.

풍성하신 아버지의 일하심이 나를 통해 넘쳐나기 원합니다.
모든 것을 주시고 채우시는 아버지를 찬양합니다.
그 주님을 믿는 믿음으로 오늘도 너그러운 하루를 살겠습니다.
나의 주 예수 그리스도의 이름으로 기도합니다. 아멘!

:: 내가 너로 큰 민족을 이루고 네게 복을 주어 네 이름을 창대하게 하리니 너는 복이 될지라 (창세기 12:2).

04 | 25

나에게 주신 분량을 잘 지키게 하소서

소중한 아침을 주신 아버지, 감사합니다.
매 순간 함께하시는 사랑으로 나도 모르는 많은 위험을 넘어감에 감사합니다.
모든 순간 감사해야 하는 이유가 내게 닥칠 일들을 나도 모르기 때문입니다.
그래서 이 아침에 주님을 찬양합니다.
나도 모르는 모든 것을 지키시고 보호하시는 아버지를 찬양합니다.

오늘도 나에게 주신 모든 분량을 잘 지키게 하소서.
부럽다고 해서 남의 모든 것을 내 것으로 하려 하지 말게 하소서.
나의 칭찬이 아닌 것을 탐내지 말게 하소서.
나의 일이 아닌 것을 빼앗아 내 능력을 과시하려 말게 하소서.
사람의 눈에 보기에 커 보이는 인생도 있고,
때로 작아 보이는 인생도 있음을 인정하게 하소서.
그리고 그것이 나라 하더라도 감사하고 찬양하게 하소서.
나에게 주어진 분깃에 만족하고 감사하게 하소서.
내게 주어진 것에 충성되게 하시고, 충성도 욕심내지 말게 하소서.

아버지가 내 아버지이신데 잘 보이겠다고 아등바등한다면
그 자체가 좋은 관계가 아님을 깨닫게 하소서.
아버지의 품 안에서 크든 작든 평안하고 감사한 하루 되게 하소서.
나의 주님을 찬양합니다. 예수님의 이름으로 기도합니다. 아멘!

:: 우리가 무슨 일이든지 우리에게서 난 것같이 스스로 만족할 것이 아니니 우리의 만족은 오직 하나님으로부터 나느니라 (고린도후서 3:5).

하나님의 정의가 임하는 나라 되게 하소서

내 영혼의 주인이 되시는 아버지, 감사합니다.
하루를 시작하며 마음 깊은 곳에서 주님을 생각하며 사랑을 고백합니다.
언제나 주님을 갈망하고 사랑합니다.
새로운 하루를 맞이하며 주님을 더욱 소중히 만나기를 원합니다.
성급하게 나의 하루로 뛰쳐나가기보다 주님을 더욱 만나게 하소서.
시간이 없어 더 빨리 일상으로 들어가지 말게 하소서.
아무리 급해도 주님과의 이 시간을 놓치지 말게 하소서.

이 나라를 불쌍히 여겨주소서.
전혀 전진하지 못하고 퇴보만 하는 것 같아 얼마나 마음이 아픈지요.
어느 때가 되어야 속 시원한 변화의 바람이 이 땅에 불어올지요.
주님 앞에 모든 답답함을 올려드립니다.
이 나라가 하나님의 정의가 임하는 나라 되게 하소서.

아버지의 모든 피조물을 사랑으로 다스리며,
생명을 소중히 여기고, 자기의 의보다 공의를 더 소중히 여기게 하소서.
물질에 눈이 멀지 말게 하시고, 사람을 소중히 여기는 나라 되게 하소서.
이 나라를 더욱 사랑하여 날마다 기도하게 하소서.
이 땅의 주권자 되시는 예수님의 이름으로 기도합니다. 아멘!

:: 오직 정의를 물같이, 공의를 마르지 않는 강같이 흐르게 할지어다 (아모스 5:24).

04 | 27

오늘도 나의 손을 잡고 함께하소서

내 마음 은밀한 곳에서부터 주님을 찬양합니다.
주님은 나의 아버지이시며 나의 주관자이십니다.
나를 사랑하시며 영원히 약속을 지키시는 분입니다.
하나님의 크심은 내가 가늠할 수 없습니다.
그 위대하심을 나의 언어로 다 담을 수 없습니다.
나를 인도하시는 하나님의 섭리는 언제나 옳습니다.
나를 가장 선하고 아름다운 길로 인도하십니다.
그 인도하심이 오늘도 가득할 것을 믿습니다.
그리고 찬양합니다.

내 삶의 모든 것 안에 아버지의 손길이 있음을 찬양합니다.
그 손길 안에서 나는 살아 여기까지 왔습니다.
모든 것이, 모든 순간이 주님의 은혜임을 고백합니다.
내 영혼의 이 울림과 찬양이 변개치 말게 하소서.
언제나 주님만을 바라며 주님만을 향하여 살게 하소서.

오늘 주님의 뜻을 따라 순종하기 원합니다.
순종이 아니라 정말 똑같아서 그 뜻이 나의 뜻인 것처럼 편히 가게 하소서.
매 순간 주님을 묵상하며 찬양하기 원합니다.
오늘도 나의 손을 잡고 함께하소서.
나의 주 예수 그리스도의 이름으로 기도합니다. 아멘!

:: 온 땅이여 하나님께 즐거운 소리를 낼지어다 그의 이름의 영광을 찬양하고 영화롭게 찬송할지어다 (시편 66:1-2).

나의 1초가 위대한 선물임을 고백합니다

모든 순간 주님의 은혜를 따라 인도함 받을 것을 믿고 감사합니다.
나에게 주신 이 시간들이 얼마나 귀하고 아름다운지요.
나의 1초가 위대한 선물임을 고백합니다.
나의 1시간이 매우 크고 대단한 시간임을 고백합니다.
내가 만든 시간이 아니라 아버지가 주신 시간임에 감사합니다.
아버지가 동의하지 않으셨다면 내가 누릴 수 없는 시간입니다.
오늘이라는 이 시간 동안 아버지의 뜻을 구하며 사는 날 되게 하소서.
나의 걸음이 주님을 향해 가게 하소서.
나의 입술이 주님을 찬양하게 하소서.

오늘 내가 만날 사람들과 해야 하는 일들 가운데 주님을 보게 하소서.
사람의 인정을 구하느라 딴짓 하지 말게 하소서.
오늘을 주신 하나님의 목적을 이루기 위해 아버지의 뜻에 집중하게 하소서.
나를 사회 속에 살게 하심의 목적을 발견하고 그대로 살게 하소서.
숨어 지내는 신앙에서 벗어나 하나님을 드러내는 온전한 신앙인 되게 하소서.

하나님을 부끄러워하지 말게 하소서.
교회에서만 신앙인이 아니라 사회에서 온전한 신앙인이 되게 하소서.
그래서 하나님을 기쁘시게 하는 하루 되게 하소서.
나의 주 예수 그리스도의 이름으로 기도합니다. 아멘!

:: 내일 일을 너희가 알지 못하는도다 너희 생명이 무엇이냐 너희는 잠깐 보이다가 없어지는 안개니라 (야고보서 4:14).

다른 사람을 생각하는 풍토가 가득차게 하소서

오늘도 주님 앞에 서서 기도합니다.
내 입에서 나오는 언어가 불평이 아니라 찬양이 되기 원합니다.
오늘 나의 언어가 감사와 찬양과 격려와 사랑의 언어 되게 하소서.

이 나라를 주님이 오늘도 지켜주소서.
정치인 따로, 국민 따로 사는 세상에서 벗어나게 하소서.
마음의 중심에서부터 변화가 일어나는 곳이 되게 하소서.
나만이 아니라 다른 사람을 생각하는 풍토가 가득차게 하소서.
구습에서 벗어나 공의를 고민할 수 있는 나라 되게 하소서.

자녀들에게 부끄럽지 않은 사회를 만들기 원합니다.
그들에게 물려줄 나라는 조금 더 정의가 살아 있기를 원합니다.
약한 자를 돌아보게 하소서. 가난한 자를 살피는 나라 되게 하소서.
강자보다 약자가 살 만한 나라 되게 하소서.
오늘 내가 있는 곳에서 나부터 이런 실천을 하게 하소서.
나의 말과 행동이 약자를 보살피기 원합니다.
나로부터 시작된 변화가 물결치기 원하는 그날이 오늘이게 하소서.
나의 통치자 되시는 예수 그리스도의 이름으로 기도합니다. 아멘!

:: 학대받은 자가 부끄러이 돌아가게 하지 마시고 가난한 자와 궁핍한 자가 주의 이름을 찬송하게 하소서 (시편 74:21).

삶의 모든 실패의 고리가 끊어지게 하소서

내 존재의 시작이 되시는 아버지, 감사합니다.
오늘도 나의 존재가 주님 안에 있음을 고백합니다.
모든 것의 시작이 되신 주님 앞에 나의 모든 것을 내려놓고 시작합니다.
하나님 안에서 오늘도 새로 시작합니다.
그 안에 생명이 있음을 찬양합니다.

오늘은 어제의 모든 실패를 이기고 새로 시작하게 하소서.
과거를 과거로 두고 오늘로 낙망하지 말게 하소서.
주님 안에 모든 것이 새로워지는 것을 믿습니다.
모든 가능성을 가지신 주님을 찬양합니다.
그 가능성 안에서 오늘을 시작합니다.

나의 손을 잡아주소서. 나를 팔로 붙들어주소서.
어제까지 매번 안 되었다 하더라도 오늘 되게 하소서.
내 삶의 모든 실패의 고리가 끊어지게 하소서.
아버지 안에서 말씀 앞에 승리하게 하소서.
오늘 주님과 발걸음을 맞추며 걸어가겠습니다.
주님과 대화하며 살겠습니다. 동행하시고 함께하소서.
나의 주 예수 그리스도의 이름으로 기도합니다. 아멘!

:: 주의 말씀대로 나를 붙들어 살게 하시고 내 소망이 부끄럽지 않게 하소서 (시편 119:116).

온 땅이여 여호와께 노래하며
그의 구원을 날마다 선포할지어다
_ 역대상 16:23

이 달 의 기 도 제 목

-
-
-
-

05 | 01

나의 태생은 하나님께로부터입니다

아침에 일어나 주님이 베풀어주신 자연을 바라볼 수 있음에 감사합니다.
때를 따라 각자의 역할을 다하는 자연을 보며 인생을 배우게 하소서.
순리를 따라 사는 모습의 아름다움을 통해 위로를 얻게 하시니 감사합니다.
이 아침에도 계절의 변화만큼 또 하루의 변화에 순응하게 하소서.

싱그러운 나뭇잎이 새롭게 돋게 하시고 울창하게 하시니 감사합니다.
그들을 통해 생명력의 귀함을 알게 하시니 감사합니다.
내 안에도 주님이 불어넣으신 생명력이 있으면서 낙망했던 것을 회개합니다.
겨울 같은 시절을 지나지만 다시 싹을 낼 수 있다는 희망을 갖게 하소서.

우주의 섭리가 내게만 예외일 수 없음을 알게 하시고
하나님의 일하심이 내게만 예외가 아님을 알게 하소서.
그럴 때 비로소 낙망하지 않고 언제나 소망을 가질 수 있음을 믿습니다.
오늘 하나님의 섭리가 나에게 일하는 하루 되게 하소서.

나에게 아버지의 입김으로 불어넣으신 생명력이 있음을 찬양합니다.
나의 상황으로 나의 태생을 의심하지 말게 하소서.
나의 태생은 하나님께로부터입니다.
그 믿음으로 이 하루를 기쁘게 살게 하소서.
나의 주 예수 그리스도의 이름으로 기도합니다. 아멘!

:: 내가 그들에게 복을 내리고 내 산 사방에 복을 내리며 때를 따라 소낙비를 내리되 복된 소낙비를 내리리라 (에스겔 34:26).

하나님의 시간에 비하면 인생은 점과 같습니다

오늘도 새로운 날 일어나 주님을 맞이합니다.
지난밤에도 함께하셨고 지금도 함께하시지만
더 기쁜 마음으로 주님과 동행하려 합니다.
이 하루를 향한 나의 어떤 갈망보다
주님과 함께하고자 하는 갈망이 제일 우선입니다.

인생의 길이 마라톤이라 하지만,
하나님의 시간에 비하면 인생은 점과 같습니다.
이 점과 같은 인생도 길어서 지루하다 하지 말게 하소서.
내게 주어진 시간이 얼마인지 알지 못하면서
무엇을 해야 할지 모른다 방관하지 말게 하소서.
크고 위대한 것이 의미 있는 삶이 아니라
작아도 가치 있는 일이 의미 있는 것이니 그 길로 가게 하소서.

언제나 한결같이 나의 길을 인도하시는 주님이
내가 묻기만 한다면 무엇이 가치 있는 일인지 금방 알려주심을 믿습니다.
사실은 싫어서 묻지 않았고, 귀찮아서 가지 않았던 그 길을
오늘 용기 내어 즐겁게 가게 하소서.
혼자 가는 길이 아니기에 두려울 것이 없습니다.
나를 돌보시고 지키시는 분이 하나님이시기에 담대할 수밖에 없습니다.
힘을 내게 하시고 즐겁게 그 길 가게 하소서.
나의 주 예수 그리스도의 이름으로 기도합니다. 아멘!

:: 우리의 연수가 칠십이요 강건하면 팔십이라도 그 연수의 자랑은 수고와 슬픔뿐이요 신속히 가니 우리가 날아가나이다 (시편 90:10).

05 | 03

인생의 의미를 알 때 오늘을 잘 살게 됩니다

오늘 나의 본질이 주님 앞에 나아가 찬양합니다.
나의 삶을 드려 주님을 높여드립니다.
모든 것 위에 가장 뛰어나신 주님을 찬양합니다.
나를 이 땅에 보내시고, 살게 하시며, 사명 주신 아버지를 찬양합니다.
오늘 내가 왜 살아야 하는지를 알게 하시고 마음에 새기게 하소서.

하나님 앞에 감동은 잠깐 받고, 오랫동안 잊고 살고 있음을 회개합니다.
은혜를 깨닫는 것은 순간이고, 내 뜻대로 사는 것이 오래임을 회개합니다.
오늘 내가 왜 태어나고 존재하는지를 돌아보게 하소서.
나의 인생의 의미가 무엇인지를 온전히 알 때 오늘을 잘 살 줄 믿습니다.
작은 것에 매여 너무 많은 시간을 허비하고 있음을 알게 하소서.

오늘 나의 삶이 모든 순간의 소유와 쟁취에
매여 사는 것이 아님을 고백합니다.
1초의 순간 사고로도 인생을 마감할 수 있다면
오늘의 삶을 더 의미 있게 살아야 함을 고백합니다.
내 삶의 본질에 도달할 수 있는 날 되게 하소서.
진정한 행복이 무엇인지, 참된 가치가 무엇인지를 알게 하소서.
나를 만드신 분의 뜻에 가야 내가 존재의 참된 의미를 발견할 것을 믿습니다.
그래서 더욱 주님께로 나아갑니다. 인도하여 주소서.
나의 주 예수 그리스도의 이름으로 기도합니다. 아멘!

:: 주께서 내 내장을 지으시며 나의 모태에서 나를 만드셨나이다 내가 주께 감사하옴은 나를 지으심이 심히 기묘하심이라 주께서 하시는 일이 기이함을 내 영혼이 잘 아나이다
(시편 139:13-14).

05 | 04

아버지를 닮아 멋지고 당당한 자녀 되게 하소서

나의 은밀한 곳에서 나를 바라보시며,
나의 가장 깊은 마음을 감찰하시는 주님, 그 주님의 깊으심 앞에 나아갑니다.
아버지의 크심에 압도되고, 아버지의 깊으심에 탄복합니다.
그 하나님의 일하심이 오늘 나를 주도할 것을 믿습니다.

막다른 골목에 다다를 때에 주님이 나를 건지실 것을 믿습니다.
내가 올무에 걸려 넘어질 때에 주님이 나를 붙잡아주실 것을 믿습니다.
약하여 쓰러질 때에 나를 다시 일으키시는 분은 사람이 아니라 주님이십니다.
나를 죽음에서 건지신 분이 오늘을 살게 하실 것입니다.
그 주님을 버리고 인간을 의지하며 눈치 보는 삶을 살지 말게 하소서.
사랑하고, 돌보며, 책임지고, 함께하지만 사람을 의지하지 말게 하소서.
그들을 우상으로 만들지 말고, 온전히 하나님만을 신으로 모시게 하소서.
사람에게 인정받기 위한 하루가 되지 말게 하시되,
교만하거나 무례하지 않고, 겸손하고 사랑하는 사람 되게 하소서.

아버지의 성품을 닮아 기쁨을 주는 사람이 되게 하소서.
아버지를 닮아 공의롭게 하시고, 평균케 하는 사람 되게 하소서.
모자란 사람에게 후하게 하시고, 넘치는 사람에게 아부하지 말게 하소서.
아버지를 닮아 멋지고 당당한 자녀 되게 하소서.
나의 주 예수 그리스도의 이름으로 기도합니다. 아멘!

:: 이로써 그 보배롭고 지극히 큰 약속을 우리에게 주사 이 약속으로 말미암아 너희가 정욕 때문에 세상에서 썩어질 것을 피하여 신성한 성품에 참여하는 자가 되게 하려 하셨느니라 (베드로후서 1:4).

05 | 05

주님을 소리 높여 찬양합니다

아바 아버지여, 주님은 나의 사랑이십니다.
나의 모든 것이십니다. 나의 소망이십니다.
나의 살아갈 힘이십니다. 주님은 내 생명이십니다.
나의 어떤 고백으로도 표현하기 부족한 온전한 신이십니다.
하나님의 일하심은 언제나 옳습니다.
나를 선택하신 그 사랑은 헤아릴 수 없을 만큼 크고 놀랍습니다.
나를 자녀 삼아 구원하신 그 사랑은 누구도 따라갈 수 없습니다.
그 긍휼과 사랑 앞에 누구도 목마르지 않으며 만족할 것입니다.

나의 모든 것을 다 드려도 하나님의 필요 어떤 것도 채울 수 없으나
나의 생명을 얻으신 것으로 주님은 온전히 기뻐하셨습니다.
나를 소중하게 여기신 그 사랑을 인하여 기뻐하고 기뻐합니다.
오늘 내가 살아 있음에 온전히 주님을 찬양하는 하루 되기 원합니다.
주님을 소리 높여 찬양합니다.

악인을 살게 하신 아버지의 사랑에 감사합니다.
왜냐하면 내가 악인이기 때문입니다.
그들만 살리신 것이 아니라 나도 살리신 것이기 때문입니다.
악인을 의롭게 하시고 구원하신 그 사랑 때문에 오늘도 기대하고 감사합니다.
모든 것 되시는 예수 그리스도의 이름으로 기도합니다. 아멘!

:: 여호와여 주께서 내 영혼을 스올에서 끌어내어 나를 살리사 무덤으로 내려가지 아니하게 하셨나이다 (시편 30:3).

05 | 06

나의 입술과 마음을 분수에 맞게 쓰게 하소서

생명의 주관자 되시는 하나님 아버지,
모든 것을 만드신 아버지, 감사합니다.
우리를 위하여 만드신 모든 것이 우리에게 주신 선물임에 감사합니다.
오늘도 나를 위하여 얼마나 많은 것을 준비하셨는지요.
그 사랑과 은혜에 감사합니다.
오늘 눈에 보이는 모든 것에 감사와 찬양을 올려드립니다.

내가 먹을 음식과 내가 입을 옷을 주신 아버지, 감사합니다.
나에게 필요한 돈을 주시고, 살아가게 하심을 감사합니다.
나로 건강한 몸을 주셔서 활동하게 하시니 감사합니다.
내가 숨쉴 수 있는 공기와 마실 물을 주신 아버지, 감사합니다.

음식이 맛없다 말하지 말게 하소서.
옷이 유행에 뒤처졌다 불평하지 말게 하소서.
돈이 모자라 허비할 여력이 없다 하지 말게 하소서.
더 건강하여 지나치도록 놀지 못한다 하지 말게 하소서.
더 좋은 경치와 더 고급 커피를 마시지 못해 아쉬워 말게 하소서.
나의 불평은 분수를 넘는 것임을 고백합니다.
감사해도 모자라는 시간을 불평으로 낭비하지 말게 하소서.
나의 입술과 마음을 분수에 맞게 쓰게 하소서.
나의 주 예수 그리스도의 이름으로 기도합니다. 아멘!

:: 감사로 제사를 드리는 자가 나를 영화롭게 하나니 그의 행위를 옳게 하는 자에게 내가 하나님의 구원을 보이리라 (시편 50:23).

05 | 07

모든 힘의 근원이 주님께 있습니다

오늘을 살아갈 힘을 주시는 아버지, 감사합니다.
나의 달려갈 길을 주신 아버지를 찬양합니다.
아침에 일어나 멍하니 앉아 아무것도 하지 못하는 사람이 아니라
무언가를 할 수 있도록 일어날 목표를 주신 아버지, 감사합니다.
오늘도 그 해야 하는 일들을 행할 힘을 주소서.

모든 힘의 근원이 주님께 있음을 고백합니다.
내가 하는 모든 일은 나의 힘이 아니라
주님의 힘으로 하는 것임을 고백합니다.
고무장갑이 내가 설거지를 다 했다고 자랑하지 않듯이
오늘 내가 사는 것이 내가 다 한 것이라 자랑하지 말게 하소서.
하나님의 손이 들어와야 고무장갑이 움직이는 것처럼,
그런 마음으로 살게 하소서.

오늘 나의 위치와 역할을 분명히 알고 의미 있게 보내게 하소서.
능력 주시는 이가 누구이신지를 명확히 알고 겸손하게 하소서.
연약한 자들을 향하여 언어와 표정의 횡포를 부리지 말게 하소서.
내가 온유할 수밖에 없는 이유가 내 힘이 아님을
고백함으로 시작되게 하소서.
모든 것을 주님이 하셨습니다. 모든 것을 주님이 하실 것입니다.
모든 영광을 주님께 올려드립니다.
나의 주 예수 그리스도의 이름으로 기도합니다. 아멘!

:: 아무도 비방하지 말며 다투지 말며 관용하며 범사에 온유함을 모든 사람에게 나타낼 것을 기억하게 하라 (디도서 3:2).

부모님의 노고를 기억하게 하소서

모든 존재하는 것의 시작이 되시는 아버지, 감사합니다.
나를 만드신 것도 아버지이시고,
이 우주를 존재하게 하시는 것도 아버지이십니다.
그럼에도 육신의 부모님을 주시니 감사합니다.
내가 선택할 수는 없었으나
그분들을 통해 이 세상에 오게 하심을 감사합니다.
그것만으로도 부모님께 감사해야 함을 알게 하소서.

내가 원하지 않은 힘든 세상에 왜 나를 만들었냐고 원망하는 사람도 있지만,
존재하지 않는다면 아무 의미도 없는 것을 알고 감사하게 하소서.
힘들 때 원망한다면 그 나머지 시간은 다 감사할 것 투성이입니다.
오늘 나를 낳으신 부모님께 감사하게 하소서.
나를 기르신 분들의 노고를 기억하게 하소서.
나를 챙기는 것도 그렇게 힘든데, 자식을 챙기는 삶이 얼마나 고단한지요.
본능이라 치부하지 말게 하소서. 내리사랑이니 당연하다 여기지 말게 하소서.
지금 내가 자식을 키워 보니 할 만했다 단정짓지 말게 하소서.
그 시절 그 상황을 누가 알겠습니까.

감사를 입술로 표현하게 하시고, 그 마음으로 주님께 또 감사하게 하소서.
나의 부모님의 건강을 지키시고 돌보아주소서.
또한 나의 부모님보다 하나님이 나를 더 사랑하심으로 인해 위로받게 하소서.
나의 처음 되시는 예수 그리스도의 이름으로 기도합니다. 아멘!

:: 내 아들아 네 아비의 훈계를 들으며 네 어미의 법을 떠나지 말라 (잠언 1:8).

05 | 09

악의 모양조차 생각하지 않게 하소서

아버지만이 나의 모든 것이십니다.
오늘도 나의 눈 뜨는 이 순간부터 주님을 찬양합니다.
이 세상을 만드시고 오늘 나에게 하루를 맞이하게 하신 아버지, 감사합니다.
나의 마음과 뜻과 노력을 다하여 주님을 찬양하고 경배합니다.

오늘도 나의 마음의 예배를 받으소서.
어제까지의 모든 죄악을 깨끗하게 씻어주소서.
보혈로 나를 정결하게 하실 때에
나의 모든 악한 의도와 내심까지 씻어주소서.
다시는 악의 모양조차 생각하지 않을 수 있는 은혜를 허락하소서.
그러나 연약하여 또 범죄할 때에 가장 먼저 주님을 찾게 하소서.

나의 죄된 모습의 반복에도 불구하고 오늘 주님을 향하여 나아갑니다.
부끄러워 숨는 것이 아니라 부끄러워 더욱 주님께 가까이 갑니다.
나를 구제하실 분은 주님밖에 없기 때문입니다.
그 은혜를 힘입어 오늘도 담대히 살겠습니다.
나의 힘이 아니라 주님의 힘으로 살기 원합니다.

오늘 만나는 이들을 향해 나의 구원이 선포되게 하시고,
그들을 아버지의 자녀로 인도하게 하소서.
아버지를 기쁘시게 해드리는 하루 되게 하소서.
나의 주 예수 그리스도의 이름으로 기도합니다. 아멘!

:: 범사에 헤아려 좋은 것을 취하고 악은 어떤 모양이라도 버리라 (데살로니가전서 5:21-22).

작은 일 뒤에 숨어 계신 거대한 하나님을 보게 하소서

내가 가는 모든 길에 먼저 가 계신 주님을 믿습니다.
언제나 나 혼자 달려간다 생각하지만 언제나 주님이 먼저이셨습니다.
가족이 모두 잠든 시간에 가장 먼저 일어나 일터로 나갈 때
남들은 다 자는데 나는 일하러 간다 외로워하지만,
이미 주님은 나의 일터에 가 계셨음을 고백합니다.

나의 외로움은 언제나 사실이 아니라 느낌이었음을 고백합니다.
나의 사실은 주님과의 동행이었고, 나의 느낌만 혼자였습니다.
이제 오늘은 느낌보다 사실을 믿는 믿음으로 살기 원합니다.
믿음이 느낌을 이기게 하소서.
그래서 가장 작은 일에도 감사하고 기뻐하게 하소서.

작아 보이는 그 일 뒤에 숨어 계신 거대한 하나님을 바라보게 하소서.
작은 일을 이루기 위해 얼마나 많은 큰 움직임이 있었는지 깨닫게 하소서.
작은 일 속에 있는 가장 위대한 것을 볼 줄 아는 사람이 되게 하소서.
오늘 나의 작은 노력이 위대한 일로부터 시작되었음을 알고 시도하게 하소서.
작은 자를 사랑하게 하시고, 작은 친절을 베풀게 하소서.
작은 미소를 던지게 하시고, 작은 악수를 청하게 하소서.
그렇게 내가 커가는 것을 깨닫게 하소서.
나의 위대하신 예수 그리스도의 이름으로 기도합니다. 아멘!

:: 너희보다 먼저 가시는 너희의 하나님 여호와께서 애굽에서 너희를 위하여 너희 목전에서 모든 일을 행하신 것같이 이제도 너희를 위하여 싸우실 것이며 (신명기 1:30).

천천히 걷는 것만으로 감사하는 날 되게 하소서

내 영혼의 깊은 곳에서 주님을 사랑하고 경배합니다.
아버지는 나의 시작이며 끝이십니다.
오늘 이 하루는 그 모든 것의 잠깐일 뿐입니다.
그러나 이 하루가 모여 나의 모든 것이 됨을 믿기에
오늘도 신실하게 이 하루를 맞이합니다.

사랑의 아버지가 오늘 나를 불러주심에 감사합니다.
내가 그 음성에 응답하며 나의 손을 내밀어 주님께 드립니다.
이 손을 붙잡아주소서.
그리고 이 하루를 어렵게 얻은 소풍길처럼 감사한 마음으로 살게 하소서.
비록 소풍길에 뛰어다닐 수 없을 만큼 연약한 육체를 가졌다 하더라도
천천히 걷는 것만으로 감사하는 날이 되게 하소서.

오늘 나에게 주어진 모든 것에 감사합니다.
내 눈에 부족해 보이나
실제로는 주어질 수 없는 행운일 수도 있음을 고백합니다.
나의 모든 욕심을 내려놓고 오늘을 다시 바라보며 감사하게 하소서.
내 모든 일과 속에서 살아 계신 주님을 만나기 원합니다.
오늘도 나의 앉은 자리와 선 자리, 걷는 자리, 누운 자리,
모든 곳에 함께 임하여 주소서.
나의 주 예수 그리스도의 이름으로 기도합니다. 아멘!

:: 우리를 비천한 가운데에서도 기억해 주신 이에게 감사하라 그 인자하심이 영원함이로다
 (시편 136:23).

주님의 시선 앞에서 살게 하소서

나의 모든 날이 주님의 눈앞에 있음을 고백합니다.
오늘 모든 곳에서 나를 바라보시는 주님의 시선 앞에서 살게 하소서.
그 시선이 경찰의 시선처럼 느껴지는 것이 아니라
사랑하는 어머니의 시선으로 느껴지게 하소서.

내가 죄를 지으려 한다면 아버지의 시선이 감시의 시선이 될 것입니다.
내가 선한 일을 하려 한다면
아버지의 시선은 칭찬을 위한 기대가 될 것입니다.
오늘 나의 마음이 아버지께로 맞추어지게 하셔서
아버지의 모든 시선이 즐겁고 행복한 시선이 되게 하소서.

아버지여, 나에게도 주님의 시선을 주시옵소서.
그래서 아버지의 눈으로 바라보아 참으로 불쌍한 자들을 발견하게 하소서.
그들을 위해 흘릴 눈물을 가지게 하소서.
언제나 가족을 향하여 경찰의 시선을 가졌던 것을 용서하소서.
동료나 이웃을 향하여 비판의 시선으로만 바라보았음을 고백합니다.

오늘 사랑의 눈으로, 베풂의 눈으로 다시 바라보게 하소서.
비단 사람만이 아니라 이 나라를, 회사, 학교, 교회를 그리 바라보게 하소서.
그리고 내가 할 수 있는 무엇이든 도움을 베풀게 하소서.
나의 주 예수 그리스도의 이름으로 기도합니다. 아멘!

:: 여호와께서 너를 지켜 모든 환난을 면하게 하시며 또 네 영혼을 지키시리로다 여호와께서 너의 출입을 지금부터 영원까지 지키시리로다 (시편 121:7-8).

나의 삶이 주님 앞에 산 제사 되게 하소서

나의 하루를 복되게 하신 아버지, 감사합니다.
하나님의 은혜를 하루 가득 부어주소서.
오늘도 성령의 충만함을 가지고 하루를 시작하기 원합니다.
내가 하나님을 향해 닫힌 마음이 있다면 활짝 열게 하소서.
이 아침에 하늘의 은혜를 가득 안고 시작하게 하소서.

주님을 찬양하며 아침을 시작합니다.
나의 가는 곳에서 모두 예배하게 하소서.
나의 삶이 주님 앞에 온전히 드려지는 산 제사가 되게 하소서.
무엇을 하든지 주님의 은혜가 임하는 시간 되게 하소서.

나를 만드신 주님을 찬양합니다.
내가 사는 이곳에서 사명을 주셨으니 그 사명을 이루게 하소서.
나만 배불리 먹고 마시지 말게 하소서.
더불어 사는 법을 배우고 실천하게 하소서.

나의 모든 것이 되시는 주님을 위하여 나의 모든 것을 드리게 하소서.
하나님 앞에 드리기 싫어 숨기고 있는 탐욕을 내려놓게 하소서.
세상이 주는 만족의 달콤함 앞에 굴복하지 않는 하루 되게 하소서.
나의 주 예수 그리스도의 이름으로 기도합니다. 아멘!

:: 그러므로 형제들아 내가 하나님의 모든 자비하심으로 너희를 권하노니 너희 몸을 하나님이 기뻐하시는 거룩한 산 제물로 드리라 이는 너희가 드릴 영적 예배니라 (로마서 12:1).

자족하는 신앙을 갖겠습니다

어제까지 병들었던 나의 모든 것을 주님이 치유하실 것을 믿습니다.
그것이 육체이거든 나의 육체를 강건하게 하소서.
그것이 나의 마음이거든 내 마음이 새로워지게 하소서.
하루를 시작하기 전에 나의 모든 것을 올려드려 치유받기 원합니다.

오늘도 회복의 역사가 시작되는 날이 되게 하소서.
나의 이 하루가 내 삶의 가장 소중한 날이 되기 원합니다.
하나님과 동역함으로 나를 고치고, 남을 고치며,
모두를 고치는 하루 되게 하소서.
언제나 내가 하나님의 사역의 대상이 아니라 동역의 대상이 되게 하소서.
수동적인 신앙에서 벗어나 능동적인 자녀로 살게 하소서.

맨날 달라고 달라고만 하는 거지와 같은 신앙에서 벗어나려 합니다.
맨날 "많습니다. 많습니다" 하면서 자족하는 신앙을 갖겠습니다.
불평과 불만 안에 내재되어 있는 감사의 기억상실을 이기게 하소서.
되짚어보고 그동안 일하신 하나님의 기적을 기억해내게 하소서.
그래서 나의 입술에서 감사가 넘쳐흐르게 하소서.

아버지, 감사합니다. 내가 살아 있는 것 자체가 기적입니다.
나는 부족하지 않습니다. 주님의 은혜가 차고 넘칩니다.
이 감사로 하루를 삽니다.
나의 주 예수 그리스도의 이름으로 기도합니다. 아멘!

:: 병든 자를 고치며 죽은 자를 살리며 나병환자를 깨끗하게 하며 귀신을 쫓아내되 너희가 거저 받았으니 거저 주라 (마태복음 10:8).

05 | 15

주님이 나를 사랑하시니, 나는 안전합니다

이 아침에 나의 연약함을 가지고 주님 앞에 갈 수 있음에 감사합니다.
나약한 육체를 돌아보고 돌보시는 주님을 찬양합니다.
무너진 마음을 일으키고 회복시키시는 주님을 찬양합니다.
부족함으로 시작하는 이 아침을 채울 수 있는 분은
오직 주님이심을 고백합니다.

오늘 내가 원하는 만큼의 힘으로 하루를 시작할 수 없다 하여도 찬양합니다.
나의 건강의 부족함도 주님이 채우실 것이기 때문입니다.
나의 무너진 마음을 주님이 세워주실 것이므로 주님을 찬양합니다.
지금 내가 바라보는 나로 인하여 실망하지 말게 하소서.
나의 모든 가능성은 하나님께 있기 때문입니다.

나의 하나님 아버지는 나를 사랑하십니다.
오늘 이 사실을 확실하게 믿게 하소서.
어떤 상황에서도 실망하지 말게 하소서.
주님이 나를 사랑하신다면 나는 안전합니다.

상황을 바라보며 피해의식을 가지지 말게 하소서.
상황은 언제나 변하는 것이고 하나님은 영원히 변하지 않으십니다.
그래서 그 한결같은 아버지의 사랑이 나를 지킬 것입니다.
나를 지키시는 예수 그리스도의 이름으로 기도합니다. 아멘!

:: 내 영혼아 네가 어찌하여 낙심하며 어찌하여 내 속에서 불안해하는가 너는 하나님께 소 망을 두라 그가 나타나 도우심으로 말미암아 내 하나님을 여전히 찬송하리로다
(시편 43:5).

05 | 16

하늘의 원리대로 사는 법이 시작되게 하소서

오늘 살아 숨쉬게 하신 아버지를 찬양합니다.
이 세상이 무너지지 않고 아직도 유지되게 하심을 감사합니다.
오늘 가장 작은 존재도 하나님의 허락 없이 존재할 수 없음을 고백합니다.
내가 만나는 모든 것이 하나님이 허락하신 것이라면 존귀히 여기게 하소서.

오늘 나에게 허락하신 모든 가족을 사랑하고 격려하기 원합니다.
오늘 내가 만나는 모든 사람과 동물과 자연과 문명과 사회를 감사합니다.
그것들을 통해 힘을 얻고, 위로받고, 유익을 얻게 하심을 찬양합니다.
주님이 주신 것들을 통해 선한 것을 분별하고 선으로 활용하게 하소서.

오늘도 베풀게 하소서. 인색한 자리에 서지 말게 하소서.
마치 모든 것이 내 것인 양 움켜쥐지 말게 하소서.
다 내어주어도 하나님이 나를 더 풍성히 채우실 것을 믿게 하소서.
하늘의 원리대로 사는 법이 오늘부터 시작되게 하소서.

오늘 나를 채우시는 아버지의 은혜로 인해 감사와 찬양을 올려드립니다.
지금 나의 빈손은 빈손이 아니라 보이지 않는 은혜로 가득한 손입니다.
세상을 믿지 말게 하시고 아버지를 믿게 하소서.
오늘도 담대하게 하소서.
나의 주 예수 그리스도의 이름으로 기도합니다. 아멘!

:: 각각 그 마음에 정한 대로 할 것이요 인색함으로나 억지로 하지 말지니 하나님은 즐겨 내는 자를 사랑하시느니라 (고린도후서 9:7).

하나님의 위로를 구합니다

이 아침에 신선하게 하루를 맞이해야 하는데
마치 밤처럼 피곤한 몸으로 시작하는 이들을 불쌍히 여기소서.
세상은 고단하고, 해야 할 일은 많고, 짐은 무거워 버거운 이들을 돌아보소서.
하나님의 위로를 이 시간에 구합니다. 하나님의 사랑을 갈구합니다.

나를 사랑하시는 하나님을 찬양합니다. 나를 위로하시는 주님을 사랑합니다.
나의 고단한 몸을 감싸 안으며 새 힘 주시는 주님을 찬양합니다.
나의 무거운 짐을 벗겨 대신 져주시는 주님께 감사를 드립니다.
내가 아무리 열심히 해도 주님이 도와주시지 않는다면
아무 의미 없음을 고백합니다.

모든 짐을 주님께 내려놓습니다.
내 힘으로 하지 않겠습니다. 주님의 힘으로 할 수 있도록 도와주소서.
마음은 간절하나 어떻게 해야 할지 몰라 하는 나를 불쌍히 여겨주소서.
아버지를 신뢰하고 모든 걱정과 근심을 내려놓게 하소서.

오늘 내가 만나는 모든 상황 속에서 주님을 찬양하게 하소서.
바울과 실라가 감옥에서도 찬양했던 것처럼 상황을 극복하게 하소서.
그 찬양 가운데 세상이 주지 못하는 신령한 은혜를 가득 채워주소서.
오늘을 올려드립니다.
나의 주 예수 그리스도의 이름으로 기도합니다. 아멘!

:: 수고하고 무거운 짐 진 자들아 다 내게로 오라 내가 너희를 쉬게 하리라 (마태복음 11:28).

05 | 18

살아 있는 신자 되게 하소서

이 아침에도 나의 이름을 부르며 깨워 일으키시는 아버지, 감사합니다.
나의 사랑을 고백합니다. 주님만이 나의 모든 것이시며 나의 찬양이십니다.
나의 노래이십니다. 나의 승리이십니다.

이 땅에 태어나게 하신 아버지의 뜻을 알게 하소서.
나를 부르신 소명이 무엇인지를 깨닫게 하소서.
오늘을 살아갈 때에
내가 해야 할 일과 하지 말아야 할 일들을 구별하게 하소서.
그래서 하나님이 원하시는 자리에 원하시는 모습으로 서게 하소서.
오늘도 나의 입술에서 기도가 멈추지 않기를 원합니다.

지식으로만 알고 있는 신앙에서 벗어나게 하소서.
한 줄이라도 나의 입술로 기도하게 하소서.
한 소절이라도 내 목소리로 주님을 찬양하게 하소서.
나의 1분이라도 주님을 위해 행동하게 하소서.
그래서 허울뿐인 말만 하는 신자가 아니라, 살아 있는 신자가 되게 하소서.

아버지와 대화하고 마음을 나누는 살아 숨쉬는 신앙을 갖기 원합니다.
내 삶의 모든 공백 속에 공허한 상처를 되새기는 것이 아니라
이 하루의 모든 공백 속에 아버지와의 사랑을 되새기게 하소서.
나의 사랑이 되시는 예수 그리스도의 이름으로 기도합니다. 아멘!

:: 기도를 계속하고 기도에 감사함으로 깨어 있으라 (골로새서 4:2).

05 | 19

모든 상황을 인해 감사와 찬양을 드립니다

하늘 보좌에 앉으신 아버지의 이 땅을 향한 사랑에 감사합니다.
아버지는 위대하신 분입니다. 나의 주님은 높고 높으신 분입니다.
그 하나님이 나의 아버지이심을 찬양합니다.
무엇을 하여도 주님이 주신 은혜를 갚을 수 없습니다.
나를 구원하신 그 은혜를 인하여 일평생 주님을 찬양합니다.
나의 마음의 가장 깊은 곳에서 진심의 사랑을 주님께 드립니다.
아버지의 그 사랑 안에서 오늘도 하루를 살기 원합니다.

오늘 나의 실패를 찬양합니다. 그 실패로 일상의 감사가 깊어졌습니다.
나의 질병을 인해 찬양합니다.
그 질병으로 매일의 건강이 기적임을 알았습니다.
나의 이별을 인해 찬양합니다.
이별을 통해 만남의 소중함을 알게 하셨습니다.
나의 실직을 인해 감사합니다.
실직을 통해 무료한 직장생활이 축복임을 알았습니다.
나의 무능력을 인해 감사합니다.
나의 무능력이 주님의 능력을 임하게 함을 보았습니다.

오늘도 내게 있는 모든 상황을 인해 감사와 찬양을 드립니다.
모든 것 안에 축복을 심어놓으셨음을 찬양합니다.
내가 규정한 축복을 버리고 주님이 펼치신 축복을 바라보게 하소서.
나의 주 예수 그리스도의 이름으로 기도합니다. 아멘!

:: 아버지가 자식을 긍휼히 여김같이 여호와께서는 자기를 경외하는 자를 긍휼히 여기시나니 (시편 103:13).

죽은 믿음에서 벗어나게 하소서

날마다 나를 주목하시는 아버지를 찬양합니다.
새로운 아침을 주셔서 나로 새로운 기회 속으로 들어가게 하시니 감사합니다.
오늘 나에게 어떤 일이 벌어질지 알지 못하나 주님을 찬양합니다.
나는 아버지의 손안에 있으며 주님 안에 거할 것입니다.

오늘도 주님의 살아 계심을 찬양합니다.
그 살아 계신 주님이 나의 손을 잡고 오늘 동행하심을 선포합니다.
나의 상황을 이기고 주님과 함께 오늘을 살아가겠습니다.
믿음이 있다 하나 오늘 하나도 실현되지 않는
죽은 믿음에서 벗어나게 하소서.

일용할 양식의 믿음이 있다면 오늘 통장에 돈이 없어도 찬양하게 하소서.
길을 인도하시는 믿음이 있다면 오늘 뭘 해야 할지 몰라도 평안하게 하소서.
지키시는 것에 대한 믿음이 있다면 오늘 두려워 떨며 움츠리지 말게 하소서.
믿는 것이 곧 행함이고, 나의 실제 마음이 되게 하소서.
믿음과 하루의 삶이 일치되게 하소서.

오늘도 작은 발걸음을 내딛습니다.
그 작은 시도가 가장 위대한 믿음임을 알게 하소서.
주님이 그 발걸음에 복 주실 것을 믿습니다.
예수님의 이름으로 기도합니다. 아멘!

:: 여호와께서 빈궁한 자의 기도를 돌아보시며 그들의 기도를 멸시하지 아니하셨도다
(시편 102:17).

이 아침에 잘 살기를 결단합니다

나의 주 하나님은 존귀하십니다.
나의 삶에 가장 중요한 분이시며, 내 모든 것보다 더 귀하십니다.
그 하나님을 오늘도 나의 하루에 모셔 들입니다.
나의 모든 상황을 내려놓고, 내 모든 사정을 아뢰기 전에
하나님을 찬양하고, 높이고, 경배합니다.

시간의 주인이신 아버지가 오늘 나에게 그 시간을 맡기셨습니다.
잘 살 수도 있고, 아주 못 살 수도 있는 모든 기회가 내 앞에 있습니다.
오늘 이 아침에 잘 살기를 결단합니다.
최소한 하나님 앞에 부끄럽지 않은 삶을 살기 원합니다.

때로 그 삶이 사람과 하나님 앞에서 갈등이 되는 상황이라 하더라도
무조건 하나님이 기뻐하시는 쪽을 선택하겠습니다.
내 진심 어린 순종의 결단에 주님, 축복하여 주소서.
아버지가 기뻐하시는 것이 어느 쪽인지 알게 하소서.
하나님이 싫어하는 것이 어느 것인지 잘 걸러내게 하소서.
오늘도 모든 선택 앞에 기도하겠습니다.
성령 하나님의 일하심이 충만한 하루 되게 하소서.
주님을 믿고 신뢰함으로 오늘도 담대하게 나아갑니다.
나의 주 예수 그리스도의 이름으로 기도합니다. 아멘!

:: 너희가 은을 받지 말고 나의 훈계를 받으며 정금보다 지식을 얻으라 (잠언 8:10).

주님의 삶이 오늘 나의 삶으로 보이기를 원합니다

주님이 주신 모든 것은 아름답습니다.
오늘 그것을 인정하고 찬양을 드립니다.
하나님이 만드신 모든 만물이 아름다움을 고백합니다.
나도 그 만물 중 하나이니 아름다운 존재임을 확신합니다.

세상의 모든 만물보다 더 존귀하고 아름다운 나를 받아들이게 하소서.
그것을 인정하는 믿음이 나의 열등감을 몰아낼 것을 믿습니다.
내가 아름답다는 것을 받아들임이 나를 조급하지 않게 할 것입니다.
다른 사람을 시기하지 않고 사랑받는 자답게 당당한 하루 되게 하소서.
다른 사람들 또한 하나님의 피조물이니 그들을 아름답게 여기게 하소서.

오늘도 하나님의 피조물에 합당한 언어를 주소서.
나의 입에서 생명을 살리는 말이 나오게 하소서.
나의 손에서 넘어진 자를 일으키는 일이 있게 하소서.
나의 발이 잘난 척하는 곳이 아니라 낮은 자리로 가게 하소서.
나의 몸이 탐욕이 아니라 고난에 참여하는 곳을 향하게 하소서.

주님의 삶이 오늘 나의 삶으로 보이기를 원합니다.
무엇을 하든 하나님이 기뻐하시는 일을 행하게 하소서.
아버지를 사랑합니다. 나의 주 예수 그리스도의 이름으로 기도합니다. 아멘!

:: 나의 하나님이여 내가 주의 뜻 행하기를 즐기오니 주의 법이 나의 심중에 있나이다 하였나이다 (시편 40:8).

05 | 23

주님이 공급하시는 힘으로 살고 일하게 하소서

주님의 은혜로 오늘도 하루를 시작했습니다.
어제까지의 모든 고단함을 씻어주시고 새 힘을 주시니 감사합니다.
하나님의 일하시는 은혜로 오늘을 삽니다.
주님이 아니면 내가 나의 삶을 감당할 수 없음을 고백합니다.

하나님 아버지여, 오늘도 나의 마음을 제어하시고 성령 충만하게 하소서.
나의 힘으로 나의 기쁨을 유지할 수 없으니 주님의 마음으로 채워주소서.
기쁨의 근원이 하나님이심을 고백합니다.
내가 기뻐하는 기준들이 얼마나 얄팍한 것인지 고백합니다.
주님의 기쁨으로 나의 몸과 마음을 가득 채우소서.

오늘도 주님이 공급하시는 힘으로 살고 일하게 하소서.
그래서 겸손하게 하시고, 그래서 남을 돕게 하소서.
나의 것으로 한다면 내가 교만할 수 있으나
주의 것으로 하니 낮아지게 하소서.
그리고 그 낮아짐이 하나님을 높이는 기회가 되게 하소서.
하나님이 영광 받으실 기회를 나의 교만함으로 빼앗지 말게 하소서.

오늘도 말씀 앞에 정직하게 서게 하시고 입술로 찬양하게 하소서.
무엇을 하든 주님이 원하시는 그 길을 가게 하소서.
주님을 사랑합니다. 나의 주 예수 그리스도의 이름으로 기도합니다. 아멘!

:: 그러므로 하나님의 능하신 손 아래에서 겸손하라 때가 되면 너희를 높이시리라
　(베드로전서 5:6).

05 | 24

나는 아버지의 자녀입니다

험난한 세상 가운데 오늘도 강건하게 하심을 감사합니다.
이 아침에 나의 입술을 들어 주님을 찬양합니다. 아버지를 노래합니다.
진심을 담아 주님 앞에 내가 아버지의 아들이며 딸임에 감사드립니다.
나의 하루를 시작하기 전에 나의 정체성을 분명하게 선포합니다.
나는 아버지의 자녀입니다. 왕 같은 제사장입니다.
이 신분으로 오늘을 살게 하소서.
나는 부모나 과장, 대리, 주부, 학생만이 아니라 하나님의 자녀입니다.
가장 우선적인 나의 신분이 왕 같은 하나님의 자녀임을 기억하게 하소서.

그래서 오늘 나의 발걸음마다 하나님의 임재가 있을 것을 믿습니다.
나의 하는 말속에 하나님의 신령한 역사가 담길 줄 믿습니다.
오늘 나의 하는 모든 일 속에 선함이 머물 것을 선포합니다.
오늘 내가 그 온전한 통로가 되게 하소서.
내 욕심과 잘못된 습관과 교만함으로 하나님의 역사를 방해하지 말게 하소서.

오늘 온전한 복의 통로로서의 삶을 주님 앞에 살겠습니다.
이 결단이 저녁의 감사가 되게 하소서.
나의 가는 길 속에서 일하시는 주님을 찬양합니다.
나의 주 예수 그리스도의 이름으로 기도합니다. 아멘!

:: 그러나 너희는 택하신 족속이요 왕 같은 제사장들이요 거룩한 나라요 그의 소유가 된 백성이니 이는 너희를 어두운 데서 불러내어 그의 기이한 빛에 들어가게 하신 이의 아름다운 덕을 선포하게 하려 하심이라 (베드로전서 2:9).

05 | 25

마주치는 모든 것에서 아버지의 손길을 발견하게 하소서

귀하고 아름다운 하루를 주신 아버지, 감사합니다.
무엇을 하여도, 무엇으로 높여도 주님의 온전하심을 찬양하기에 부족합니다.
나의 진심으로 아버지를 사랑합니다.
오늘 나에게 주신 모든 것을 인해 감사와 찬양을 드립니다.
내가 오늘 마주치는 모든 것에서 아버지의 손길을 발견하게 하소서.
하나님이 만들지 않으신 것은 하나도 없습니다.
그 만드신 모든 것에서 아버지의 마음을 발견하고 귀히 여기게 하소서.
하나님을 대하듯 소중하게 대하게 하소서.

오늘 특별히 사람을 대할 때 소중히 여기기를 원합니다.
하나님의 형상을 닮은 그들을 주님 바라보듯 하게 하소서.
그들 안에 하나님의 형상이 온전히 회복되기를 소망하며 기도합니다.
오늘 나와 그들에게서 일그러진 부분이 펴지게 하소서.
하나님의 사랑으로 회복되게 하소서.

할 수 있거든 내가 그들을 회복하게 하는 사람 되기 위해 애쓰겠습니다.
하나님의 마음 전달자가 되어 사랑하겠습니다.
나의 결단에 축복하시고 행할 용기를 주소서.
나의 주 예수 그리스도의 이름으로 기도합니다. 아멘!

:: 땅의 깊은 곳이 그의 손안에 있으며 산들의 높은 곳도 그의 것이로다 바다도 그의 것이라 그가 만드셨고 육지도 그의 손이 지으셨도다 (시편 95:4-5).

그래서 오늘 내가 여기 있습니다

오늘도 새들을 보게 하신 아버지, 감사합니다.
일하기 전에 나뭇잎을 바라보게 하시니 감사합니다.
하늘을 바라보고 아버지를 느끼게 하심을 감사합니다.
만물의 주인 되시는 주님을 찬양합니다.

나를 사랑하시되 아들을 죽이심을 주저하지 않으심에 다시 감동합니다.
나의 작음이 하나님의 사랑에 걸림이 되지 않음에 감사합니다.
나의 죄 됨이 하나님의 희생을 멈추게 하지 않았음에 아버지를 찬양합니다.
나의 나 됨으로 평가하지 않으시고 하나님의 하나님 되심으로 일하셨습니다.
그래서 오늘 내가 여기 있음을 고백합니다.

그 사랑을 받은 내가 오늘 열등감에 흔들리지 말게 하소서.
나의 무엇도 걸림돌 됨 없이 나를 사랑하신 그 위대한 사랑 앞에
나의 자존감이 있고, 나의 온전함이 있고, 나의 가능성이 있습니다.
아버지의 사랑을 앎으로 오늘 내 앞에 작은 자를 나무라지 말게 하소서.
내가 그들을 사랑하는 데 그들의 작음과 그들의 죄와 그들의 부족함이
걸림돌이 되지 않겠다 결단하게 하소서.
받은 사랑을 돌려주는 하루 되게 하소서.
나의 주 예수 그리스도의 이름으로 기도합니다. 아멘!

:: 이러므로 내가 네게 말하노니 그의 많은 죄가 사하여졌도다 이는 그의 사랑함이 많음이라 사함을 받은 일이 적은 자는 적게 사랑하느니라 (누가복음 7:47).

아버지의 언어가 오늘 나를 사로잡게 하소서

주님을 찬양함으로 이 아침을 시작합니다.
하루 종일 내가 해야 하는 말이 많지만, 그 무엇보다 찬양하기 원합니다.
나의 입술을 통하여 세상에 악을 퍼뜨리지 않고
오직 이 입술을 통과하는 모든 말이 선하고 아름다운 것이 되게 하소서.

아버지의 언어가 오늘 나를 사로잡게 하소서.
아버지는 생명을 살리시는 분입니다.
말씀으로 온 우주 만물을 만드실 수 있는 능력의 하나님이십니다.
아버지의 한마디가 나를 살리고 죽어가는 모든 자를 살립니다.
오늘도 그 언어를 닮아 능력의 언어, 사랑의 언어를 하게 하소서.

내가 오늘 해야 하는 일들을 축복하소서.
내가 오늘 가야 하는 길을 온전히 가게 하소서.
하나님의 뜻이 담긴 것을 향해 나의 뜻으로 거절하지 말게 하소서.
일하는 순간에도 나의 마음은 하나님께 집중하게 하소서.
그 순간이 나에게 가장 행복한 순간임을 잊지 않게 하소서.
나의 주님만이 나를 살리십니다. 오늘도 나를 살리소서.
나로 오늘 행복한 길 걷는 하루 되게 하소서.
나의 주 예수 그리스도의 이름으로 기도합니다. 아멘!

:: 여호와여 내 입에 파수꾼을 세우시고 내 입술의 문을 지키소서 (시편 141:3).

내 손에 닿는 하나하나의 의미를 알게 하소서

나의 가는 길과 내가 해야 하는 일을 모두 아시는 아버지를 찬양합니다.
나의 존재의 의미를 아시고 부르신 주님을 찬양합니다.
내 마음 가장 깊은 곳의 고민과 생각을 읽으시는 주님을 찬양합니다.
나보다 나의 본질을 아시는 아버지여, 오늘 나를 돌아보소서.

나에게 하루가 주어졌지만, 무엇을 해야 할지 모르겠습니다.
내가 본능적으로 하고 싶은 것 말고 주님의 뜻을 구하게 하소서.
내가 아무렇게나 채운 이 하루가 나의 인생이 되지 않게 하소서.
무의미하게 반복되는 일에도 의미를 부여할 수 있는 날이 되게 하소서.

모든 것을 가치 있게 창조하신 아버지를 찬양합니다.
아버지는 이 세상을 가치로 가득 채우셨는데,
나는 그리 보지 못함을 회개합니다.
이 세상 가운데 충만한 놀라운 가치들을 발견하게 하소서.
내 손에 닿는 하나하나의 의미를 알게 하소서.
그리고 그 의미들로 인해 감동하게 하소서.

나의 손끝으로 만지면서 무덤덤하게 스쳤던 수백 가지의 선물을 찾게 하소서.
손을 씻으며, 밥을 먹으며, 컴퓨터를 하며, 문을 열며
모든 것의 가치를 감사하게 하소서.
나를 만드신 예수 그리스도의 이름으로 기도합니다. 아멘!

:: 만물이 그에게서 창조되되 하늘과 땅에서 보이는 것들과 보이지 않는 것들과 혹은 왕권들이나 주권들이나 통치자들이나 권세들이나 만물이 다 그로 말미암고 그를 위하여 창조되었고 (골로새서 1:16).

나의 삶이 균형을 이루게 하소서

오늘도 제일 먼저 주님을 기억합니다.
어제까지 나를 지켜주셔서 잠잘 곳을 허락하시고
일어나게 하시니 감사합니다.
하나님의 보호하심을 찬양합니다.
이 아침에도 한결같은 인자하심으로 나를 감싸시니 감사합니다.
나의 입술로 가장 먼저 주님을 찬양합니다.

오늘도 필요한 양식을 허락하여 주소서.
나에게 매일 일용할 양식으로 공급하시는 주님을 찬양합니다.
분에 넘치는 양식을 거절하게 하시고, 필요한 만큼 양식에 자족하게 하소서.
삶 속에 있는 탐욕적인 것들을 자제하게 하소서.
적절한 삶의 기준을 가지고 하루를 살기 원합니다.

오늘도 너무 넘치는 것들을 경계하는 마음을 갖기 원합니다.
죄만 경계하는 것이 아니라, 넘치는 것들 속에 있는 죄성도 바라보게 하소서.
오늘 주님이 평균케 하시는 은혜가 나의 삶 속에 균형을 이루게 하소서.
물질이든 마음이든 많이 가진 것을 나누어
평균을 이루도록 노력하는 하루 되게 하소서.
오늘도 하나님의 넘치는 은혜로 나를 채우신 것에 감사합니다.
그 채우심으로 풍족해진 것을 나만 누리지 않고 나누겠습니다.
많은 것을 나누는 하루 되게 하소서.
나의 주 예수 그리스도의 이름으로 기도합니다. 아멘!

:: 오늘 우리에게 일용할 양식을 주시옵고 우리가 우리에게 죄지은 자를 사하여 준 것같이 우리 죄를 사하여 주시옵고 (마태복음 6:11-12).

일상을 누리게 하신 은혜를 감사합니다

나의 사랑이시며 나의 생명이신 아버지, 감사합니다.
오늘도 주님을 부를 수 있음에 주님을 찬양합니다.
내가 주의 이름을 부를 때 주님이 응답하시고 나를 바라보소서.
이 아침에 주님의 얼굴을 보기 원하니 나를 주목하소서.
내가 주님 앞에 나아가 주님을 즐거워합니다.

아주 평범한 하루를 시작하게 하신 아버지를 찬양합니다.
이날이 슬픔으로 비범한 날이 아님을 찬양합니다.
이날이 사건으로 특별한 날이 아님을 찬양합니다.
똑같은 아침의 일상을 누리게 하신 은혜를 감사합니다.
내 다리로 걷고 내 손으로 먹게 하시니 감사합니다.
모든 익숙한 당연한 것을 인해 주님을 찬양합니다.
이 많은 것이 당연하다니요. 이 얼마나 놀라운 일입니까.
수많은 누릴 것이 아주 익숙한 것이라는 특별한 은혜를 찬양합니다.

오늘도 만나는 모든 사람을 향해 환호하게 하소서.
그들을 사랑한다 고백하게 하소서.
그들을 위해 아낌없이 나의 것을 나누게 하소서.
주어도 주어도 모자라지 않은 아버지의 은혜를 나누게 하소서.
나의 생명 되시는 예수 그리스도의 이름으로 기도합니다. 아멘!

:: 온 땅이여 여호와께 노래하며 그의 구원을 날마다 선포할지어다 (역대상 16:23).

내가 음식을 찾기 전에 주님을 찾게 하소서

나의 입술을 들어 주님을 찬양할 수 있음에 감사합니다.
아침에 눈을 뜨고 주님을 기억합니다.
나의 첫 발걸음을 디디며 주님을 찬양합니다.
아버지는 나의 모든 것이시며 나의 구원자이십니다.

나에게 말할 입술을 주셔서 주님을 먼저 찾게 하시니 감사합니다.
아침의 기도가 나에게 영적인 생명을 불어넣는 시간임을 고백합니다.
내가 음식을 찾기 전에 주님을 찾게 하소서.
내가 세수하면서 어제까지의 나의 모든 죄악을 회개하게 하소서.
내가 옷을 입으며 오늘 복음으로 무장하게 하소서.

오늘 나의 발걸음이 주님의 발걸음처럼 귀한 걸음 되게 하소서.
악으로 달려가는 것이 아니라 선으로 달려가게 하소서.
그래서 내가 가는 곳마다 주님께 영광이 되게 하소서.
내가 가는 곳마다 주님을 찬양하고 예배하게 하소서.
삶이, 생활이 예배가 되는 하루 되게 하소서.
여전히 주님을 사랑하게 하심을 감사합니다.
나를 부르신 주님 앞에 나아가 "내가 여기 있나이다" 고백합니다.
오늘도 나를 사용하시고 일하여 주소서.
예수님의 이름으로 기도합니다. 아멘!

:: 아침에 나로 하여금 주의 인자한 말씀을 듣게 하소서 내가 주를 의뢰함이니이다 내가 다닐 길을 알게 하소서 내가 내 영혼을 주께 드림이니이다 (시편 143:8).

06

우리가 감사함으로 그 앞에 나아가며
시를 지어 즐거이 그를 노래하자
_ 시편 95:2

이 달 의 기 도 제 목

-
-
-
-
-

06 | 01

내가 하나님 편이 되게 하소서

나의 아버지여, 내가 무엇으로 주님을 찬양하리이까.
내가 가진 모든 언어를 가지고도 주님을 온전히 찬양할 수 없습니다.
내가 가진 모든 마음과 정성을 다하여 주님을 찬양합니다.
주님은 나의 노래이시며 나의 기쁨이십니다.

환경이 나를 짓누를 때에 주님의 기쁨이 나를 사로잡습니다.
사람들이 나를 비난할 때에 주님이 나를 보호하십니다.
그 아버지를 찬양하고, 감사하며, 경배합니다.
오늘 그 하나님을 의지하여 담대히 길을 나아갑니다.

내가 입술로 기도하며 나의 사정만을 아뢰지 말게 하소서.
신앙을 가진 이후로 얼마나 많은 시간을 나만을 위해 달라 간구했는지요.
나의 이기심을 용서하소서.
이제 나의 사정이 아니라 아버지의 사정을 위해 일하고 아뢰기 원합니다.
아버지의 마음을 알게 하시고 그것을 위해 살게 하소서.

하나님을 나의 편으로 만들기에 혈안되지 말게 하소서.
내가 하나님의 편이 되게 하소서.
나와 함께하시라 강요하지 말게 하소서.
내가 하나님과 함께하는 자리에 서는 하루 되게 하소서.
나의 주 예수 그리스도의 이름으로 기도합니다. 아멘!

:: 누구든지 제 목숨을 구원하고자 하면 잃을 것이요 누구든지 나를 위하여 제 목숨을 잃으면 구원하리라 (누가복음 9:24).

나의 입술을 주님께 헌신합니다

기도의 행복을 주신 아버지, 감사합니다.
내가 뭐라고 나의 이 고백도 기뻐하시는 주님, 감사합니다.
나의 입술로 주님을 찬양하며 하루를 시작하고,
감사하며 저녁을 맞게 하소서.

주님을 찬양하고 복음을 전하는 데는
언제나 나의 입술이 어눌하다 고백합니다.
그러나 남을 험담하고 지적하는 데는 이 어눌한 입술로 얼마나 잘하는지요.
왜 어느 때는 어눌하고, 어느 때는 능란한지요.
나의 죄악을 주님 앞에 회개합니다.
지적하고 비난하는 데 유능한 나의 입술을 무능하게 하소서.
복음을 전하고 위로하는 데 유능한 입술 되게 하소서.
면피할 때만 어눌해지는 나의 입술을 정결케 하소서.
십자가의 보혈로 나의 입술을 씻으시며
온전한 아버지의 형상을 회복시켜주소서.
말이 허공으로 사라진다고 막 쏟아내지 말게 하소서.
그저 말이 글이 되는 것이라고 함부로 쓰지 말게 하소서.

이 세상의 모든 시간 동안 사람을 살리고 위하는 일에 쓰이게 하소서.
악한 말을 하면서 선한 척 포장하지 말게 하시고
정의의 말을 하면서 악하게 말하지 말게 하소서.
나의 입술을 주님께 헌신합니다.
나의 주 예수 그리스도의 이름으로 기도합니다. 아멘!

:: 구부러진 말을 네 입에서 버리며 비뚤어진 말을 네 입술에서 멀리하라 (잠언 4:24).

주님께 듣게 하시고 행하게 하소서

모든 것이 혼란스러운 시대를 살고 있지만
이 시간 분명한 것은
내가 주님을 바라보며 하루를 시작해야 한다는 것입니다.
이날은 주님의 것입니다. 이날은 나의 것이 아닙니다.
그래서 주님께 맡겨드리고 그 길을 따르겠습니다.

오늘 내가 무엇을 해야 할지 알게 하소서.
주님께 듣게 하시고 행하게 하소서.
내 말을 너무 많이 하여서 주님의 음성을 듣지 못하는 일이 없게 하소서.
잠시 멈추어 주님을 묵상하게 하시고
그 들려지고 움직여지는 나의 마음을 통해 아버지의 뜻을 발견하게 하소서.
나의 가는 이 하루만큼의 길은 나의 인생이 됨을 기억합니다.
짧은 길이라 여겨 막 살지 말게 하시고
소중히 여겨 이 짧은 길의 연장이 인생이 됨을 기억하게 하소서.

입술로 주님을 찬양하고 나의 손과 발, 행함과 표정으로 주님을 찬양합니다.
아버지께 영광 올려드리는 얼굴 되게 하소서.
나의 표정이 나의 삶이고 나의 마음임을 기억합니다.
기쁨과 감사가 나의 얼굴로 나타나는 하루 되게 하소서.
나의 주 예수 그리스도의 이름으로 기도합니다. 아멘!

:: 나의 반석이시요 나의 구속자이신 여호와여 내 입의 말과 마음의 묵상이 주님 앞에 열납 되기를 원하나이다 (시편 19:14).

06 | 04

오늘은 완벽하신 주님을 의지합니다

꿈결같이 지난 지난밤을 감사합니다.
나에게 잘 수 있는 건강을 주시니 감사합니다.
몸이 아파서, 마음이 괴로워서 잠 못 이루는 많은 사람을 위로하여 주소서.

나는 힘이 없고 무력하지만 주님은 능력이 있으십니다.
나는 계획이 없거나 혹은 틀릴 수 있지만 주님은 완벽하신 분입니다.
나는 지혜가 없고 때로 선택이 틀리지만 주님은 선한 길로 인도하십니다.
그 완벽하신 주님을 곁에 두고 왜 내가 모든 것을 하고 있는지요.
나의 어리석음을 용서하소서.
오늘은 완벽하신 주님을 의지합니다.
오늘은 내 인생의 모든 큰 그림을 가지고 계신 아버지의 길을 가렵니다.
선하고 아름다우신 우리 아버지의 인도하심을 순순히 따라가겠습니다.
말씀하시고, 인도하시고, 보여주소서.

양은 그 목자의 음성을 알아듣는다 하셨으니 그것을 믿습니다.
내가 나의 말과 지혜와 떠벌임을 멈추고 듣겠습니다.
아버지께 경청하겠습니다.
조용히 머물러 갈 길을 알 때까지 기다리겠습니다.
그 길을 가겠습니다. 예수님의 이름으로 기도합니다. 아멘!

:: 내 양은 내 음성을 들으며 나는 그들을 알며 그들은 나를 따르느니라 (요한복음 10:27).

내가 주님을 사랑합니다

나의 마음이 주님을 갈망합니다.
나의 영혼이 주님을 향하여 목마름을 채우듯 달려갑니다.
나의 아버지여, 나의 아버지여,
그 이름만으로 정말 아름답고 멋지십니다.
나의 인생을 지키시고 나의 하루를 만드시는 주님을 찬양합니다.
내가 주님을 사랑합니다.

나의 삶을 가꾸어주신 아버지를 찬양합니다.
때로 그 길이 나에게 좋지 않아 보였습니다.
그러나 그 길의 끝에는 언제나 놀라운 하나님의 섭리가 있었습니다.
오늘 그 섭리를 믿고 나아갑니다.

모든 순간이 즐겁지는 않을지라도 모든 순간이 선함을 믿습니다.
모든 순간이 쉽지는 않을지라도 모든 순간 이길 수 있음을 믿습니다.
이 하루의 모든 순간이 주님의 손에 있음을 믿습니다.
그런 분이 나의 아버지이십니다.
아버지가 나의 모든 것이시며 모든 근거이십니다.
아버지가 구덩이에 빠진 나를 건지시는 분입니다.
그래서 오늘의 구덩이가 전혀 두렵지 않습니다.
나는 아버지를 믿습니다. 예수님의 이름으로 기도합니다. 아멘!

:: 하나님이여 사슴이 시냇물을 찾기에 갈급함같이 내 영혼이 주를 찾기에 갈급하니이다
(시편 42:1).

바로 이곳에서 승리하게 하소서

오늘도 나를 안전하게 하신 아버지, 감사합니다.
나의 삶 속에 도사리고 있는 많은 위험에서 건지시는 주님을 찬양합니다.
어제까지의 모든 고단함을 씻어주시고
오늘도 새로운 힘과 위로를 얻고 출발하게 하소서.
이 아침에 주님을 기다리며 갈망합니다.
매 순간 나를 도우시는 하나님을 인하여 감사합니다.
모든 위험한 것의 주변에서 나를 도우시는 주님을 기억하고 찬양합니다.
주님을 향한 믿음으로 두려움을 이기게 하소서.

오늘도 담대함으로 이 세상을 향해 나아갑니다.
아니, 이 세상을 향해 나아가는 것이 아니라 이미 내가 살고 있는 곳입니다.
이곳에서 잘 사는 것이 진짜 나의 믿음의 승부임을 믿습니다.
아버지가 보내시고 살라 하신 곳이니 이곳에서 승리하게 하소서.

나와 남을, 교회와 세상을, 이익과 손해를 너무 분리하지 말게 하소서.
남이 없이 내가 존재할 수 없으며,
세상을 위해 교회가 존재함을 알게 하소서.
손해 보지 않으려 한다면 복음대로 살 수 없음을 잊지 말게 하소서.
믿음의 길을 가는 오늘 하루 되게 하소서.
나의 주 예수 그리스도의 이름으로 기도합니다. 아멘!

:: 그리스도께서 너희를 사랑하신 것같이 너희도 사랑 가운데서 행하라 그는 우리를 위하여 자신을 버리사 향기로운 제물과 희생 제물로 하나님께 드리셨느니라 (에베소서 5:2).

기도의 끝에 아버지가 계심을 기억하게 하소서

나의 주님 되시는 아버지, 감사합니다.
이 아침에 들리는 새 소리와 아이들의 목소리, 지나가는 차 소리,
사람들이 살아가는 소리 등 모든 것을 인하여 감사합니다.
모든 것이 살아 있음에 감사합니다.
내가 기도할 수 있음에 감사합니다.

하나님이 보내주신 이 하루 속에서 성실하게 하소서.
사람들 앞에 사랑을 나누는 자 되게 하소서.
악을 따르기보다 선함을 좇아 달려가게 하소서.
쉬지 않고 기도하게 하소서.

나의 마음이 본능을 따라 이기적으로 될 때에
나의 기도가 나의 본능을 이기고 아버지를 따르는 데 도움이 되게 하소서.
이 기도의 끝에 아버지가 계심을 기억하게 하소서.
나의 기도가 힘이 있는 것이 아니라
기도를 들으시는 하나님이 능력이 있으심을 잊지 말게 하소서.

그래서 나의 주 하나님을 신뢰합니다.
내 삶의 모든 영역에서 주님이 일하심을 믿습니다.
오늘을 주님 앞에 올려드립니다.
나의 주 예수 그리스도의 이름으로 기도합니다. 아멘!

:: 이르시되 아빠 아버지여 아버지께서는 모든 것이 가능하오니 이 잔을 내게서 옮기시옵소서 그러나 나의 원대로 마시옵고 아버지의 원대로 하옵소서 하시고 (마가복음 14:36).

주님을 붙잡고 다시 일어서게 하소서

육체의 건강을 잃을 때에 주님을 신뢰하게 하소서.
몸이 피곤하여 지칠 때에 주님을 의지하게 하소서.
마음이 낙망하여 쓰러질 때에 주님께 안기게 하소서.
두려움이 엄습하여 움츠러들 때에 주님을 붙잡게 하소서.
오늘 아침에 주님을 붙잡고 다시 일어서게 하소서.

희망의 아침을 맞이하며 절망하는 마음이 있다면 새로운 힘을 주소서.
시작을 하는 것이 두려워 아침이 두렵다면 실패를 잊게 하소서.
주님의 말씀을 기억하고 상처를 기억하지 않게 하소서.
아버지의 약속을 기억하고 실패를 잊어버리게 하소서.
나의 모든 생각이 주님을 향해 고정되게 하소서.

변함없이 아름다운 날을 주신 아버지를 찬양합니다.
나를 만드시고, 인도하시며, 이제까지 지키신 주님을 찬양합니다.
나의 입술을 드려 주님을 찬양합니다.
이 찬양이 돈이나 사람이나 우상에게 가는 일이 없게 하소서.
오직 주님만을 찬양하는 입술 되게 하소서.
주님을 사랑하고 또 사랑합니다.
나의 주 예수 그리스도의 이름으로 기도합니다. 아멘!

:: 여호와를 경외하는 자들아 너희는 여호와를 의지하여라 그는 너희의 도움이시요 너희의 방패시로다 (시편 115:11).

06 | 09

나를 이끄시는 말씀의 주님을 기대합니다

오늘도 나를 일으켜 하루를 시작하게 하신 아버지, 감사합니다.
아버지를 찬양함으로 이 아침을 시작합니다.
무엇을 비유하여도 부족한 아버지의 놀라우심을 찬양합니다.
하나님은 높고, 크며, 위대하신 분입니다.
그 크심으로 나의 인생을 이끌어 오심에 감사합니다.

얼마나 많은 순간 하나님을 이해할 수 없었는지요.
그러나 그 이해할 수 없을 만큼 크심이 나를 온전히 이끄심임을 찬양합니다.
내가 납득할 수 없을 만큼 위대한 분이심에 감사합니다.
그래서 내가 의지할 만한 분이심을 확신합니다.

오늘도 나에게 말씀하여 주소서.
내가 길을 갈 때에, 밥을 먹을 때에, 일을 할 때에 나의 곁에 계심을 믿습니다.
내 마음에 말씀하시고, 알게 하시고, 깨닫게 하소서.
주님의 말씀이 나의 길이 되게 하시고 방패가 되게 하소서.
악한 일을 하려 할 때에 마음에 거리낌을 주소서.
선한 일을 할 때에 마음의 설렘을 주소서.
나를 이끄시는 말씀의 주님을 오늘도 기대합니다.
나의 주 예수 그리스도의 이름으로 기도합니다. 아멘!

:: 주의 말씀의 맛이 내게 어찌 그리 단지요 내 입에 꿀보다 더 다니이다 주의 법도들로 말미암아 내가 명철하게 되었으므로 모든 거짓 행위를 미워하나이다 (시편 119:103-104).

내가 얼마나 무익한 종인지 알게 하소서

우리를 좋은 것으로 먹이시고 인도하시는 아버지, 감사합니다.
내가 한 일이 아무것도 없는데 모든 것을 회복시키시는 주님을 찬양합니다.
내가 한 일이 아무것도 없는데 나를 구원하시는 주님을 찬양합니다.
내가 한 일이 아무것도 없는데 나에게 열매 주시고 기쁨 주시니 감사합니다.

오늘도 내가 얼마나 무익한 종인지 알게 하소서.
그래서 더욱 감사한 날 되게 하소서.
내가 무익함을 잘 알수록 은혜가 얼마나 큰 것인지를 깊이 깨닫게 하소서.
내가 무익해서 좌절하는 것이 아니라
내가 무익해서 하나님의 사랑이 더 커짐을 알게 하소서.

오늘 하루 동안 만나는 모든 사람과 하나님을 나누게 하소서.
말로 할 수 없다면 나의 삶으로, 행동으로 나누게 하소서.
나의 얼굴로, 표정으로 하나님을 전하게 하소서.
무엇을 하든지 주님을 위해 살기 원합니다.
오늘이 그런 동일한 하루 되게 하소서.
아버지와 손잡고 소풍 길 가듯 즐거운 날 되게 하소서.
나의 주 예수 그리스도의 이름으로 기도합니다. 아멘!

:: 여호와여 사람이 무엇이기에 주께서 그를 알아주시며 인생이 무엇이기에 그를 생각하시나이까 (시편 144:3).

06 | 11

포기하지 말게 하소서

피곤한 아침에 일어나게 하시는 주님을 찬양합니다.
새로운 힘과 의욕을 주시는 아버지, 감사합니다.
무거운 짐과 고민들을 다 내려놓고 주님 앞에 나아갑니다.
아침마다 새로운 주님의 소망이 나를 살립니다.
그 희망으로 오늘도 시작합니다.

모든 상황이 나를 힘들게 할 때에도 주님을 기대합니다.
나의 삶의 근원이 상황이 아니라 하나님이심을 믿습니다.
내 눈에 보이는 것 때문에 보이지 않는 것들을 포기하지 말게 하소서.
질병 때문에 미래를 포기하지 말게 하소서.
돈 때문에 희망을 포기하지 말게 하소서.
이별 때문에 관계를 포기하지 말게 하소서.
책망 때문에 비전을 포기하지 말게 하소서.

나를 나 되게 하는 것은 내가 하나님의 자녀라는 사실임을 기억합니다.
주님이 나를 이 자리까지 오게 하셨으니 앞으로도 그리하실 것입니다.
하나님의 말씀이 나를 다시 살리게 하소서.
주님의 메시지만이 나를 의미 있게 함을 믿습니다.
나의 몸과 마음과 영혼을 다 드려 주님을 높입니다.
오늘도 나의 주가 되소서. 예수님의 이름으로 기도합니다. 아멘!

:: 여호와를 의뢰하고 선을 행하라 땅에 머무는 동안 그의 성실을 먹을거리로 삼을지어다 (시편 37:3).

오늘은 하나하나 감동하는 하루 되게 하소서

나를 만드신 아버지, 찬양합니다.
나를 위해 만드신 이 모든 세상을 인하여 주님을 높여드립니다.
천지를 만드실 때 오직 마음에 담았던 그 인간 사랑을 인해 감사합니다.
비록 죄로 물든 세상이지만, 천지를 창조하실 때 그 마음처럼
오늘 주님이 주신 모든 것을 감사하며 누립니다.
모든 것에 만족합니다.
아버지, 모든 것이 아름답습니다.
나를 위해 예비하신 모든 것에 담긴 하나님의 사랑을 찬양합니다.

오늘도 하나하나 감동하는 하루 되게 하소서.
나에게 소중한 가족을 주시니 감사합니다.
급할 때 의지할 친구들을 주시니 감사합니다.
먹고살 수 있는 일터 주시니 감사합니다.
아니, 때로 일터를 잃을 때도 굶지 않게 하시니 감사합니다.

외로울 때 전화할 수 있는 사람 주시니 감사합니다.
함께 믿음을 나눌 믿음의 공동체 주시니 감사합니다.
시험에 들 때에 그것을 이길 믿음의 중심 주시니 감사합니다.
오직 하나님만 바라보게 하소서.
나의 주 예수 그리스도의 이름으로 기도합니다. 아멘!

:: 오라 우리가 여호와께 노래하며 우리의 구원의 반석을 향하여 즐거이 외치자 우리가 감사함으로 그 앞에 나아가며 시를 지어 즐거이 그를 노래하자 (시편 95:1-2).

06 | 13

나는 작다 하나 작은 자가 아님을 고백합니다

오늘도 나의 작음을 개의치 않고 사랑하시는 아버지, 감사합니다.
이 큰 우주에 먼지보다 작은 나를 바라보시는 그 사랑을 인해 감동합니다.
그래서 오늘도 주님을 찬양함으로 하루를 시작합니다.

나의 기도를 들으심에 감격합니다. 나를 바라보시는 주님을 찬양합니다.
내가 보이기나 하실지, 내가 들리기나 하실지.
나의 목소리가 얼마나 작으며, 나의 존재가 얼마나 보잘것없는지요.
그럼에도 불구하고 무한한 사랑으로 나를 구원하신 은혜에 감사합니다.
감사로 표현할 수 없을 만큼 어마어마한 사건임을 기억합니다.
이 작은 나를 귀히 여기시는 그 사랑 때문에 오늘도 힘을 냅니다.

나는 작다 하나 작은 자가 아님을 고백합니다.
위대하신 하나님의 사랑을 받는 자이기 때문에
나는 오늘도 위대한 존재입니다.
내가 무엇을 해서가 아니라 주님이 사랑하시는 존재이기에 귀한 존재입니다.
그래서 그 존재의 가치를 위해 오늘도 소중하게 살겠습니다.

나를 사랑하신 것만큼 나도 아버지를 사랑하게 하소서.
부족하여도, 어림없어도 나는 오늘도 주님을 사랑합니다.
아버지여, 아버지여, 주님만을 바라봅니다. 나의 마음을 받으소서.
나의 주 예수 그리스도의 이름으로 기도합니다. 아멘!

:: 여호와가 우리 하나님이신 줄 너희는 알지어다 그는 우리를 지으신 이요 우리는 그의 것이니 그의 백성이요 그의 기르시는 양이로다 (시편 100:3).

주님을 기억하게 하소서

무엇을 하여도 다 갚을 수 없는 은혜 위에
오늘을 살리신 은혜를 입습니다.
오늘 나의 눈을 주님께 고정합니다. 나의 귀를 주님께 기울입니다.
보시고, 말씀하시고, 인도하소서.

오늘 내가 해야 하는 모든 일 가운데 주님의 손길을 기다립니다.
그렇다고 가만히만 있는 것이 아니라 최선을 다하겠습니다.
그러나 내가 먼저 설치고 달려가는 것이 아니라
주님의 뜻을 바라보고, 생각하고, 좇겠습니다.
나의 걸음이 욕망의 걸음이 아니라 순종의 걸음이 되게 하소서.

매 순간 주님 앞에 기도하기 원합니다.
모든 사물을 볼 때마다 주님을 기억하게 하소서.
그것을 나에게 두신 이유를 묻게 하소서.
모든 사람을 볼 때마다 주님의 사랑을 기억하게 하소서.
저 사람도 주님이 사랑하시지, 라는 마음으로 사랑하게 하소서.
나를 보지 못해서 교만하지 말게 하소서.
다른 사람의 허물을 보는 만큼 나의 부족을 알게 하소서.
그래서 노력하지 않아도 겸손하게 하시고 주님을 의지하게 하소서.
나의 겸손의 모범이 되신 예수 그리스도의 이름으로 기도합니다. 아멘!

:: 평안의 매는 줄로 성령이 하나 되게 하신 것을 힘써 지키라 (에베소서 4:3).

06 | 15

모든 것을 복되게 하신 아버지를 사랑합니다

아침에 눈을 뜨고 주님을 찬양합니다.
나의 나오는 첫 목소리로 주님을 높입니다.
세수를 하면서 어제의 죄악을 보혈로 씻습니다.
옷을 입으면서 하나님의 전신갑주를 입습니다.
신발을 신으며 구원의 발걸음을 내딛습니다.

밥을 먹으며 영적 양식의 근원을 기억합니다.
물을 마시며 생명의 힘을 얻습니다.
숨을 쉬며 주님의 창조를 기억합니다.
일을 하며 오늘도 일하시는 주님을 찬양합니다.
커피를 마시며 쉼의 기쁨을 노래합니다.

수다를 떨며 동료를 주신 기쁨을 누립니다.
길을 걸으며 인도하시는 주님을 찬양합니다.
눈을 깜박이며 보게 하시는 주님을 찬양합니다.
통화를 하며 관계를 주신 아버지께 감사합니다.
물건을 사며 필요를 채우시는 주님을 찬양합니다.
청소를 하며 청소할 집을 주신 아버지를 찬양합니다.
모든 것을 주시며 모든 것을 복되게 하신 아버지를 사랑합니다.
나의 주 예수 그리스도의 이름으로 기도합니다. 아멘!

:: 좋은 소식을 전하며 평화를 공포하며 복된 좋은 소식을 가져오며 구원을 공포하며 시온을 향하여 이르기를 네 하나님이 통치하신다 하는 자의 산을 넘는 발이 어찌 그리 아름다운가 (이사야 52:7).

06 | 16

용기 있게 사랑하게 하소서

오늘도 나를 부르셔서 하루를 살게 하신 아버지, 감사합니다.
하나님의 위대하심을 찬양하며 하루를 시작합니다.
날파리 하나도 잡을 능력이 없는 내가
우주를 만드신 아버지 앞에 나아갑니다.
기쁨으로 달려가는 마음으로 주님을 향해 마음을 쏟습니다.
그리고 그 주님과 이 하루를 기쁨으로 시작합니다.

내가 섬길 수 있는 사람들을 주시니 감사합니다.
대접받고 싶은 마음 간절하나
대접받는 기쁨이 섬기는 기쁨을 이길 수 없음을 기억하게 하소서.
사랑할 사람들을 주시니 감사합니다.
먼저 사랑하면 또한 사랑받을 수 있음을 알게 하소서.

주지 않고 받으려 하니 괴롭고,
하지 않고 칭찬받으려니 참 고단합니다.
이런 마음의 줄다리기를 멈추게 하소서.
결정하고 주게 하시고, 결정하고 포용하게 하소서.
이것이 포기가 아니라 결단이며, 무기력이 아니라 용기임을 알게 하소서.
나의 주님을 향한 사랑이 이런 용기를 줄 줄 믿습니다.
주님을 기대합니다. 나의 주 예수 그리스도의 이름으로 기도합니다. 아멘!

:: 임금이 대답하여 이르시되 내가 진실로 너희에게 이르노니 너희가 여기 내 형제 중에 지극히 작은 자 하나에게 한 것이 곧 내게 한 것이니라 하시고 (마태복음 25:40).

광야 길에서 온통 아버지에게 하소서

하나님은 언제나 먼저 사랑하시고 먼저 길을 가셨습니다.
오늘 내가 가는 이 하루의 길도 나 혼자 등 떠밀리는 길이 아님을 믿습니다.
여호와 이레의 하나님이 먼저 가시고 예비하심을 믿습니다.
두려워서 믿는 것이 아니라 믿어서 두렵지 않습니다.

나를 혼자 두지 않으시는 주님을 오늘도 믿게 하소서.
보이지 않아 믿지 못함을 용서하소서.
하나님의 사랑을 확신함으로 보이는 환경을 이기고 흔들리지 말게 하소서.
광야에 홀로 서 있을 때 혼자가 아님을 믿게 하소서.
나를 가장 강력하게 붙잡으시는 분이 계심을 알고 담대하게 하소서.

광야 길을 견디기 위해 함께할 사람을 찾는 것이 아니라
이곳이 광야라는 사실을 잊을 만큼 아버지께 집중하게 하소서.
온통 아버지여서 여기가 어디인지도 잊을 수 있는 믿음을 허락하소서.
영안이 열릴 때에 나를 지키시고 인도하시는
하나님의 천군 천사를 볼 수 있을 것입니다.

오늘 내가 어디에 있든 주님을 바라봅니다.
세상과 동떨어져 주님만 보고 사는 것이 아니라,
주님을 바라봄으로 주님처럼 세상을 사랑하고 연민하게 하소서.
주님처럼 오늘을 살기 원합니다. 예수님의 이름으로 기도합니다. 아멘!

:: 하늘에 계시는 주여 내가 눈을 들어 주께 향하나이다 (시편 123:1).

06 | 18

말씀이 나의 하루 중에 되살아나 역사하게 하소서

새로운 아침을 주신 아버지, 감사합니다.
누구에게나 오는 날처럼 무심하게 맞이하지만,
결코 누구에게나 있는 하루가 아님을 기억합니다.
오늘도 그래서 더 소중한 하루를 만들겠다 결단하게 하소서.

날마다 말씀을 통해 일하시는 주님을 찬양합니다.
내가 닥치는 상황마다 말씀이 기억나게 하소서.
읽고 잊었던 말씀, 듣고 잊었던 말씀들이
오늘 나의 하루 중에 되살아나 역사하게 하소서.
오늘도 이를 위해 성경을 읽고 소중히 여기는 하루 되게 하소서.

말씀을 듣고 내 안에 받아들이고는
도무지 내놓지 않는 자 되지 않게 하소서.
모든 유익한 것이 나에게만 쌓여 넘쳐나지 말게 하시고
내가 받은 모든 말씀과 은혜를 남에게 나누는 날이 되게 하소서.
그것이 언어로, 손으로, 얼굴로, 행동으로 드러나게 하소서.

나를 사랑하시는 아버지의 사랑으로 오늘도 내가 있는 자리를 사랑합니다.
교회와 세상을 구별하지 않고 항상 동일한 모습으로 살고 사랑하게 하소서.
주님의 성육신의 삶이 오늘 나의 삶이 되게 하소서.
나의 주 예수 그리스도의 이름으로 기도합니다. 아멘!

:: 보혜사 곧 아버지께서 내 이름으로 보내실 성령 그가 너희에게 모든 것을 가르치고 내가
너희에게 말한 모든 것을 생각나게 하리라 (요한복음 14:26).

06 | 19

아버지는 정말 좋으신 분입니다

오늘도 따뜻한 손길로 나를 깨우시는 아버지, 감사합니다.
내가 자는 동안 나를 지키시고 보호하심을 감사합니다.
주님의 사랑 안에서 하루를 지내고, 다시 하루를 시작합니다.
어제의 모든 짐을 버리고 힘 있는 시작이 되게 하소서.

주님은 언제나 나를 다정하게 대하셨는데,
나는 사람들에게 날카로움을 회개합니다.
주님이 나를 대하시듯 나도 사람들을 대하기 원합니다.
손해 볼까 봐 두려워 방어적이었던 것을 회개합니다.
나만 친절하고 받지 못할까 봐 인색했던 것을 회개합니다.
나의 분노를 남에게 쏟음을 회개합니다.
이유가 없으면 다정할 필요 없다고 생각한 무정함을 회개합니다.

아버지가 나에게 잘해주심에 이유가 없음을 찬양합니다.
아버지는 언제나 손해 보려고 적극적이심을 찬양합니다.
아버지는 나에게 계산하지 않고 모든 것을 주심을 감사합니다.
나로 인한 분노조차 나에게 쏟지 않으시는 주님을 사랑합니다.
아버지가 얼마나 좋으신 분인지 다시 깨닫고 감사의 눈물을 흘립니다.
나의 잘못을 계수하지 않고 스스로 감당하시는
그 크신 사랑을 오늘도 따르겠습니다.
이 마음 그대로 하루를 살겠습니다.
예수님의 이름으로 기도합니다. 아멘!

:: 여호와는 나의 목자시니 내게 부족함이 없으리로다…내 평생에 선하심과 인자하심이 반드시 나를 따르리니 내가 여호와의 집에 영원히 살리로다 (시편 23:1, 6).

나의 틀을 깨고 하나님의 틀을 취하게 하소서

매일 반복되는 일상 속에서 하나님의 소망을 발견합니다.
오늘 나는 새롭지 않으나 주님의 소망은 새로우니 주님을 찬양합니다.
이 힘으로 하루를 시작합니다.

오늘 예수님을 닮은 하루를 살기 원합니다.
고백은 매일 이렇게 하면서 날마다 똑같은 모습으로 살아감을 회개합니다.
내 고집 그대로, 내 방식 그대로,
내가 만나는 사람 그대로, 내가 하는 일 그대로
하나도 바꾸지 않으면서 삶이 바뀌리라 기대했음을 회개합니다.

내가 생각하는 방식과 행동하는 방식,
나의 가는 곳과 만나는 사람들을 넘어서겠습니다.
내가 말하는 방식과 정죄하는 방식,
칭찬하는 기준과 판단의 기준을 깨뜨리겠습니다.
모든 것에서 하나님의 방식을 시도하게 하소서.
아버지처럼 생각하고, 아버지처럼 사랑하고,
아버지처럼 말하고, 아버지처럼 만나게 하소서.
나의 틀을 깨고 주님의 틀을 취하여 생활의 변화를 가지게 하소서.

나를 만드신 주님을 신뢰함으로
하나님의 것을 과감히 선택하는 내가 되기를 원합니다.
나의 기준이신 예수 그리스도의 이름으로 기도합니다. 아멘!

:: 여호와를 경외하는 것이 지식의 근본이거늘 미련한 자는 지혜와 훈계를 멸시하느니라
(잠언 1:7).

나의 신앙고백이 더 분명해지게 하소서

아버지는 나의 모든 것이십니다.
이 아침에도, 또 저녁에도 하나님은 한 분이신 나의 참 신이십니다.
나는 무엇으로도 주님을 바꾸지 않을 것입니다.
하나님이 나의 모든 것 중에서 가장 소중한 분이십니다.
나의 유일한 구원자이십니다.

오늘도 나의 신앙고백이 더 분명해지게 하소서.
내가 이 세상을 사는 목적이 잘 먹고 잘 사는 것이 되지 않기를 원합니다.
저 천국의 소망을 가지고 사명을 가진 삶을 살게 하소서.
그래서 오늘 큰 일도, 작은 일도 웃어넘길 수 있게 하소서.

하나님을 바라보는 삶은 집착이 아님을 실천하게 하소서.
천국까지 멀리 바라보는 시선 때문에 나의 마음이 넓고 높아지게 하소서.
하나님을 바라보는 시선 때문에 관대하고 포용 있게 하소서.
하나님이 나의 참 보호자이시라는 고백 때문에 담대함을 가지게 하소서.

아침에 찬양합니다.
돌아올 저녁에 찬양할 것입니다.
주님을 사랑합니다.
나의 주 예수 그리스도의 이름으로 기도합니다. 아멘!

:: 심령이 가난한 자는 복이 있나니 천국이 그들의 것임이요 (마태복음 5:3).

06 | 22

아주 작은 일을 오늘 실행하게 하소서

주변을 둘러보니 많은 사람이 나의 곁에 살게 하시니 감사합니다.
나 혼자 이 세상을 살지 않게 배려하신 아버지, 감사합니다.
오늘도 만나는 모든 사람에게 감사하게 하소서.
나 혼자 모든 일을 하지 않아도 되도록
더불어 사는 사람을 주시니 감사합니다.
그들이 해주는 많은 일로 나는 누리고 즐기며 살게 하심을 감사합니다.
사람이 많다, 부대낀다, 번잡스럽다 불평함을 용서하소서.
그들이 아니라면 오늘 나는 누릴 것이 별로 없음을 고백합니다.
그들 덕분에 나의 일이 줄어듦을 깨닫게 하소서.

오늘도 이 세상을 이끄시는 주님의 권세를 믿습니다.
내 판단에 못마땅한 것들을 내려놓고 주님의 뜻을 구합니다.
맞다면 행하게 하시고 틀리다면 수정하게 하소서.
입으로 판단만 하는 것이 아니라 행함으로 말하게 하소서.

대단한 일을 추구하기보다 아주 작은 일을 오늘 실행하게 하소서.
일터가 더럽다면 내가 치우게 하시고,
관계가 묶였다면 내가 풀게 하소서.
불합리한 구석이 있다면 내가 있는 곳은 합리적으로 하게 하소서.
나로부터 시작되는 공의를 경험하는 하루 되게 하소서.
나의 주 예수 그리스도의 이름으로 기도합니다. 아멘!

:: 악을 행하는 자들 때문에 불평하지 말며 불의를 행하는 자들을 시기하지 말지어다
(시편 37:1).

주님처럼 하나의 삶을 살게 하소서

오직 한 분이신 나의 아버지를 찬양합니다.
언제나 동일하게 사랑하시는 아버지를 찬양합니다.
아버지의 앞과 뒤는 같으며, 과거와 미래는 같습니다.
나를 향한 아버지의 계획은 언제나 선하고 아름답습니다.
그 계획 안에 오늘도 아버지의 선하심을 믿고 시작합니다.

나의 발걸음 가운데 하나님의 선하신 손길이 있음을 믿습니다.
오늘도 내가 처한 상황 속에서 완벽한 하나님의 나라를 경험하지 못한다고,
이 땅에서 천국의 완벽을 구하며 불평하지 말게 하소서.
모든 구석이 완벽하지는 못하지만, 내 인생의 끝에서 승리를 보장하셨으니
그 선하신 인도하심의 방향에 동의하고 감사하게 하소서.

한결같으신 아버지처럼 오늘 나도 이중적인 모습을 버리기 원합니다.
나의 가족을 대할 때나, 이웃을 대할 때나, 직장 동료를 대할 때나
혹은 나에게 원수와 같은 자들을 대할 때 동일한 선함으로 하게 하소서.
편해서 막 대하지 말게 하시고, 손해를 끼쳐서 상처 주지 말게 하소서.
하나이신 하나님을 섬기는 자녀로서 하나의 삶을 살게 하소서.
나의 앞도 뒤도 하나님으로 동일한 믿음의 자녀 되게 하소서.
나의 주 예수 그리스도의 이름으로 기도합니다. 아멘!

:: 주 하나님이 이르시되 나는 알파와 오메가라 이제도 있고 전에도 있었고 장차 올 자요 전능한 자라 하시더라 (요한계시록 1:8).

06 | 24

무조건 주님을 찬양하며 하루를 시작합니다

내 삶의 꼬인 문제들이 남아 있는 아침이지만 주님을 찬양합니다.
걱정의 잔재가 있음에도 불구하고 주님을 찬양합니다.
모든 상황 안에서 그대로 주님을 찬양합니다.
주님은 찬양받기에 마땅하신 분이기 때문입니다.

오늘 아침에 무조건 주님을 찬양하며 하루를 시작합니다.
나의 문제를 걱정하지 않습니다. 나의 상황에 침몰되지 않습니다.
나의 여건 때문에 무기력하게 좌절하지 않습니다.
왜냐하면 나의 목자 되시는 하나님은 정말 위대하시니까요.
내가 실망할 이유가 없습니다.

오늘도 모든 갈등의 종식자 되시는 하나님께 나아갑니다.
모든 문제의 해결자 되시는 주님께 나아갑니다.
혼돈을 잠재우고 아름다운 천지를 만드신 아버지께 나아갑니다.
나의 내민 손을 잡으시고 하루의 모든 어두움을 몰아내주옵소서.
오늘도 밝은 날 주실 주님을 찬양합니다.
주님의 능력을 힘입어 오늘도 나아갑니다.
나의 기쁨 되시는 예수님의 이름으로 기도합니다. 아멘!

:: 시와 찬송과 신령한 노래들로 서로 화답하며 너희의 마음으로 주께 노래하며 찬송하며 범사에 우리 주 예수 그리스도의 이름으로 항상 아버지 하나님께 감사하며
(에베소서 5:19-20).

불평보다 찬양을 택하는 하루 되게 하소서

오늘도 어두움을 이기고 아침을 맞게 하신 아버지를 찬양합니다.
어두움을 이기신 것은 하나님이신데 누리는 것은 나임에 감사합니다.
모든 것을 거저 받으며 누리는 이 아침에 감사합니다.
마치 내가 모든 싸움을 싸우는 것 같지만 실제로는 아버지가 다 하십니다.

승리의 선물로 받은 아침에 감사합니다.
모든 것이 아버지의 선물임을 믿습니다.
치열한 전쟁터와 같은 세상에 고달파하지만,
나의 싸움은 부스러기일 뿐 아무것도 아님을 고백합니다.
아버지여, 오늘 나의 전쟁에 승리자가 되어주소서.
오늘 나의 고달픔이 감사로 바뀌게 하소서.

나의 발걸음을 가볍게 하시고 나의 일을 기뻐하게 하소서.
오래 걷는 것이 걷지 못함보다 행복합니다.
일이 많은 것이 없는 것보다 낫습니다.
잠이 부족함이 잠만 자는 인생보다 감사한 것입니다.
나의 역량보다 많은 일들 앞에 감사하게 하소서.
그러나 안식의 지혜를 갖게 하시고 누리게 하소서.
불평보다 찬양을 택하는 하루 되게 하소서.
나의 주 예수 그리스도의 이름으로 기도합니다. 아멘!

:: 나는 항상 소망을 품고 주를 더욱더욱 찬송하리이다 (시편 71:14).

06 | 26

있는 자리에서 감사와 평화를 누리게 하소서

푸른 나뭇잎이 흔들리고 새가 노래하는 아침을 주신 아버지, 감사합니다.
오늘도 주님을 찬양하며 하루를 시작합니다.
나를 만드시고, 인도하시고, 기회를 주시는 아버지를 찬양합니다.

일상을 살면서도 나무를 볼 수 있고 하늘을 볼 수 있음에도
휴가를 가야지만 나무를 볼 수 있는 것처럼 불평하는 나를 용서하소서.
귀를 기울이며 새 소리를 들을 수 있음에도
새가 100마리쯤은 있어야 들을 수 있는 것처럼
답답해하는 나를 용서하소서.
어딘가 특별한 곳만이 나를 쉬게 할 수 있다는 착각을 버리게 하소서.

오늘 내가 앉은 자리에서도 평화를 누릴 수 있음을 고백합니다.
나의 마음을 하나님께 고정하고 주신 것에 감사한다면
어디서나 기쁨과 쉼을 얻을 수 있음을 믿습니다.
나에게 강박적인 도피와 보상의 집착이 있다면 오늘 그것을 버리게 하소서.
매 순간 주님 안에 안식을 구하는 평정심을 주소서.

주께서 주시는 특별한 날들에 감사하며 누리겠습니다.
그러나 그렇지 못한 날이라고 불평하지도 않겠습니다.
있는 자리에서 감사와 평화의 날들을 누리게 하소서.
나의 평안이 되시는 예수 그리스도의 이름으로 기도합니다. 아멘!

:: 여호와께서 하늘에서 굽어보사 모든 인생을 살피심이여 곧 그가 거하시는 곳에서 세상의 모든 거민들을 굽어살피시는도다 (시편 33:13-14).

아버지, 알려주소서. 깨닫게 하소서

이렇게 많은 시간을 다시 나에게 허락하신 아버지, 감사합니다.
오늘도 하늘을 펴시고 이 세상을 만드신 아버지를 찬양합니다.
우주 만물이 아버지의 발아래 있음을 믿고 고백합니다.
그 주권을 찬양합니다.
그 놀라운 다스리심으로 나를 다스리심에 감사합니다.

아버지는 나의 주인이십니다. 나의 창조주이십니다.
그리고 가장 선한 길이 무엇인지를 가장 잘 아시는 분입니다.
그 하나님께 나의 길을 맡겨드립니다.
나의 지혜를 주님께 맡깁니다.
이 하루 동안 해야 하는 모든 결정 앞에 아버지의 뜻을 고민하겠습니다.
가장 선한 길로 인도하실 아버지의 계획을 묻습니다.
아버지, 알려주소서. 깨닫게 하소서.
내가 잘못된 길로 가려고 할 때에 그 길을 막아서 주소서.
주님이 막아서실 때 눈치챌 수 있는 영적인 감각을 허락하소서.

오늘도 우주의 주인에게 나의 하루를 올려드립니다.
마땅히 하실 그 일을 나를 통해 이루어주소서.
나의 주 예수 그리스도의 이름으로 기도합니다. 아멘!

:: 예수께서 이르시되 어찌하여 선한 일을 내게 묻느냐 선한 이는 오직 한 분이시니라 네가 생명에 들어가려면 계명들을 지키라 (마태복음 19:17).

오늘도 나는 예수가 필요합니다

나의 어제의 모든 죄악을 주님 앞에 내려놓습니다.
나는 죄를 지을 수밖에 없는 연약한 존재임을 고백합니다.
내가 몸부림친다고 온전히 무죄할 수 없음을 고백합니다.
그럼에도 불구하고 예수 그리스도의 피로 정결하게 하심을 감사합니다.
그런 나를 구원하신 하나님의 은혜를 찬양합니다.

어제의 모든 무거운 죄를 십자가의 보혈로 정결하게 하소서.
오늘도 나는 십자가의 은혜가 필요합니다.
오늘도 나는 예수가 필요합니다.
오늘도 나는 성령 하나님의 일하심이 필요합니다.
그 은혜가 오늘 나를 살게 합니다.

나의 주가 되시는 아버지의 사랑으로 오늘을 살아갈 힘을 얻습니다.
그 힘으로 내가 사는 것처럼
오늘 내가 만나는 모든 사람에게 힘이 되어주는 사람 되게 하소서.
내가 용서받은 이 놀라운 은혜처럼 다른 사람을 용서하게 하소서.
나를 참소하는 자가 마귀라면 나 또한 다른 이를 참소하지 말게 하소서.

모든 것이 주님의 은혜입니다. 그 기쁨으로 주님을 노래합니다.
나의 모든 것 되신 예수 그리스도의 이름으로 기도합니다. 아멘!

:: 너희가 무슨 일에든지 누구를 용서하면 나도 그리하고 내가 만일 용서한 일이 있으면 용서한 그것은 너희를 위하여 그리스도 앞에서 한 것이니 (고린도후서 2:10).

나의 미래를 주님께 맡깁니다

나의 가야 할 길을 보이시는 하나님 아버지, 감사합니다.
오늘도 하루 동안 가야 하는 길 앞에서 기도합니다.
아버지, 오늘 나의 길은 어떠합니까?
내가 예상할 수 없는 어려움이 있을까요?
아니면 예기치 못한 기쁨을 만날까요?

아버지, 나는 미래를 알 수 없으니 주님께 맡겨드립니다.
나의 길을 인도하소서.
혹여 예상할 수 없는 어려움을 만날 때 담대하게 하소서.
그 순간 지혜를 주셔서 어려움을 잘 이겨가게 하소서.
또한 예기치 못하게 만나는 기쁨 앞에 충분히 기뻐하게 하소서.

일희일비하지 말자며 기쁠 때 기뻐하지 않고
슬퍼하기만 하지 말게 하소서.
꾸준히 슬퍼하는 습관을 버리게 하소서.
일관되게 늘 기뻐하는 하루 되게 하소서.
비관적인 것이 차분한 것인 양 자위하지 말게 하소서.
기쁜 것이 경박한 것인 양 폄하하지 말게 하소서.
오늘도 주님이 주신 모든 기쁨으로 누리고 표현하며 살기 원합니다.
나의 주 예수 그리스도의 이름으로 기도합니다. 아멘!

:: 그러므로 내 사랑하는 형제들아 견실하며 흔들리지 말고 항상 주의 일에 더욱 힘쓰는 자들이 되라 이는 너희 수고가 주 안에서 헛되지 않은 줄 앎이라 (고린도전서 15:58).

06 | 30

풍성한 6개월을 주신 아버지, 감사합니다

한 해의 절반이 지나갔습니다.
무엇을 하며 살았는지 기억이 나지 않을 만큼 빠른 시간이었습니다.
아버지여, 내가 잊어버린 모든 시간 속의 의미들을 주님, 기억하소서.
나는 잊었지만 주님을 위해 했던 모든 시간을 주님께 올려드립니다.

나에게 이렇게 풍성한 6개월을 주신 아버지, 감사합니다.
힘들고 어려운 시간도 있었지만 주님은 언제나 신실하셨습니다.
주님이 하신 모든 내 삶의 선하심을 찬양합니다.
아버지의 뜻을 따라 이 길까지 오게 하심을 감사합니다.

내가 매 순간 사는 것이 하나님의 시간 안에서 살게 하소서.
그것을 의식하며 살게 하소서.
아버지의 거룩하심을 닮아가는 시간 되게 하소서.
지난 6개월의 부족함을 회개하며 반성합니다.
반복되는 탐욕의 실수를 줄이고 선하고 아름다운 길을 더욱 가겠습니다.

아버지의 도움을 구하는 손을 잡아주소서.
아버지의 길이 나의 가장 큰 기쁨이 되게 하소서.
앞으로의 6개월이 생의 가장 아름다운 시간들이 되도록 축복하소서.
나의 주 예수 그리스도의 이름으로 기도합니다. 아멘!

:: 네 하나님 여호와께서 돌보아 주시는 땅이라 연초부터 연말까지 네 하나님 여호와의 눈이 항상 그 위에 있느니라 (신명기 11:12).

07

나는 항상 소망을 품고
주를 더욱더욱 찬송하리이다
_ 시편 71:14

이 달 의 기 도 제 목

.
.
.
.
.

07 | 01

새로운 것에 도전하는 날 되기 원합니다

날마다 우리를 새롭게 빚으시는 주님을 찬양합니다.
오늘도 아버지가 나를 만드신 그 뜻을 이루어가는 하루 되기를 원합니다.
하나님이 허락하신 가장 창조적인 모습으로 살게 하소서.

오늘은 내가 늘 하던 방식이 아닌 새로운 것에 도전하는 날 되기 원합니다.
말을 많이 하던 나라면 듣는 내가 되게 하소서.
너무 심각하던 나라면 웃는 내가 되게 하소서.
너무 가볍던 나라면 진지한 내가 되게 하소서.
소극적인 나라면 적극적인 내가 되게 하소서.

하나님이 허락하신 다양한 삶에 도전하는 하루 되게 하소서.
아버지는 넓고 크신 분입니다.
그 아버지를 닮아 오늘도 더 넓게 살기 원합니다.
목사라면 남의 설교도 듣게 하소서.
성도라면 복음을 선포하게 하소서.
젊은이라면 책임지게 하시고, 노인이라면 배우게 하소서.
지도자라면 따르게 하시고, 따르는 자라면 리더십을 갖게 하소서.
늘 하던 것 말고 다른 자리의 것을 함으로 겸손하게 하소서.
나의 주 예수님의 이름으로 기도합니다. 아멘!

:: 내가 주를 의뢰하고 적군을 향해 달리며 내 하나님을 의지하고 담을 뛰어넘나이다
(시편 18:29).

나의 연약함을 주님께 드리오니 받아주소서

나의 힘이 되시는 하나님 아버지, 나의 주님을 찬양합니다.
언제나 나의 곁에 계셔서 나를 지키심을 믿습니다.
나의 고백이 주님 앞에 닿아 주님을 기쁘시게 할 줄 믿습니다.
언제나 나의 연약함을 아시는 아버지여,
오늘도 나의 연약함을 주님께 드리오니 받아주소서.
나의 육체의 연약함을 도우시고, 나의 영혼의 미약함을 도우소서.
주님의 말씀 앞에 굳건히 서서 오늘 하루를 살기 원합니다.
나의 기도에 응답하실 주님을 찬양합니다.

아프면 약을 먹고 나을 것을 기대하면서
내가 기도하고도 나을 것을 기대하지 못하는 믿음 없음을 용서하소서.
버스를 타고 안전히 목적지에 도착할 것을 믿으면서
나의 인생을 주님께 맡기고 안전할 것을 믿지 못함을 용서하소서.
작은 것도 쉽게 믿으면서 하나님을 향한 무한한 의심을 용서하소서.

오늘 내가 인간적이고, 충동적이며, 맹목적인 믿음으로 살아가는 만큼
그 이상으로 주님을 무조건적으로 믿고 신뢰하는 믿음의 하루 되게 하소서.
주님을 신뢰합니다. 주님의 판단을 믿습니다.
나의 모든 것을 맡겨드립니다. 예수님의 이름으로 기도합니다. 아멘!

:: 너희는 여호와를 영원히 신뢰하라 주 여호와는 영원한 반석이심이로다 (이사야 26:4).

07 | 03

나는 주님의 피조물이기에 아름답습니다

하루를 주님을 찬양함으로 시작합니다.
나의 첫 입술의 고백이 불평과 한숨이 아니라 기쁨과 사랑의 고백입니다.
주님을 사랑합니다. 아버지는 나의 모든 것이 되십니다.
이 하루도 주님의 것입니다.

나는 주님의 피조물이며, 그렇다면 나는 아름다운 존재입니다.
오늘 세상 사람들이 나를 뭐라고 비난해도 나는 아름다운 존재입니다.
나는 아버지의 자녀이며 영적 유산을 받을 상속자인 성도입니다.
오늘 세상 사람들이 나를 실패자라 손가락질해도 나는 거룩한 상속자입니다.
나의 모든 정체성이 아버지께 있음을 선포합니다.

그래서 오늘도 담대히 세상으로 나아갑니다.
그들의 판단에 좌지우지되지 말게 하소서.
나의 존재 목적을 그들에게서 찾지 말게 하소서.
그들의 경쟁상대로 보지 말고
그들과 더불어 살아야 하는 친구로 보게 하소서.
하나님이 나를 보시는 가치에 집중하게 하소서.

오늘도 주님의 약속의 말씀이 나를 지킬 것입니다.
내가 나를 결정하는 것이 아니라 주님이 나를 결정하실 것입니다.
나의 주 예수 그리스도의 이름으로 기도합니다. 아멘!

:: 자녀이면 또한 상속자 곧 하나님의 상속자요 그리스도와 함께한 상속자니 우리가 그와 함께 영광을 받기 위하여 고난도 함께 받아야 할 것이니라 (로마서 8:17).

07 | 04

뜨거운 아버지의 사랑을 전하게 하소서

나의 호흡도 지키시고 나의 머리카락도 세고 계신 아버지를 찬양합니다.
이 세상의 누구도 나를 향하여 그런 관심과 사랑을 주지 않는데
오직 아버지는 미천한 나를 그리도 사랑하십니다.
그 크신 사랑, 그 면밀하신 사랑 앞에 굴복하며 감격합니다.
나를 이리도 사랑하시는 분이 계시니 내가 오늘 기쁘게 노래합니다.
이 하루는 아버지가 그렇게 사랑하시는 나에게 주신 선물입니다.
이 선물의 포장지를 뜯기 시작하는 아침에 기대하는 마음으로 나아갑니다.
주님을 찬양합니다.

아버지가 주신 하루가 나의 구미에 맞지 않는 선물일 때도 기억하게 하소서.
나에게 주시고자 했던 그 선한 의도가 무엇인지 분별하게 하소서.
혹 나의 구미에 딱 맞아서
내일도 똑같지 않으면 실망할까 두려워 말게 하소서.
아버지는 선하시니 무엇이든 나에게 유익한 것을 주실 것을 믿게 하소서.
오늘도 그런 마음으로 감사함으로 받아들입니다.

내가 만날 사람들을 향하여 이 뜨거운 아버지의 사랑을 전하게 하소서.
아버지 없는 삶이 얼마나 힘겹고 의미 없는지 알고 주께 돌아오게 하소서.
나의 아버지의 품 안에서 오늘도 시작합니다. 아버지를 사랑합니다.
나의 주 예수 그리스도의 이름으로 기도합니다. 아멘!

:: 우리 각 사람에게 그리스도의 선물의 분량대로 은혜를 주셨나니 (에베소서 4:7).

단 1분이라도 주님께 집중하게 하소서

나의 모든 우선순위 중에 가장 위에 계시는 분이 하나님이심을 고백합니다.
나로 아침에 일어나게 하시고 일할 수 있는 힘과 능력을 주심에 감사합니다.
나의 아버지를 의지함으로 오늘도 내가 힘을 얻고 달려갑니다.
오늘도 나의 모든 우선순위 중에 아버지를 제일 높이 두게 하소서.
나의 고백만이 아니라 나의 삶이 그리하게 하소서.
기도로 아침을 시작하게 하셨으니 감사합니다.
찬양으로 하루를 열게 하시니 감사합니다.
말씀으로 하루를 시작하게 하시고 묵상하게 하소서.

오늘도 분주한 일상으로 뒤죽박죽 시작하지 말게 하소서.
비록 마음은 분주하다 하더라도
단 1분이라도 차분히 주님께 집중하게 하소서.
하나님 우선이라 함은 하나님만 생각하고 아무것도 안 하는 것이 아니라
하나님의 뜻을 따라 모든 것을 하는 것임을 알게 하소서.
오늘도 하나님 중심으로 살게 하소서.

하나님이 바라보시는 시선으로 상황을 보게 하소서.
하나님의 눈으로 사람을 바라보게 하소서.
그리고 그 마음으로 해석하고 행동하게 하소서.
나의 중심이 되시는 예수 그리스도의 이름으로 기도합니다. 아멘!

:: 주의 인자하심이 내 목전에 있나이다 내가 주의 진리 중에 행하여 (시편 26:3).

내미는 손, 다정한 말이 되게 하소서

아버지의 베푸신 은혜가 차고 넘칩니다.
오늘 나의 부족함을 주님 앞에 고백하기 이전에
차고 넘치는 주님의 베푸심을 기억하고 찬양하게 하소서.

오늘도 주님이 주신 모든 것을 누리며 감사합니다.
없는 것에 집중하지 말고, 가진 것에 집중하게 하소서.
가진 것에 집중할 때 부족함이 없는 줄 믿습니다.
아버지가 아직 주시지 않은 것은 아직 때가 아님을 믿습니다.
그 믿음으로 오늘도 넉넉한 마음으로, 감사함으로 시작하게 하소서.
오늘도 주님이 나에게 주신 모든 혜택을 기억하며 시작합니다.
이 혜택을 나만 누리는 것이 아니라 이 세상의 사람들과 나누게 하소서.

무엇보다 하나님의 사랑과 복음을 나누게 하소서.
아버지를 모르고 사는 많은 사람을 불쌍히 여기게 하소서.
그들을 돕게 하시고 사랑하게 하소서.
나의 말이 아니라 나의 마음과 행동이 그들을 감동시킬 줄 믿습니다.
오늘 내미는 손이 되게 하시고, 다정한 말이 되게 하소서.
나의 주님처럼 품고 사랑하는 하루 되게 하소서.
나의 주 예수 그리스도의 이름으로 기도합니다. 아멘!

:: 오직 너희는 그리스도의 복음에 합당하게 생활하라 (빌립보서 1:27).

07 | 07

오늘 나의 노래는 아버지입니다

새들도 노래하고 바람도 노래하는데
하나님은 가장 사랑하는 자녀인 나의 노래를 기뻐하실 줄 믿습니다.
오늘 나의 노래는 아버지입니다.
나를 사랑하시고 구원하신 아버지를 노래하고 찬양합니다.

아침에 처음 눈을 뜨고 생각하는 것이 걱정거리가 아니라
주님이 되게 하소서.
아침에 처음 눈을 뜨고 생각하는 것이 갖고 싶고 먹고 싶은 것이 아니라
주님을 만나고 기도하는 것이 되게 하소서.
아침에 처음 눈을 뜨고 생각하는 것이 해야 할 산더미 같은 의무가 아니라
아버지와 만나 누리는 기쁨이 되게 하소서.
나의 최대 관심사가 가지고 싶은 고가의 물건이 아니라
하나님과의 깊은 교제가 되게 하소서.
나의 최대 관심사가 쟁취하고 싶은 명예와 칭찬이 아니라
하나님과의 사랑이 되게 하소서.

이 세상을 살지만 하나님을 떠나 사는 것이 아님을 알게 하소서.
예수 그리스도가 내 안에 살아 계심을 믿고 고백합니다.
나는 오늘도 주님과 동행할 것입니다.
그 믿음이 오늘 나를 행복하게 합니다.
나의 주 예수 그리스도의 이름으로 기도합니다. 아멘!

:: 여호와의 친밀하심이 그를 경외하는 자들에게 있음이여 그의 언약을 그들에게 보이시리로다 (시편 25:14).

구원, 그것이면 충분합니다

모든 상황에서 주님을 찬양합니다.
날이 밝으나 어두우나, 비가 오나 바람이 부나 상황에 상관없이
주님을 찬양합니다.
내가 아파도 주님을 찬양합니다.
내가 슬퍼도 주님을 찬양합니다.
내가 가난하여도 주님을 찬양합니다.

나의 인생길에 가난과 질병과 슬픔과 사건과 짐들은 있다가도 없으나,
주님은 언제나 나와 함께하시며
그 모든 것에도 불구하고 언제나 나를 선한 길로 인도하심을 믿습니다.
내 믿음의 근거는 예수 그리스도이십니다.
그리스도의 죽으심으로 나를 살리셨습니다.
그것이면 충분합니다.

오늘 내가 원하는 모든 것을 이 구원의 소식 앞에 굴복시키게 하소서.
나의 갈망과 원함 안에 있는 불필요한 모든 사소한 필요가
나의 가장 절대적인 구원의 기쁨을 몰아내는 적이 되지 말게 하소서.
나의 주 예수 그리스도가 주신 생명은 신의 모든 것임을 믿습니다.
그 믿음으로 오늘을 담대히 삽니다. 오늘 나의 삶을 통해 영광 받으소서.
나의 주 예수 그리스도의 이름으로 기도합니다. 아멘!

:: 주의 구원의 즐거움을 내게 회복시켜주시고 자원하는 심령을 주사 나를 붙드소서
(시편 51:12).

나의 시작도, 나의 끝도 아버지이십니다

어제의 모든 고단함을 회복시키심을 찬양합니다.
나는 아무것도 하지 않았는데 얼마나 많이 회복이 되었는지요.
밤새 일하시고 나를 지키신 아버지를 찬양합니다.
나의 아침을 새롭게 하신 주님을 찬양합니다.

오늘도 나를 회복시키신 그 은혜로 이 하루를 열심히 살기 원합니다.
아버지는 나의 시작이며 뿌리이십니다.
나의 모든 생명의 근원이시며 자양분의 공급처이십니다.
주님 없이는 아무것도 할 수 없음을 고백합니다.
오늘 나의 시작이 아버지이심을 알고 나의 끝이 아버지이심을 알게 하소서.

오늘 내가 해야 할 일들을 알게 하소서.
오늘 내가 만나야 할 사람들을 알게 하소서.
오늘 내가 하지 말아야 할 일들을 알고 거절하게 하소서.
나의 모든 선택의 기준이 아버지가 되게 하소서.
오늘도 나의 입술을 거룩하게 드리기 원합니다.
아버지의 자녀로서 온전한 말을 하게 하시고
주님을 드러내는 날 되게 하소서.
나의 주님을 사랑합니다.
나의 근본이 되시는 예수 그리스도의 이름으로 기도합니다. 아멘!

:: 나는 알파와 오메가요 처음과 마지막이요 시작과 마침이라 (요한계시록 22:13).

피스 메이커(Peace Maker) 되기 원합니다

오늘도 눈을 뜨게 하시고 팔을 움직이게 하시니 감사합니다.
나의 모든 혈액과 근육과 육체의 모든 기능이
하나도 어김없이 움직이고 있습니다.
이 얼마나 감사한 일인지요.
오늘도 나의 세포가 살아 숨쉬게 하소서.
하나님이 부어주시는 영을 받아 오늘도 생기가 넘치게 하소서.
육체적인 힘만 넘치는 것이 아니라 영의 힘이 강건하게 하소서.
나를 주도하는 것이 육체적인 힘만이 아니라
그보다 더한 영적인 힘이 되게 하소서.

오늘도 이 세상 가운데서 시험거리가 되지 말게 하소서.
나로 인하여 실족하는 자 없게 하소서.
내가 아버지의 자녀라는 것 때문에 하나님이 욕먹는 일이 없게 하소서.
오늘도 복음이 나를 주도하게 하소서.

내가 주님과 하나 되었듯이 오늘도 사람들과 하나 되게 하소서.
분리하는 주동자가 되지 말게 하소서.
갈라진 것을 붙이며, 분열한 것을 하나 되게 하는
피스 메이커(Peace Maker) 되기 원합니다.
주님이 하셨듯 그리 사는 하루 되게 하소서.
나의 주 예수님의 이름으로 기도합니다. 아멘!

:: 화평하게 하는 자는 복이 있나니 그들이 하나님의 아들이라 일컬음을 받을 것임이요
(마태복음 5:9).

나의 돌아올 집 되시는 아버지를 찬양합니다

나의 피난처 되시는 아버지를 찬양합니다.
나의 안식처 되시는 주님을 찬양합니다.
나의 돌아올 곳 되시는 아버지를 찬양합니다.
오늘 내가 나가며 두려워하지 않는 것은 돌아올 집이 있기 때문입니다.
내가 여행을 가서 즐길 수 있음도 돌아올 집이 있기 때문입니다.
이 인생의 길에서 내가 담대할 수 있는 것은
돌아올 아버지의 품이 있음입니다.
돌아올 곳이 있는 자의 담대함을 오늘 나에게 주소서.

내가 부모 없는 자식처럼,
머무를 집이 없는 사람처럼 두려워하지 말게 하소서.
언제나 나를 품어주시는 영원한 아버지의 품을 기억하며
자신감을 갖게 하소서.
세상의 비난 앞에 담대하게 하소서.
나를 정죄하는 자들의 정죄로 좌절하지 말게 하소서.
언제나 나를 변호하시는 예수님의 사랑으로 평안을 누리게 하소서.

오늘도 모든 가능성을 열어주신 아버지, 감사합니다.
새로운 일을 만날 때 담대하게 하시고,
주님의 힘을 입어 선한 일을 할 능력을 주소서.
나의 집이 되어주시는 예수 그리스도의 이름으로 기도합니다. 아멘!

:: 하나님은 우리의 피난처시요 힘이시니 환난 중에 만날 큰 도움이시라 (시편 46:1).

주어지는 환경 속에서 자연스러움을 받아들이게 하소서

오늘도 나를 지키시며 함께하시는 아버지, 감사합니다.
매일 아침마다 새로운 힘을 주시고 일어나게 하시니 감사합니다.
더운 날에도 시원한 마음을 주소서.
덥다고 짜증내고, 춥다고 불평하지 말게 하소서.
오늘도 주어진 날씨와 여건과 상황에 감사드립니다.

여름에 더운 것이 당연한 것에 감사드립니다.
어릴 때 장난치고 놀기만 하려는 것에 감사드립니다.
나이 들어 기운 없는 것에 감사합니다.
삶의 여정 가운데 모든 것이 자연스러운 것임을 받아들입니다.

하루를 살면서 주어지는 환경 속에서 자연스러움을 받아들이게 하소서.
상사의 충고가 당연한 것이고,
부하직원의 미숙함이 당연하다 여기게 하소서.
그래서 너무 완벽한 환경을 구하지 말게 하소서.
세상 어디에도 내가 모두 만족할 만한 곳은 없다는 것을 알게 하소서.
오늘도 주어진 모든 것에 감사합니다.
나의 주 하나님이 동행하시는 그곳이 천국이 되게 하소서.
그래서 오늘도 매 순간 감사하며 찬양하며 살겠습니다.
오늘도 주님을 사랑합니다.
나의 주 예수 그리스도의 이름으로 기도합니다. 아멘!

∷ 이것들이 아침마다 새로우니 주의 성실하심이 크시도소이다 (예레미야애가 3:23).

영원을 사는 마음으로 오늘을 살게 하소서

매일 하루하루를 맞이하면서 그 짧은 하루가 의미 있게 하소서.
이 하루가 나의 삶이 되고 역사가 됨을 기억하게 하소서.
역사의 주인이 되시는 주님을 찬양합니다.

오늘도 나에게 가장 의미 있고 가치 있는 일을 발견하기 원합니다.
하루 동안에 숨겨진 아버지의 선물을 발견하는 기쁨으로 살기 원합니다.
매 순간 가장 좋은 것으로 주시는 아버지를 찬양합니다.
내가 힘겨운 시간을 지날 때에도 나를 지키시는 아버지를 찬양합니다.
어느 순간도 나 혼자가 아님을 인해 감사를 드립니다.

나의 짧은 인생길 가운데 영원한 주님을 사모합니다.
인생이 덧없다 하지 말게 하소서.
영원을 사는 마음으로 오늘을 살게 하소서.
내가 주님과 동행한다면 이 하루가 영원에 맞닿았음을 믿습니다.
소망을 가지게 하소서.

누군가 죽음을 생각할 만큼 어려운 사람이 있다면 그를 도와주소서.
사는 것이 사명임을 알게 하소서.
숨쉬는 모든 것이 곧 영원으로 향하는 것임을 깨닫게 하소서.
나의 생명 되시는 예수 그리스도의 이름으로 기도합니다. 아멘!

:: 에녹이 하나님과 동행하더니 하나님이 그를 데려가시므로 세상에 있지 아니하였더라
(창세기 5:24).

말씀을 힘입어 모든 두려움을 삭제합니다

어두움을 물리치고 새로운 아침을 주신 아버지, 감사합니다.
태양을 만드신 주님을 찬양합니다.
빗방울을 만드시고 바람을 지으신 아버지를 찬양합니다.
이 모든 것이 아버지의 말씀으로 만들어졌음을 믿고 고백합니다.
오늘도 그 말씀 한 말씀을 나에게 주소서.

주님의 음성은 언제나 곧 존재가 되는 참된 진실이요 능력입니다.
오늘 나에게도 말씀하셔서 나의 삶에 그 음성이 존재가 되게 하소서.
"내가 함께한다. 내가 너를 지킨다. 너는 내 것이다" 말씀하소서.
그 말씀을 힘입어 오늘도 담대히 나아갑니다.
내 삶의 모든 두려움을 삭제합니다.

내가 세상을 대적하며 싸우는 것처럼 생각했던 착각을 버립니다.
내가 거대한 적들을 상대한 것처럼 생각했던 것을 지워버립니다.
나는 주님의 뒤에 숨어 있을 뿐입니다.
나의 앞서가시는 주님을 신뢰합니다.
나를 주님의 팔 아래 두시고 안아주소서.
주님이 나를 붙잡고 함께 가주소서.
나를 지키시는 예수 그리스도의 이름으로 기도합니다. 아멘!

:: 하나님이여 내게 은혜를 베푸소서 내게 은혜를 베푸소서 내 영혼이 주께로 피하되 주의 날개 그늘 아래에서 이 재앙들이 지나기까지 피하리이다 (시편 57:1).

빛 되신 주님처럼 나도 빛으로 살기 원합니다

오늘도 나의 빛이 되어주시는 아버지, 감사합니다.
내가 편히 눈을 감을 수 있음은 눈을 다시 뜰 수 있다는 믿음 때문입니다.
어두운 밤이 와도 두려워하지 않을 수 있는 것은
주님이 다시 빛을 허락하실 것을 믿기 때문입니다.
이 모든 섭리가 주님의 손안에 있음을 믿습니다.
오늘 때로 어두운 일을 만날 때에 두려워하지 않겠습니다.
내가 잠시 어두운 시절을 지날지라도 주님은 반드시 나를 건지실 것입니다.

세상의 밝고 어두움에 의지하지 않게 하소서.
내 안의 빛에 집중하는 삶을 살게 하소서.
그리고 그렇게 사는 삶을 전하게 하소서.
세상의 빛에 의존하지 않고 주님을 의존하는 법을 가르치게 하소서.
그것이 나의 삶으로 보이게 하소서.

오늘도 세상의 빛이 되신 주님처럼 나도 빛으로 살기 원합니다.
나를 주도하시는 주님이 나와 동행하소서.
나의 갈 길을 밝히시는 주님을 찬양합니다.
나의 주 예수 그리스도의 이름으로 기도합니다. 아멘!

:: 다시 밤이 없겠고 등불과 햇빛이 쓸데없으니 이는 주 하나님이 그들에게 비치심이라 그들이 세세토록 왕 노릇 하리로다 (요한계시록 22:5).

오늘, 말씀대로 사는 걸음 되게 하소서

이 세상을 만드시고 그 만물의 소리를 들으시는 아버지여,
오늘도 나의 소리를 들으심에 감사와 찬양을 드립니다.
무엇보다 이 아침에 주님을 사랑한다는 고백으로 시작하기 원합니다.
나의 간구를 뒤로하고 먼저 주님을 찬양합니다.
왜냐하면 주님은 나의 형편과 사정을 다 아시기 때문입니다.

어제도 나를 지키시고 채우신 아버지, 오늘도 나를 보호하시고 채우소서.
어제도 나를 경책하신 아버지, 오늘도 나를 가르치소서.
내가 듣겠나이다. 들으시는 주님을 닮아 나도 주님께 듣기 원합니다.

나의 판단으로 사는 하루가 아니라 주님의 판단으로 사는 날 되게 하소서.
내 경험의 지침으로 사는 날이 아니라 성경의 지침으로 사는 날 되게 하소서.
아버지의 길을 따라 아버지의 방법대로 사는 날 되게 하소서.
그래서 오늘의 걸음걸음이 말씀대로 사는 걸음 되게 하소서.
나의 서는 자리, 앉는 자리, 가는 자리, 모든 곳에서
말씀대로 살기 원합니다.

주님이 이 세상을 사랑하신 대로 나도 세상을 사랑하겠습니다.
이겨야 하는 적이 아니라 돌보아야 하는 귀한 영혼으로 보겠습니다.
주님을 닮은 나 되게 하소서.
나의 주 예수 그리스도의 이름으로 기도합니다. 아멘!

:: 여호와께서는 자기에게 간구하는 모든 자 곧 진실하게 간구하는 모든 자에게 가까이하시는도다 (시편 145:18).

모든 주권을 주님께 올려드립니다

사랑하는 가족과 친구, 동료, 이웃을 주신 아버지, 감사합니다.
그들이 얼마나 소중한 선물인지요.
그들은 짐이 아니라 축복이며 나를 회복시키는 이들입니다.
감사하게 하소서. 축복하게 하소서.

오늘도 나에게 주신 그 사랑하는 이들을 통해 아버지의 뜻을 이루소서.
내 뜻대로 그들을 움직이려 하지 말게 하소서.
그들을 움직이시는 분은 오직 하나님이시며
아버지만 그들의 주인이십니다.
내가 주인이 아님을 고백합니다.
나는 주인이 아니라 피조물임을 잊지 않는 하루 되게 하소서.
나의 본분을 넘어서는 통제를 하려고 욕심내지 말게 하소서.
내가 그들의 미래를 옳게 만들 수 있다 착각하지 말게 하소서.
나는 나의 미래도 옳게 만들 수 없는 작은 자입니다.

모든 주권을 주님께 올려드립니다.
오늘도 나에게 일하시듯 나의 사랑하는 이들에게 일하소서.
아버지의 주권이 언제나 온전히 임하게 하소서.
그리고 그것을 인정하고 받아들이는 겸허한 내가 되게 하소서.
아버지를 찬양하고 찬양합니다.
예수님의 이름으로 기도합니다. 아멘!

:: 모든 통치와 권세와 능력과 주권과 이 세상뿐 아니라 오는 세상에 일컫는 모든 이름 위에 뛰어나게 하시고 (에베소서 1:21).

매일매일이 주님과 함께하는 신나는 도전입니다

나의 사랑하는 아버지, 그 이름을 찬양합니다.
아버지의 이름을 아무리 불러도 모자람을 고백합니다.
내가 아버지를 사랑하지만 아버지가 나를 사랑하시는 것만큼은 못 됩니다.
나보다 나를 더 사랑하시는 아버지를 인하여 행복합니다.

오늘 아침에도 피곤한 몸과 해야 할 일들의 부담이 있습니다.
그러나 내가 슬퍼하지 않는 것은 아버지가 나의 아버지이시기 때문입니다.
나의 주님을 나는 믿습니다.
나의 모든 연약함에도 불구하고 믿고 신뢰합니다.
나를 믿는 것보다 주님을 더 믿기에 담대함을 얻습니다.
아버지여, 나의 연약함을 불쌍히 여기소서.
육신의 질병을 고쳐주시고 마음의 어두움을 몰아내주소서.
작은 일에 놀라며 부담을 느끼는 정신을 굳건하게 하소서.
나의 약함 모두를 올려드립니다.

오늘 나의 아버지의 손을 잡고 다시 시작합니다.
어제는 실패했더라도 오늘은 다를 수 있음을 고백합니다.
매일매일이 새로운 도전입니다.
그리고 주님과 함께하니 신나는 도전입니다.
나의 주가 되시는 예수님의 이름으로 기도합니다. 아멘!

:: 두려워하지 말라 내가 너와 함께함이라 놀라지 말라 나는 네 하나님이 됨이라 내가 너를 굳세게 하리라 참으로 너를 도와주리라 참으로 나의 의로운 오른손으로 너를 붙들리라 (이사야 41:10).

오늘이 마지막인 것처럼 주님을 사랑하게 하소서

나의 이름을 불러 나를 이 땅에 오게 하신 아버지, 감사합니다.
이 아침에도 나의 이름을 불러 새로운 아침을 맞게 하신
아버지를 찬양합니다.
언제나 나는 주님 앞에 있습니다.
아버지의 부르심을 언제나 기다리고 있습니다.
언제든 나를 부르시고, 만나시고, 말씀하여 주소서.

이 세상에서 살아가기 위해 해야 하는 일들이 많이 있습니다.
그리고 그 일들은 언제나 나의 몫을 넘어서는 때가 많습니다.
그때 나를 도와주소서. 해야 하는 많은 일을 도와주소서.
거절해야 할 일을 분별하여 거절하게 하소서.
능력 밖의 일을 선택하지 않는 지혜를 허락하소서.
모든 것을 모두 잘해야 멋진 사람이 되는 것이 아님을 알게 하소서.
나에게 주신 주님의 분깃을 명확히 알고 조절하게 하소서.
사람에게 인정받으려는 일의 탐욕을 버리게 하소서.

오늘 내가 주님과 만나 교제하며 누리는 삶을 포기하지 말게 하소서.
일하느라 주님을 외면하지 말게 하소서.
일하느라 주님을 사랑하는 시간을 빼앗기지 말게 하소서.
오늘이 마지막인 것처럼 주님을 사랑하게 하소서.
나의 주 예수님의 이름으로 기도합니다. 아멘!

:: 부지런하여 게으르지 말고 열심을 품고 주를 섬기라 소망 중에 즐거워하며 환난 중에 참으며 기도에 항상 힘쓰며 (로마서 12:11-12).

아침부터 저녁까지 나를 주관하여 주소서

오늘도 주님이 주도하시는 귀한 날입니다.
아침부터 잠자리에 드는 저녁까지 나를 주관하여 주소서.
아버지, 오늘 내가 무엇을 하기 원하십니까?
아버지, 오늘 내가 어떤 말을 해야 할까요?
아버지, 오늘 내가 어떤 관용을 베풀어야 할까요?
오늘 만나는 사람들에게 어떤 모습이어야 할까요?
나의 입술과 얼굴과 행동을 지켜주소서.

나는 마음으로 아버지를 사랑하지만
때로 나의 행동은 그러하지 못합니다.
나는 말로는 주님을 찬양하지만
때로 나의 말은 쓴물을 동시에 냅니다.
이것이 나의 현주소입니다. 오늘 그 주소를 바꿔보겠습니다.
아버지를 사랑하는 진심만큼 행동을 바꿔보겠습니다.
나의 사랑을 삶으로 증명하도록 애써보겠습니다.

아버지, 도와주소서.
나의 노력이 미약하나 주님 앞에 이것은 사랑의 고백입니다.
나의 애씀은 보잘것없겠으나 이것이 나의 찬양입니다.
그렇게 아버지를 사랑하는 날 되겠습니다.
나의 주 예수 그리스도의 이름으로 기도합니다. 아멘!

:: 만일 우리가 하나님과 사귐이 있다 하고 어둠에 행하면 거짓말을 하고 진리를 행하지 아니함이거니와 (요한일서 1:6).

아버지처럼 나를 사랑하는 날 되게 하소서

오늘도 이 좋은 모든 것을 우리에게 베푸시는 아버지, 감사합니다.
아버지가 오늘 나를 사랑하신 것처럼 나도
나를 사랑하는 날 되게 하소서.
나를 사랑하시는 그 사랑이 하나도 줄어들지 않음을 찬양합니다.

나도 나를 사랑하여 존중하게 하소서.
내가 나를 무시하지 말게 하소서.
나를 너무 보잘것없는 존재로 여기지 말게 하소서.
나 스스로를 한심하게 보지 말게 하소서.
나를 폄하함은 하나님의 솜씨를 폄하하는 것과 동일함을 알게 하소서.

이기심은 나를 사랑하는 것이 아니라 나를 무시하는 것임을 알게 하소서.
내가 욕망의 존재임을 인정하는 것이니 그것을 멀리하게 하소서.
나를 존중하는 것과 이기적인 것은 다른 것임을 알게 하소서.
오늘도 올바로 나를 사랑하는 법을 하나님을 통해 배우기 원합니다.

당장 즐거운 것을 하는 것 말고, 나에게 유익한 것을 하게 하소서.
당장 가지고 싶은 것 말고, 나를 기쁘게 하는 행동을 하게 하소서.
낮은 차원의 즐거움이 아니라 높은 차원의 감동을 추구하게 하소서.
나를 사랑하시는 예수 그리스도의 이름으로 기도합니다. 아멘!

:: 존귀한 자는 존귀한 일을 계획하나니 그는 항상 존귀한 일에 서리라 (이사야 32:8).

07 | 22

오늘도 나의 길이 선하게 하소서

오늘도 나를 선하고 아름답게 인도하시는 아버지, 감사합니다.
하나님의 일하심은 언제나 올바릅니다.
하나님의 인도하심은 언제나 최선의 것입니다.
하나님의 보호하심은 언제나 나에게 좋은 것입니다.
그 하나님을 찬양하고 또 찬양합니다.
오늘도 나에게 주신 이 하루를 감사함으로, 기쁨으로 받아들입니다.
이 선물이 나에게 얼마나 유익할지 기대합니다.
하나님이 주신 이 시간이 얼마나 좋은 것들로 가득찼을지 생각합니다.
감사하고 기뻐합니다.

하나님의 선하심을 닮아 오늘도 나의 길이 선하게 하소서.
악인의 행함을 부러워하지 말게 하소서.
악한 행동을 부러워한 적 없다 하겠으나
그들의 결과는 부러워함을 용서하소서.
나보다 풍성해 보이는 물질적 풍요를 부러워했음을 용서하소서.
그렇게 해서라도 닮고 싶어 함을 용서하소서.

악인은 스스로를 온전히 존중하지 않음을 기억합니다.
진정 나를 존중하는 것은 선하신 하나님의 뜻을 따라 사는 것입니다.
오늘도 이 길을 따라가기 원합니다. 도와주소서.
나의 부요가 되시는 예수 그리스도의 이름으로 기도합니다. 아멘!

:: 악인은 불의의 이익을 탐하나 의인은 그 뿌리로 말미암아 결실하느니라 (잠언 12:12).

하나님의 은혜 아니면 살 수 없습니다

우주를 다스리시는 하나님의 능력을 찬양합니다.
그 크신 능력을 찬양하며
오늘 나를 도우시는 하나님을 작다 하지 말게 하소서.
크신 아버지를 찬양하는 만큼 아버지를 신뢰하는 하루 되기 원합니다.

오늘도 나의 힘을 과시하느라 약한 자를 괴롭히지 말게 하소서.
그들을 때리고, 밀치고, 욕하는 것만이 괴롭히는 것이 아님을 알게 하소서.
내가 능력 있다 뻐기고,
너보다 잘났다고 과시하는 것이 폭력임을 알게 하소서.
나의 나 됨은 하나님의 능력임을 믿는다면 겸손하게 하소서.
내가 가져서 누리는 것이 아니라 주셔서 누리는 것임을 알게 하소서.

오늘도 내가 어떤 피조물인지를 온전히 알게 하소서.
하나님의 은혜가 아니면 살 수 없는 존재임을 고백합니다.
그래서 오늘이 더 기쁘고 행복합니다.
나에게는 나를 지키시는 하나님이 계심을 찬양합니다.
그분은 나의 힘의 근원이십니다.

오늘도 하나님이 능력 있음을 나에게 뻐기시지 않은 것처럼
나도 다른 사람에게 과시하는 삶에서 벗어나게 하소서.
주님을 찬양하고, 감사하고, 기뻐합니다.
나의 능력 되시는 예수 그리스도의 이름으로 기도합니다. 아멘!

:: 그가 그 피조물 중에 우리로 한 첫 열매가 되게 하시려고 자기의 뜻을 따라 진리의 말씀으로 우리를 낳으셨느니라 (야고보서 1:18).

가까운 이들부터 사랑하겠습니다

온 세상을 사랑하시는 하나님을 찬양합니다.
하나님을 믿는 자만 사랑하시는 것이 아님에 감사합니다.
그래서 우리가 사는 이 땅이 소망이 있음을 찬양합니다.

하나님이 세상을 사랑하신 것처럼 오늘 나도 세상을 사랑하게 하소서.
나의 가까운 이웃을 사랑하고, 동료를 사랑하고, 가족을 사랑하게 하소서.
애써 멀리 있는 사람만 찾아서 사랑하지 말게 하소서.
가까이 있는 사람은 사랑하기 어려우니 미뤄두는 죄를 회개합니다.
그들은 감정적으로 쌓여 있어 골치 아프다 생각하는 죄를 회개합니다.

멀리 있는 자들에게 후원하고 사랑한다 하면서 자족하지 말게 하소서.
나는 이웃을 사랑하고 있다 위로하지 말게 하소서.
진짜 이웃에게 관심을 가지고 사랑하는 날 되게 하소서.
후원하지 못해도 지금 나와 가장 가까이 있는 사람을 사랑하게 하소서.
아버지가 원하시는 사랑이 바로 이것임을 기억하게 하소서.

오늘도 주님의 마음으로 그들을 사랑하겠습니다.
아버지의 가슴으로 품겠습니다. 가까운 이들부터 사랑하겠습니다.
그렇게 나를 건지신 아버지의 사랑을 오늘도 실천하겠습니다.
나의 사랑이 되시는 예수 그리스도의 이름으로 기도합니다. 아멘!

:: 사랑하는 자들아 우리가 서로 사랑하자 사랑은 하나님께 속한 것이니 사랑하는 자마다 하나님으로부터 나서 하나님을 알고 (요한일서 4:7).

오직 주님의 가르침을 따라가는 날 되게 하소서

오늘도 나에게 허리에 힘을 주시고, 뛰는 심장을 주심에 감사합니다.
오늘 내 손에 감각이 있고, 발로 뛸 수 있음에 감사합니다.
무엇을 하든지 아버지가 지켜주신 건강으로 하는 것에 감사합니다.

모든 순간 주님이 주시는 힘에 감사합니다.
내가 원래 그렇다 생각하지만 원래 그런 것이 아니라
주님이 허락하신 것입니다.
오늘도 나의 가야 할 길을 알려주시고 가르쳐주소서.
내가 오늘 해야 할 일들을 알려주소서.
나의 지혜가 아니라 아버지의 지혜로 사는 날 되게 하소서.

이 세상에 널려 있는 수많은 정보가 나를 주도하지 말게 하소서.
나의 꿈도, 가능성도, 해야 할 일도, 태도도
인터넷이 가르치지 말게 하소서.
나의 모든 것의 가르침은 주님께로부터 와야 함을 알게 하소서.
나를 가르치는 자들이 아무나 되지 않도록 통제하게 하소서.
나의 길이 되시는 주님을 믿고 신뢰합니다.

오늘도 기대감을 가진 날 되게 하소서. 새로운 마음이 가득하게 하소서.
주님의 가르침을 기다리며 따라가는 날 되게 하소서.
나의 주 예수님의 이름으로 기도합니다. 아멘!

:: 그러나 내가 가는 길을 그가 아시나니 그가 나를 단련하신 후에는 내가 순금같이 되어 나오리라 (욥기 23:10).

하늘에서처럼 이 땅에서 살게 하소서

아침마다 새로운 힘을 주시는 아버지, 감사합니다.
오늘도 주신 힘으로 열심히 살게 하소서.
마지못해서 일어나 마지못해서 하루를 때우는 것이 아니라
기쁨으로, 열정으로 하루를 시작하게 하소서.

내가 알지 못하는 기회가 오늘 가운데 숨어 있음을 믿게 하소서.
하나님의 선물은 언제나 보이지 않는 것 안에 더 풍성함을 믿게 하소서.
오늘도 나에게 승리를 주시는 하나님을 찬양합니다.
나의 깃발이 되시는 주님을 찬양합니다.
그 하나님이 나의 아버지 되심을 감사합니다.

오늘도 이 땅에 살면서 이 땅처럼 살지 말게 하소서.
이 땅에 살지만 하늘에서 사는 것처럼 살게 하소서.
발을 땅에 디디었다고 눈도 땅만 보지 말게 하소서.
하나님을 바라보며 언제나 소망으로 살게 하소서.

나의 주가 되시는 예수님을 찬양합니다.
내가 무엇을 하여도 주님을 따라가기 원합니다.
오늘도 그런 날 되게 하소서.
나의 주 예수 그리스도의 이름으로 기도합니다. 아멘!

:: 주를 경외하는 자에게 깃발을 주시고 진리를 위하여 달게 하셨나이다 (시편 60:4).

07 | 27

그저 감사드립니다

더운 여름을 주신 아버지, 감사합니다.
가족을 주신 아버지, 감사합니다.
일할 터전을 주신 아버지, 감사합니다.
나의 손으로 남을 도울 수 있게 하신 아버지, 감사합니다.

내 마음 같지 않은 가족을 주신 아버지, 감사합니다.
무능한 동료를 주신 아버지, 감사합니다.
나약한 부모를 주신 아버지, 감사합니다.
이별을 주신 아버지, 감사합니다.
질병을 주신 아버지, 감사합니다.

내 마음 같지 않아 더 사랑하게 하시니 감사합니다.
무능하여 내가 유능해지니 감사합니다.
나약하여 세대를 넘겨주니 감사합니다.
이별하여 새로운 시작을 하니 감사합니다.
질병으로 관리하게 하시니 감사합니다.

그럼에도 모든 것의 결과를 알 수 없음에 감사합니다.
내 눈으로 결과를 봐야 감사하는 것이 아니라 그저 감사드립니다.
주신 모든 것으로 주님을 찬양합니다. 예수님의 이름으로 기도합니다. 아멘!

:: 근심하는 자 같으나 항상 기뻐하고 가난한 자 같으나 많은 사람을 부요하게 하고 아무것
도 없는 자 같으나 모든 것을 가진 자로다 (고린도후서 6:10).

나를 주도하는 것은 아버지의 사랑입니다

아침마다 주님의 은혜가 새롭고 넘쳐납니다.
오늘 나의 필요가 그 은혜를 덮지 못하게 하소서.
오늘 나의 부족함이 마치 아버지의 사랑이 부족한 것처럼 착각하여
불평하지 말게 하소서.

인생을 살면서 완벽한 만족과 가득참은 없음을 고백합니다.
그러니 오늘 내가 어제보다 조금 부족하다고 모자란다 하지 말게 하소서.
모든 것을 내가 원하는 만큼 소유하기를 원하는 탐욕을 회개합니다.
나의 욕심이 언제나 주님을 향한 믿음을 흔들어댐을 용서하소서.
오늘도 탐욕이 나를 주도하지 못하게 하기를 원합니다.

오늘 나를 주도하는 것은 아버지의 사랑입니다.
부족함도 사랑이고, 불편함도 사랑입니다.
하나님의 사랑은 당장 편하고 채워져 나태하게 만드는 사랑이 아닙니다.
아버지의 사랑은 영원하고 나를 가장 좋게 하려는 사랑입니다.

내 입술의 모든 불평을 내어버립니다.
다시 취하지 않고 미련을 갖지 않겠습니다.
감사와 찬양으로 가득한 하루 되게 하소서.
나의 주 예수 그리스도의 이름으로 기도합니다. 아멘!

:: 그들에게 이르시되 삼가 모든 탐심을 물리치라 사람의 생명이 그 소유의 넉넉한 데 있지 아니하니라 하시고 (누가복음 12:15).

07 | 29

주님이 도우셔서 이만큼 된 것을 믿습니다

오늘도 아침인데 저녁처럼 피곤한 몸으로 일어나도 주님을 찬양합니다.
하루의 시작인데 더 쉬고 싶은 마음이 들어도 아버지를 찬양합니다.
주님은 언제나 나를 인도하시는 분임을 믿습니다.
나의 피곤함이 아픔이 되지 않게 하시는 분임을 믿습니다.

지금 나의 상태가 최악이라 여기지 말게 하소서.
하나님의 도움이 없었더라면
어쩌면 이보다 더 나쁜 상황이었어야 할지도 모릅니다.
보이지 않고 느낄 수 없다고
하나님의 도움이 없는 것처럼 여기지 말게 하소서.
오늘도 주님이 도우셔서 이만큼 된 것을 믿습니다.
그 하나님께 찬양과 감사를 드립니다.

비록 컨디션이 좋지 않아도 다시 힘을 내겠습니다.
나의 힘이 되시며 나를 만드신 주님이 나를 회복시키실 것입니다.
나의 하나님은 말씀으로 다스리시며 인도하시는 분입니다.
내가 그 말씀을 힘입어 다시 일어납니다.
오늘도 가는 길이 평지가 되게 하시고 견딜 힘을 주소서.
아버지와 함께라면 더 큰 산도 넘을 수 있음을 믿습니다.
그 하나님을 찬양합니다.
나의 주님, 예수님의 이름으로 기도합니다. 아멘!

:: 하나님이여 위엄을 성소에서 나타내시나이다 이스라엘의 하나님은 그의 백성에게 힘과 능력을 주시나니 하나님을 찬송할지어다 (시편 68:35).

순수하게 사랑하는 날 되게 하소서

가난한 자와 함께하시고, 약하고 힘없는 자들을 도우시는 주님을 찬양합니다.
나에게 함께하심만 감사하는 하루가 아니라
모든 이의 하나님이 되심에 기뻐하게 하소서.
오늘도 나의 모든 관심을 나에게로 집중하려 하지 말게 하소서.
나를 사랑해야 하고, 나를 칭찬해야 하고,
나를 도와야 한다 여기지 말게 하소서.
내가 사랑해야 하고, 내가 칭찬해야 하고, 내가 도와야 함을 알게 하소서.
수십 년간 신앙생활을 하면서도
나에게 집중되어 있는 이기심을 버리게 하소서.
신앙도 충분히 이기적이며 부패할 수 있음을 경계하게 하소서.

대단한 목사만 부패하는 것이 아니라
나처럼 무명의 신자도 부패할 수 있음을 알고 경성하게 하소서.
뉴스에 나와야만 죄가 아니라 밝혀지지 않아도 죄임을 알게 하소서.
하나님 앞에서 사는 내가 숨겨지지 않은 사람처럼 깨어 있게 하소서.
남을 비판하기 이전에 나를 돌아보게 하소서.

오늘은 사랑하고, 칭찬하며, 도움을 주는 삶을 살기 원합니다.
하나님의 일하심처럼 나도 일하게 하소서.
생색내거나 보상을 기대하지 않는 순수한 사랑을 가진 날 되게 하소서.
나의 사랑이 되시는 예수님의 이름으로 기도합니다. 아멘!

:: 어찌하여 형제의 눈 속에 있는 티는 보고 네 눈 속에 있는 들보는 깨닫지 못하느냐
(마태복음 7:3).

07 | 31

나도 나를 포기하지 않겠습니다

모든 순간에 나를 감싸주시는 아버지를 찬양합니다.
나의 고독한 순간에도 나와 함께하시는 주님을 찬양합니다.
나의 연약한 육체를 도우시는 아버지를 찬양합니다.
오늘 아침 나의 모든 약함을 주님께 올려드립니다.
하루는 시작되었고 이날을 어찌 사느냐를 온전히 결정하게 하소서.
소망을 가지게 하소서. 기대를 품게 하소서.
포기하지 말게 하소서. 용기를 주소서. 사랑을 부어주소서.

나의 모든 결핍은 주님으로 인해 채워짐을 고백합니다.
나의 구멍 난 모든 영역을 넘치는 주님의 능력으로 채워주소서.
아버지가 나를 포기하시지 않았다면
나도 나를 포기하지 않겠습니다.

오늘도 누군가는 나를 부러워할 수 있음을 기억하고 감사하게 하소서.
내가 제일 힘든 것 같지만 사실은 많은 사람이 더 힘듦을 알게 하소서.
응석부리는 자리에서 벌떡 일어나 힘 있게 살게 하소서.
나의 주 예수 그리스도의 이름으로 기도합니다. 아멘!

:: 그러므로 내가 그리스도를 위하여 약한 것들과 능욕과 궁핍과 박해와 곤고를 기뻐하노니 이는 내가 약한 그때에 강함이라 (고린도후서 12:10).

그러므로 우리는 긍휼하심을 받고 때를 따라 돕는 은혜를 얻기 위하여
은혜의 보좌 앞에 담대히 나아갈 것이니라
_ 히브리서 4:16

이 달 의 기 도 제 목

.

.

.

.

.

08 | 01

나의 넘어 계시는 주님께 내어 맡기게 하소서

오늘도 크신 주님을 찬양합니다.
나의 입술이 아침에 주를 찬양함으로 시작하기 원합니다.
주님은 나의 주인이시며 인도자이십니다.

오늘 하루 동안 펼쳐질 모든 일을 주님 앞에 내어놓고 기도합니다.
만나야 하는 사람들을 축복하소서.
그들과의 만남이 기쁨이 되게 하소서.
해야 하는 일들을 축복하소서.
내가 감당할 수 있는 일을 성실히 하게 하소서.
오늘도 짧지만 쉼이 있는 하루가 되게 하소서.
일과 쉼의 순환이 자연스럽고 평안하게 하소서.

하나님의 일하심을 축소시키지 말게 하소서.
오늘도 나를 통하여 마음껏 일하시며 크신 아버지의 길로 인도하소서.
나의 지혜로 하나님의 지혜를 누르는 일이 없게 하소서.
나의 아버지의 크심을 인정하고 모든 영역을 주님께 내어드립니다.
아버지의 생각과 아버지의 사랑을 축소시키지 말게 하소서.
나의 넘어 계시는 주님의 모든 것에 내어 맡기는 하루 되게 하소서.
나의 주 예수 그리스도의 이름으로 기도합니다. 아멘!

:: 일어나 먹으라 네가 갈 길을 다 가지 못할까 하노라…이에 일어나 먹고 마시고 그 음식물의 힘을 의지하여 사십 주 사십 야를 가서 하나님의 산 호렙에 이르니라
(열왕기상 19:7-8).

가족이니까 용납하게 하소서

아침을 만드시고 밤을 만드신 아버지를 찬양합니다.
오늘 모든 만물이 새롭게 하시고, 나도 기쁘고 감사한 날 되게 하소서.
아버지가 만드신 모든 선한 것을 누리며 감사하게 하소서.
가족을 주신 아버지, 감사합니다.
그들을 부양하느라 고달프고 힘든 날을 지내도 감사합니다.
그들이 있어 기쁨이 있고 행복이 있음을 고백합니다.
가족에게는 주고받음에 비교하지 말게 하소서.
사랑으로 덮게 하시고 감사로 기뻐하게 하소서.

남들에게는 잘해주면서 가족에게 소홀함을 용서하소서.
남들에게는 예의를 갖추면서 가족에게 무례함을 용서하소서.
남들에게는 단정하면서 가족에게는 흐트러짐을 용서하소서.
남들은 남이니까 갖추고 가족은 가족이니까 막 대함을 용서하소서.
가족이니까 지적한다 말하지 말게 하소서.

가족이니까 지적보다 용납하게 하소서.
가족이니까 오래 사랑하기 위해 잘 보여야 함을 알게 하소서.
가족의 중요함은 언제나 변함이 없다 여겨
내 행동의 변화를 눈치채지 못하는 일이 없게 하소서.
나의 주 예수님의 이름으로 기도합니다. 아멘!

:: 모든 겸손과 온유로 하고 오래 참음으로 사랑 가운데서 서로 용납하고 (에베소서 4:2).

오늘이 마지막 날인 것처럼 살게 하소서

오늘도 소중한 날이 나에게 왔습니다. 아버지, 감사합니다.
생명이 위급한 사람에게는 절대로 평범할 수 없는 귀한 날입니다.
넉넉할 때는 낭비하다가 끝이 보일 때 늘 간절하듯이,
오늘 그 간절함을 담아 하루를 보람 있게 살게 하소서.

매일을 이날이 마지막 날인 것처럼 살게 하소서.
끝에 가서 그 많았던 시간을 후회하며 눈을 감지 말게 하소서.
그러기 위해 아무 의미 없는 것같이 평범한 오늘,
이날이 얼마나 의미 있게 살기에 충분한 날인지 알게 하소서.
모든 순간을 누리게 하소서.

오늘도 감사할 많은 일이 있음을 고백합니다.
모든 누릴 것을 허락하신 아버지를 찬양합니다.
욕심내지 않는다면 넘치도록 감사한 날임을 고백합니다.
아름다운 것을 보게 하시고 듣게 하소서.
악한 것에 마음을 쏟느라 시간 낭비하지 말게 하소서.

오늘 찬양으로 시작합니다. 기도로 시작합니다.
이 시작이 가장 의미 있는 날을 만들어갈 줄 믿습니다.
나의 주 예수 그리스도의 이름으로 기도합니다. 아멘!

:: 사랑하는 자들아 주께는 하루가 천 년 같고 천 년이 하루 같다는 이 한 가지를 잊지 말라
(베드로후서 3:8).

나의 영혼부터 단장하게 하소서

나를 사랑하셔서 오늘도 만나주시는 아버지, 감사합니다.
오늘도 나에게 말씀하소서.
나의 입술을 열어 오늘 주님을 찬양함으로 하루를 시작합니다.
힘들고 어려울 때마다 주셨던 위로와 힘으로 살아갑니다.
오늘도 주님을 위해 사는 날 되게 하소서.

어제까지의 모든 죄악을 주님 앞에 내려놓습니다.
예수 그리스도의 보혈로 나를 정결하게 하소서.
그 피로 나를 씻어 깨끗하게 하소서.
나의 몸단장만 깨끗하게 하는 것이 아니라
나의 영혼부터 단장하고 시작하게 하소서.

오늘도 만날 귀한 사람들을 주시니 감사합니다.
나의 곁에서 나를 외롭지 않게 하시고,
나를 돕는 손길이 되게 하시며,
나를 진보하게 하는 사람들을 주신 아버지, 감사합니다.
오늘도 나의 도움을 필요로 하는 많은 사람에게 나아갑니다.
내가 도울 힘이 있다는 것이 얼마나 감사한지요.
아버지의 사랑의 힘으로 오늘도 힘을 냅니다.
나의 힘이 되시는 예수 그리스도의 이름으로 기도합니다. 아멘!

:: 그러므로 우리는 긍휼하심을 받고 때를 따라 돕는 은혜를 얻기 위하여 은혜의 보좌 앞에 담대히 나아갈 것이니라 (히브리서 4:16).

주님과 함께 최고의 안식을 누리게 하소서

6일을 일하고 하루를 쉬게 하시듯,
아침에 일하고 저녁이 되게 하시니 감사합니다.
때로 휴가를 주시고 그동안의 노고를 씻게 하심도 감사합니다.
나에게 주어진 휴식의 시간들을 잘 누리고 회복하게 하소서.
몇 날 며칠을 쉬어야 휴식이 아니라
순간순간 영혼의 안식을 누리게 하소서.

누군가는 좋은 곳에서 여유를 즐긴다 하여 낙심하지 말게 하소서.
나는 돈이 없어 멋진 곳에 가지 못한다 슬퍼 말게 하소서.
행복한 쉼이 반드시 돈과 멋진 장소가 아님을 알게 하소서.
나에게 주어진 단 5분으로 주님과 함께 최고의 안식을 누릴 수 있습니다.
마음의 평안을 주시고 주로 인한 기쁨을 채워주소서.

일하는 것만 연습하는 것이 아니라
안식하는 법도 배우고 연습하게 하소서.
남에게 보이려고 쉬지 말게 하소서.
남과 비교하여 쉼을 경쟁하지 말게 하소서.
참된 안식의 시간 안에는 반드시 주님이 계셔야 함을 알게 하소서.

오늘도 내가 일하는 그 자리에 주님을 모심으로 평안을 누립니다.
내가 쉼을 누리는 그 자리에 주님을 모심으로 참된 휴식을 갖기 원합니다.
나의 주 예수 그리스도의 이름으로 기도합니다. 아멘!

:: 여호와께서 이르시되 내가 친히 가리라 내가 너를 쉬게 하리라 (출애굽기 33:14).

08 | 06

내가 사는 것, 오늘 주를 위한 삶입니다

나를 부르신 부르심에 오늘도 응답하는 마음으로 하루를 시작합니다.
아버지가 계심으로 오늘 내가 있습니다.
주님의 사랑이 나에게만 가득한 것이 아니라
인류의 역사 한가득이 하나님의 사랑임을 고백합니다.
그 사랑의 역사 때문에 오늘 나에 대한 주님의 사랑을 확신합니다.
그리고 그 사랑이 있어 오늘도 담대합니다.

내가 사는 것, 주를 위한 삶임을 고백합니다.
그 삶은 멀리 있는 것이 아니라 바로 오늘이어야 함을 알게 하소서.
주를 위한 사랑을 너무 미루지 말게 하소서.
오늘 밥을 먹으며 주를 위해 먹게 하소서.
오늘 일을 하며 주를 위해 일하게 하소서.
오늘 웃으며 주를 위해 웃게 하소서.
오늘 나의 호흡이 주를 위한 것이게 하소서.

먼 훗날 내가 훌륭한 사람이 되어서 하는 것이 아니라
오늘 아주 작은 내가 지금 하는 모든 것이 되게 하소서.
나 같은 사람을 구원하신 주님을 찬양합니다.
그 구원 안에 모든 것이 담겨 있음을 인해 감사드립니다.
오늘 나도 나를 모두 담아 주님께 드립니다.
예수님의 이름으로 기도합니다. 아멘!

:: 병사로 복무하는 자는 자기 생활에 얽매이는 자가 하나도 없나니 이는 병사로 모집한 자를 기쁘게 하려 함이라 (디모데후서 2:4).

08 | 07

아버지의 사랑은 언제나 최선 그 이상이었습니다

아버지의 이름을 부를 수 있음에 감사합니다.
내가 오늘도 얼마나 주님을 사랑하는지 주님은 아십니다.
마음 깊은 진심을 꺼내어 주님께 올려드립니다.
수련회에서만 고백하지 않고 매일 고백합니다.
금요철야기도회에서만 찬양하지 않고 오늘 찬양합니다.

그 누구도 아버지처럼 나를 사랑한 자가 없습니다.
아버지의 사랑은 온전하고 옳았습니다.
아버지의 사랑은 언제나 최선 그 이상이었습니다.
주님은 한 번도 배신하지 않고 사랑하셨습니다.

나도 모르는 나를 최상의 것으로 인도하시는 분입니다.
나의 고통을 나보다 더 아파하며 사랑하시는 분입니다.
나의 모든 투정에도 그 사랑을 거두지 않으시는 분입니다.
나의 배신에도 눈 하나 깜박하지 않고 나를 사랑하시는 분입니다.
내가 그 하나님의 자녀라는 것이 얼마나 자랑스러운지요.
내가 하나님을 사랑한다는 것이 얼마나 큰 기쁨인지요.
오늘 나의 죄악과 부족함에도 내가 주께로 나아갈 힘입니다.
나의 주, 예수님의 이름으로 기도합니다. 아멘!

:: 높음이나 깊음이나 다른 어떤 피조물이라도 우리를 우리 주 그리스도 예수 안에 있는 하
나님의 사랑에서 끊을 수 없으리라 (로마서 8:39).

그냥 주님이 좋아서 주님을 찾습니다

아버지여, 오늘도 나의 아침에 함께하소서.
나를 도우시라고 주님을 찾는 것이 아니라
주님이 좋아서 주님을 찾습니다.
아버지의 기능과 실력을 이용하려고 주님을 찾는 것이 아닙니다.
그냥 주님이 좋아서 주님을 찾습니다.

오늘도 나를 떠나지 말고 동행하소서.
당신은 나의 조수가 아니십니다. 당신은 나의 보디가드가 아니십니다.
당신은 나의 은행이 아니십니다.
당신은 나의 아버지이시며 나의 사랑이십니다.
내가 하나님을 존중하고, 존경하며, 높여드립니다.
아버지를 인격으로 받아들이며 모셔 들입니다.
하나님을 이용하는 신앙을 버리고 주님 앞에 엎드려 나아갑니다.
아버지는 유일한 신이시며 영광 받으실 분입니다.
이것이 오늘 나의 고백입니다.

내가 주께 나아갈 때에 그 얼굴을 나에게 보이소서.
내가 귀 기울일 때에 그 음성을 듣게 하소서.
나로 주님을 만지고, 느끼며, 감동하게 하소서.
이 땅에서 주님으로 인해 천국을 누리며 살게 하소서.
나의 주 예수 그리스도의 이름으로 기도합니다. 아멘!

:: 그를 높이라 그리하면 그가 너를 높이 들리라 만일 그를 품으면 그가 너를 영화롭게 하리라 (잠언 4:8).

최대한 나답게 사는 법을 발견하게 하소서

오늘도 어제와 같은 아침을 맞으며 주님을 찬양합니다.
어제까지의 모든 고민과 걱정거리를 주님 앞에 내려놓습니다.
나의 힘으로 해결할 수 없는 모든 것을 어제에 묻어버립니다.
그리고 오늘은 소망으로 다시 시작하기 원합니다.

세상을 살면서 얼마나 원하지 않는 웃음을 웃어야 하는지요.
하고 싶지 않은 일들을 하면서 한숨짓는 날들을 사는지요.
밝지 않을 것 같은 미래를 알면서 다른 방법이 없어 그대로 사는지요.
살지 못할 것 같은 회의에 빠질 때가 얼마나 많은지요.
이 모든 삶의 회의를 아시는 주님께 나아갑니다.

가면을 쓰고 있는 것 같은 삶에서 벗어나게 하소서.
현실 속에서 최대한 나답게 사는 법을 발견하게 하소서.
주님은 나를 만드시고 이 세상도 만드셨으니
오늘 나의 가야 할 길을 알려주소서. 주님만이 답이심을 믿습니다.

이 땅에 살지만 이 땅의 사람처럼 살지 말게 하소서.
발을 땅에 디디고 있다면 마음도 땅에 두지 말게 하소서.
나의 시선을 주님께로 향하고 소망으로 달려갑니다.
나를 도우소서. 주님.
힘이 되시는 예수 그리스도의 이름으로 기도합니다. 아멘!

∷ 여호와여 주께서 나를 살펴보셨으므로 나를 아시나이다 (시편 139:1).

내가 받은 용서를 생각하며 관용하게 하소서

나의 지난 죄악을 씻어내시고 기회를 주시는 아버지, 감사합니다.
나에게 주신 가장 큰 은혜가 속죄의 은혜임을 고백합니다.
죽어도 아깝지 않은 나를 살리신 주님을 찬양합니다.
오늘 하루를 시작하면서 나에게 주신 용서의 은혜를 생각합니다.
마땅히 지옥으로 가야 할 자를 건지시고
자녀의 신분을 주신 아버지, 감사합니다.
나의 그 큰 죄악을 천국이라는 영광으로 바꾸신 아버지를 찬양합니다.
그 용서의 하나님을 생각하며 내가 받은 은혜가
얼마나 큰 것인지를 깨닫습니다.
감사하고 감사합니다.

이 은혜로 오늘을 살면서 나에게 죄지은 자를 용서하게 하소서.
내가 받은 용서를 생각하며 다른 이들에게 관용하게 하소서.
하나하나 사건, 사건을 따져서 받으려는 마음을 내려놓게 하소서.
하나님은 나를 그렇게 다루시지 않았습니다.
아버지가 나를 다루시듯 나도 다른 사람들을 대하게 하소서.

오늘 받은 은혜가 매우 풍족합니다.
일평생 더 바랄 것이 없을 만큼 차고 넘칩니다.
이 위대한 속죄의 은혜만으로 기쁨이 넘치는 하루 되게 하소서.
나를 구속하신 예수 그리스도의 이름으로 기도합니다. 아멘!

:: 비판하지 말라 그리하면 너희가 비판을 받지 않을 것이요 정죄하지 말라 그리하면 너희가 정죄를 받지 않을 것이요 용서하라 그리하면 너희가 용서를 받을 것이요 (누가복음 6:37).

아버지, 오늘 이 시간을 어떻게 사용하기 원하십니까?

시간의 주인이신 주님을 찬양합니다.
오늘도 하나님의 시간 속으로 나를 부르심에 감사합니다.
나에게 주어진 제한된 시간 속에서 오늘 가치 있는 인생을 살게 하소서.
나의 믿음의 눈으로 이 시간을 바라보게 하소서.

아버지, 오늘 이 시간을 어떻게 사용하기 원하십니까?
하나님의 시간 속에는 어떤 일들이 있습니까?
나의 관심사에 집착하지 않고
눈을 들어 하나님의 관심사를 바라보게 하소서.
그래서 하나님이 계신 그곳에 나도 있게 하소서.

하나님이 모든 일을 하시지만 나도 그것에 수종 들게 하소서.
나의 삶 속에 주어진 시간 속에서 더 많은 주님의 길을 가게 하소서.
오늘도 그 길 가기 원합니다.
목사가 되고 선교사가 되어서가 아니라 나의 삶에서 그리 살겠습니다.
오늘의 일상 속에서 주님처럼 사람을 만나겠습니다.

예수님이 가시는 길마다 만난 사람들을 고치셨던 것처럼
나도 다니는 길마다 나를 통해 회복이 일어나게 하소서.
그 눈과 마음으로 오늘이라는 시간의 길을 가겠습니다.
도우소서. 일하소서. 함께하소서.
예수님의 이름으로 기도합니다. 아멘!

:: 아버지께서 나를 세상에 보내신 것같이 나도 그들을 세상에 보내었고 (요한복음 17:18).

모든 상황을 은혜로 정리하게 하소서

삶의 모든 혼란 속에서 모든 것을 정리하시는 주님을 찬양합니다.
오늘도 나의 모든 상황을 깨끗이 정리해주소서.
아버지 앞에서 나의 모든 걱정과 근심은 사라질 것입니다.
아버지의 은혜가 가득찬다면 모든 것이 평안할 줄 믿습니다.
생각으로 정리하려 하지 말고 은혜로 정리하게 하소서.
하나님의 은혜가 나의 목까지 차오를 때에
모든 것이 받아들여지고 이해될 줄 믿습니다.
이해되지 않는 것들은 사랑으로 여겨질 줄 믿습니다.

어려운 일이 있을 때마다 모든 해결이 하나님의 손에 있었는데
왜 매번 그것을 잊고 혼돈의 밤을 보냈는지요.
오늘 모든 암흑을 정리하고 빛을 주시는 아버지를 의지합니다.
나의 삶의 모든 상황은 주님의 손에 붙들려 있음을 고백합니다.
아버지의 손으로 일하여 주소서.

모든 것의 시작과 끝이 되시는 주님을 찬양합니다.
나의 시작과 끝도 주님의 손에 있습니다.
나의 상황과 상관없이 기뻐하며 즐거워합니다.
주님이 나의 아버지이시기 때문입니다.
예수님의 이름으로 기도합니다. 아멘!

:: 또 내게 말씀하시되 이루었도다 나는 알파와 오메가요 처음과 마지막이라 내가 생명수 샘물을 목마른 자에게 값없이 주리니 (요한계시록 21:6).

사람을 살리는 날이 되기를 원합니다

새로운 생명력을 부어주시는 주님을 찬양합니다.
나의 입술이 주를 찬양하게 하시고 기도하게 하시니 감사합니다.
나의 살아 있음으로 주님을 찬양합니다.
오늘 이 살아 있음이 누군가에게 큰 복이 되게 하소서.

내가 오늘을 살아가며 사람을 살리는 날이 되기를 원합니다.
말이 사람을 죽일 수 있다면 말이 사람을 살릴 수 있음입니다.
오늘 나의 말이 많은 사람을 살리고 용기를 주겠습니다.
나의 입술을 열어 주님의 음성으로 위로하고 칭찬하겠습니다.
나의 말이 사람을 살리고 이기게 한 것을 간증하는 날 되겠습니다.

주님, 그러기 위해 오늘 나의 입술에서 쓴물을 내지 말게 하소서.
불평과 원망을 그치게 하소서. 비난과 저주를 멈추게 하소서.
나의 입에서는 선하고 아름다운 것만 나오게 하소서.
오늘도 사람을 내모는 것이 아니라 사람을 얻는 하루 되게 하소서.
하나님 앞으로 사람을 인도하는 자 되게 하소서.
나의 입술의 위대함이 주님의 손에 있음을 믿고 맡깁니다.
나의 주 예수 그리스도의 이름으로 기도합니다. 아멘!

:: 말이 많으면 허물을 면하기 어려우나 그 입술을 제어하는 자는 지혜가 있느니라
(잠언 10:19).

08 | 14

아버지를 향해 정면으로 달려가게 하소서

모든 순간 주님을 찬양합니다.
눈을 뜨고 일어나 의식을 차리며 주님을 찬양합니다.
아버지는 높으신 하나님입니다.
나를 만드시고, 지으시고, 이끄시고, 구원하신 분입니다.
아버지의 사랑은 그 무엇과도 비교할 수 없습니다.

주님을 찬양하는 것이 나의 사는 날 해야 하는 가장 기쁜 일입니다.
여호와 하나님께 돌아가는 것보다 더 좋은 것은 없습니다.
내가 주님과 가까워지면 가까워질수록 나의 삶은 빛이 날 것입니다.
주님을 사랑하면 사랑할수록 가장 행복한 삶을 살 것입니다.
무엇을 가져서 행복해지려 하지 말게 하소서.
하나님을 사랑함으로 기쁨을 누리는 삶을 살게 하소서.

아버지를 사랑하면 지혜가 무엇인지 알게 될 것입니다.
내가 오늘을 어떻게 살아야 할지를 선명하게 알게 될 것입니다.
주변을 맴돌며 어찌할지 몰라 전전긍긍하지 말고
아버지를 향해 정면으로 달려가게 하소서.
그리고 모든 일의 핵심에서 그것을 풀어가는 하루 되게 하소서.
나의 사랑 예수 그리스도의 이름으로 기도합니다. 아멘!

:: 나를 사랑하는 자들이 나의 사랑을 입으며 나를 간절히 찾는 자가 나를 만날 것이니라
(잠언 8:17).

08 | 15

세상에 물들지 않는 하루 되기 원합니다

약한 자를 일으키며 도우시는 아버지, 감사합니다.
주님, 오늘 나의 약함에 일하여 주소서.
오늘 내가 주님의 품에서 깨었으니 오늘 저녁에 감사로 잠들게 하소서.

오늘도 나에게 일할 터전을 주신 아버지, 감사합니다.
모든 재물 얻을 능을 주시는 주님을 찬양합니다.
나의 힘과 지혜로 했다 자만하지 말게 하시고 주님께 영광 돌리게 하소서.
모든 물질의 주인 되신 주님,
나와 가족들에게 필요한 것들을 공급하여 주소서.

나의 욕심대로 공급하지 마시고,
나에게 가장 유익할 만큼 허락하소서.
오늘도 자랑하기 위해 돈 벌지 말게 하소서.
오늘도 탐욕을 채우기 위해 돈 쓰지 말게 하소서.
오늘 자랑과 탐욕을 가르치기 위해 용돈 주지 말게 하소서.
물질을 선하게 만드는 중심을 가지고 벌게 하시고 쓰게 하소서.

세상 속에서 살면서 세상에 물들지 않는 하루 되기 원합니다.
세상의 방식으로 돈을 벌지만 최선을 다해 선한 방법을 강구하게 하소서.
세상에서 포기하지 않고 아버지의 방식을 따르게 하소서.
물질의 주인 되시는 예수 그리스도의 이름으로 기도합니다. 아멘!

:: 오직 너희를 위하여 보물을 하늘에 쌓아두라 거기는 좀이나 동록이 해하지 못하며 도둑이 구멍을 뚫지도 못하고 도둑질도 못하느니라 (마태복음 6:20).

나는 약하나 주님은 강하십니다

오늘도 나를 인도하시는 주님, 감사합니다.
하나님의 선하심이 오늘도 나를 주관할 것을 믿습니다.
하나님이 주시는 놀라운 평안으로 오늘을 시작합니다.
오늘도 주님의 손안에 나의 모든 일정을 올려드립니다.
주님의 선하신 그 힘이 나를 이끌어줄 것을 믿습니다.
그 믿음으로 오늘도 기대하고 기도합니다.
어제의 모든 죄악을 사하여 주소서.
그리스도의 보혈로 나를 깨끗게 하소서.

보혈로 씻긴 정결함을 힘입어 오늘도 담대히 나아갑니다.
새로 주어진 기회를 맞이하듯 기쁨으로 나아갑니다.
나를 기대하는 것이 아니라 주님을 기대하여 소망을 갖습니다.
나를 바라보고 실망하지 않고 주님을 보고 희망을 품습니다.
나는 약하나 주님은 강하십니다.

오늘도 작은 일에 낙망하지 않겠습니다.
주님이 나의 힘의 근원이시기 때문입니다.
아버지의 선하고 강력한 힘이 오늘도 나를 이끕니다.
나의 주 예수님의 이름으로 기도합니다. 아멘!

:: 그리스도께서 약하심으로 십자가에 못 박히셨으나 하나님의 능력으로 살아 계시니 우리도 그 안에서 약하나 너희에게 대하여 하나님의 능력으로 그와 함께 살리라 (고린도후서 13:4).

08 | 17

그 무엇도 나와 하나님을 가로막을 수 없습니다

아버지의 일하심이 가득한 아침입니다.
하나님의 성실하심이 나를 채우는 아침입니다.
이날은 낙망의 날이 아니라 기쁨의 날입니다.
사라진 기회가 다시 살아나는 아침입니다.

오늘도 나의 입술을 통해 영광 받으소서.
나의 찬양이 나의 가는 길마다 넘쳐나게 하소서.
나의 기쁨이 내가 가는 장소마다 가득차게 하소서.
아버지의 임재가 가득한 하루가 되게 하소서.

내가 만나는 사람, 장소, 물건, 상황 등 모든 것이 생명을 얻게 하소서.
만지는 것마다 축복이 임하게 하소서.
내가 복의 통로가 되고 복의 근원이 되게 하소서.
아버지를 연결하는 사람으로 살게 하소서.

그 무엇도 나와 하나님을 가로막을 것이 없습니다.
내가 아버지와 가까이 있다면 어떤 것도 실패란 없습니다.
오늘도 실패한다면 그것이 학습이 되게 하소서.
포기가 없는 날이 되게 하소서.
나의 주 예수님의 이름으로 기도합니다. 아멘!

:: 이르시되 내가 은혜 베풀 때에 너에게 듣고 구원의 날에 너를 도왔다 하셨으니 보라 지금은 은혜 받을 만한 때요 보라 지금은 구원의 날이로다 (고린도후서 6:2).

오늘 살아 있음에 무한 감사드립니다

오늘도 나에게 호흡을 주신 아버지, 감사합니다.
가만히 누워 눈을 뜨고 머리를 쓰다듬으며 감각이 있음에 감사합니다.
나의 발바닥에 바닥이 닿게 하시니 감사합니다.
나의 손이 물건을 만지게 하심을 감사합니다.
사랑의 눈으로 가족을 보게 하시니 감사합니다.

나에게 웃을 수 있는 미소를 주시니 감사합니다.
나의 코가 향기로운 냄새를 맡게 하심을 감사합니다.
나의 옷장을 열어 옷을 고르게 하시니 감사합니다.
나의 신발이 계절별로 있음에 감사합니다.

오늘 내가 나가 타고 갈 버스가 있게 하시니 감사합니다.
많은 사람이 각자의 자리에서 일함으로 내가 누리게 하시니 감사합니다.
아직까지 누구의 도움을 받고 거동하지 않아도 되니 감사합니다.
더 어려워지기 전에 나도 남을 도울 수 있는 기회를 잡게 하소서.

오늘도 하나님이 베푸신 바람을 느끼게 하시니 감사합니다.
눈을 들어 하늘을 보게 하시고 더위를 느끼게 하시니 감사합니다.
나의 살아 있음이 얼마나 많은 증거를 보여주고 있는지요.
오늘 살아 있음에 무한 감사드립니다.
예수님의 이름으로 기도합니다. 아멘!

:: 내가 여호와께서 우리에게 베푸신 모든 자비와 그의 찬송을 말하며 그의 사랑을 따라, 그의 많은 자비를 따라 이스라엘 집에 베푸신 큰 은총을 말하리라 (이사야 63:7).

하나님을 이해하지 못함이 은혜입니다

오늘도 세상을 다스리시는 아버지, 감사합니다.
하나님의 주권이 온 우주에 가득차 있음에 감사합니다.
그 위대한 주권으로 나의 작은 인생을 돌보심에 감사합니다.
격에 맞지 않는 다스리심임을 고백합니다. 감사와 찬양을 올려드립니다.

크신 하나님의 다스리심이 작은 나에게 임할 때에
내가 이해하지 못한다 하더라도 믿고 맡기게 하소서.
나에게 일하시는 하나님을 이해하지 못함은 은혜임을 고백합니다.
하나님이 얼마나 크고 위대하시면 내가 가늠조차 할 수 없는지요.
그 위대하신 분이 나를 다스리시니 감사 또 감사드립니다.

하나님의 수가 내 판단에 다 보여서 뻔하지 않음에 감사합니다.
하나님이 내 손안에 있어서 다 이해되지 않음에 감사드립니다.
그것만으로도 하나님은 나보다 크신 분임을 믿습니다.
오늘 그 하나님께 나와 가족과 이 나라와 온 세상을 기쁨으로 맡겨드립니다.

일하여 주소서. 주관해주소서.
온전히 방해받음 없이 활동하소서.
오늘 내가 방해하지 않겠습니다.
나의 믿음이 되시는 예수 그리스도의 이름으로 기도합니다. 아멘!

:: 내가 알거니와 여호와께서는 위대하시며 우리 주는 모든 신들보다 위대하시도다
(시편 135:5).

다시 힘을 냅니다. 다시 달려갑니다

모든 제약을 뚫고 아침을 여신 아버지를 찬양합니다.
어둠이 아버지의 역사를 막지 못함을 찬양합니다.
마귀의 계략이 하나님의 힘을 막아서지 못함을 찬양합니다.
나의 모든 기회를 막아버릴 계획을 막고, 오늘을 주신 아버지를 찬양합니다.
나의 오늘은 당연한 오늘이 아니라 기적의 오늘입니다.

하나님 아버지여, 오늘 이 기적 같은 오늘을 기쁨과 감사로 받아들입니다.
그리고 주님을 찬양합니다.
이 식상하고 똑같은 오늘이
마귀의 손에서 빼앗아낸 전리품인 것을 믿습니다.
오늘 나도 승리하겠습니다.

하나님은 포기가 없으십니다.
나를 포기하시지 않고 이끌어주셨음을 찬양합니다.
주님이 포기하시지 않은 것처럼, 오늘 나도 나를 포기하지 않겠습니다.
다시 힘을 냅니다. 다시 달려갑니다.
모든 방해는 깨뜨려질 것입니다.
모든 고통은 부서질 것입니다.
모든 장애물은 넘어뜨려질 것입니다.
나의 주인 되신 예수 그리스도의 이름으로 기도합니다. 아멘!

:: 우리가 선을 행하되 낙심하지 말지니 포기하지 아니하면 때가 이르매 거두리라
(갈라디아서 6:9).

08 | 21

미움에서 자유로운 날 되게 하소서

내가 어제 무엇을 하였는지 책망하시지 않고 안으시는 주님을 찬양합니다.
나의 범죄 사실을 낱낱이 찾아내지 않고 용서하시니 감사합니다.
오늘 그 사랑 안에서 눈을 뜨며 기쁨으로 하루를 맞이합니다.

이 아침에 받은 그 따뜻한 사랑이 나의 마음에 가득하게 하소서.
그래서 나도 나의 자녀들의 잘못을 낱낱이 드러내지 말게 하소서.
나의 부모의 부족함을 찾아 찌르지 말게 하소서.
직장 상사나 부하직원의 잘못을 찾기 위해
아침부터 머리 쓰지 말게 하소서.
이 세상의 부족함으로 한탄하며 하루를 시작하지 말게 하소서.

주께서 나를 용서하셨습니다.
오늘 나도 아침에 용서를 선포합니다.
나의 잘못을 용서받은 만큼 용서하려면
오늘 하루 종일 용서를 선포하고 다녀도 모자랍니다.
아니 일평생 용서의 삶을 살겠습니다.

이 하루가 미움에서 자유로운 날 되게 하소서.
그 자유는 하나님의 사랑과 용서에서 온다는 것을 기억하게 하소서.
나의 주 예수 그리스도의 이름으로 기도합니다. 아멘!

:: 형제들아 너희가 자유를 위하여 부르심을 입었으나 그러나 그 자유로 육체의 기회를 삼지 말고 오직 사랑으로 서로 종노릇하라 (갈라디아서 5:13).

주도적으로 하나님의 나라를 위해 일하기 원합니다

오늘도 이 땅에 관심을 가지고 임하시는 아버지, 감사합니다.
주님이 일하시는 이 아침에 나도 일하게 하소서.
하나님의 뜻이 오늘도 이 땅에 이루어질 때에 나도 일조하게 하소서.
맨날 다른 사람들의 일함에 덕 보는 인생 되지 말게 하소서.
오늘은 내가 주도적으로 하나님의 나라를 위해 일하기 원합니다.

주기도문을 외우면서 마음에 와 닿은 것만이 아니라
그 모든 기도의 내용이 나의 삶에 이루어지도록 기도하게 하소서.
아버지의 나라가 내가 사는 곳에, 내가 머무는 곳에 임하게 하소서.
내가 그 도구가 되게 하소서.

불의가 있는 곳에 공의를 찾는 자 되게 하소서.
다툼이 있는 곳에 평화를 만드는 자 되게 하소서.
약한 자가 있는 곳에 도움과 사랑을 베푸는 자 되게 하소서.
하나님을 모르는 자들 가운데 하나님을 전하는 자 되게 하소서.
내가 그런 자로 오늘을 살게 하소서.

아버지여, 이 나라를 돌보소서. 이 세상을 돌아보소서.
하늘의 뜻이 나와 가족, 이 나라와 이 세상에 가득하게 하소서.
예수님의 이름으로 기도합니다. 아멘!

:: 나라가 임하시오며 뜻이 하늘에서 이루어진 것같이 땅에서도 이루어지이다
    (마태복음 6:10).

영적으로 전진하는 날 되게 하소서

아침마다 새롭게 나를 일으키시는 아버지, 감사합니다.
내 마음은 새롭지 않아도 오늘 나에게 주시는 은혜는 또 새롭습니다.
하나님은 언제나 새로우신 분입니다.
하나님은 늘 질리지 않고 나에게 은혜를 공급하십니다.
마치 오늘이 처음인 것처럼 나에게 사랑을 베푸시는 분입니다.

하나님의 은혜가 새로우니 오늘 나의 하루도 새롭습니다.
내 마음과 느낌과 상관없이 믿음으로 선포합니다.
오늘 하루의 삶을 주님께 드립니다.
오늘의 주인이신 주님이 이날을 복되게 하소서.

진보가 있는 날이 되게 하소서.
영적으로 전진하는 날 되게 하소서.
말씀으로 무장하고, 기도로 하나님을 가까이하게 하소서.
실천으로 믿음을 강화하고, 삶이 예배가 되게 하소서.
그래서 오늘 나의 존재가 하나님의 기쁨이 되게 하소서.

오늘도 사막처럼 메마른 곳에 물이 넘치게 하소서.
풀이 없고 물이 없는 곳에 꽃이 피게 하시고 열매 맺게 하소서.
나의 결실이 되시는 예수 그리스도의 이름으로 기도합니다. 아멘!

:: 그러므로 하나님의 전신 갑주를 취하라 이는 악한 날에 너희가 능히 대적하고 모든 일을 행한 후에 서기 위함이라 (에베소서 6:13).

08 | 24

주님 닮아 빛으로 사는 하루 되게 하소서

빛나는 하루를 시작하게 하신 아버지, 감사합니다.
오늘도 나를 빛으로 부르신 주님을 찬양합니다.
언제나 어두움을 물리치시는 하나님의 능력이 오늘도 가득함을 찬양합니다.
나도 주님을 닮아 빛으로 사는 하루 되게 하소서.
빛이 되기 위해 노력하는 것이 아니라 이미 빛임을 알게 하소서.

비가 온다고 태양이 없다 생각하지 않듯
주님을 느낄 수 없다고 주님이 없다 말하지 말게 하소서.
구름이 몰려 태양을 가릴 때도 있음을 알듯
때로 하나님의 사랑이 가려지는 때도 있음을 알게 하소서.
없다 하지 말게 하시고, 사랑하지 않는다 말하지 말게 하소서.

오늘도 이 세상의 모든 어두운 구석에 일하여 주소서.
나도 그 빛 되신 주님이 계신 곳에 관심을 갖게 하소서.
내가 있는 곳으로 하나님을 부르려 하지 말게 하소서.
하나님이 계신 곳으로 내가 가게 하소서.
빛을 알아볼 수 있는 눈을 주소서.
아버지를 전심으로 사랑합니다.
참 빛 되신 예수 그리스도의 이름으로 기도합니다. 아멘!

:: 그러므로 우리가 여호와를 알자 힘써 여호와를 알자 그의 나타나심은 새벽빛같이 어김없나니 비와 같이, 땅을 적시는 늦은 비와 같이 우리에게 임하시리라 하니라 (호세아 6:3).

내 작은 정의가 하나님 나라를 임하게 합니다

오늘도 주님을 부르게 하시니 감사합니다.
나의 주인이 되시는 주님, 오늘도 나를 다스려주소서.
내 삶의 모든 통치가 주님께 있음을 믿습니다.
그 통치 아래 있다는 것이 얼마나 감사한지요.

오늘도 이 나라를 지켜주소서.
주님이 허락하신 세상의 권세와 법칙들이 공의로워지게 하소서.
완전한 주님의 나라가 임할 수는 없으나
곳곳의 어두운 구석에 최소한의 공의와 정의가 살아 있게 하소서.
한탄하고 비난만 하는 자리에서 벗어나게 하소서.

내가 할 수 있는 작은 정의가 하나님의 나라를 임하게 함을 믿습니다.
내가 저지르지 않는 죄만으로 만족하지 말게 하소서.
작은 일에도 공의롭게 하소서.
사소한 일에도 정의의 편에 서게 하소서.
올바로 말하고, 올바로 행동하게 하소서.

함께 잘 사는 나라를 만들기 위해 오늘도 노력하기 원합니다.
나만 잘 사는 데 집중하지 않고 더불어 사는 세상 되게 하소서.
나의 주 예수 그리스도의 이름으로 기도합니다. 아멘!

:: 주의 나라는 영원한 나라이니 주의 통치는 대대에 이르리이다 (시편 145:13).

오늘도 하나님과 나의 역사가 되게 하소서

나의 사는 날만큼 나를 도우신 아버지를 찬양합니다.
내가 알지 못하는 순간에도 나와 함께하셨던 주님을 찬양합니다.
나의 존재가 하나님이 사랑하신 시간이고 의미임을 믿습니다.
나의 살아 있음이 그 증거이니 무엇을 두려워하겠습니까.

오늘도 지난날처럼 여전히 살아 계신 하나님과 나의 역사가 되게 하소서.
얼마나 많은 고난과 굴곡이 있었던지요.
그 고비마다 함께하셨던 주님의 사랑을 기억합니다.
그래서 주님을 찬양하지 않을 수 없습니다.

광야 같았던 그 길이 이미 지나 있다는 것이 얼마나 감사한지요.
죽을 것 같았지만 지나니 또 견딜 만했던 것처럼
지금 나에게 존재하는 모든 고난도 지나면 또 나아질 것입니다.
과거의 기억이 힘이 되게 하소서. 증거가 되게 하소서.

위인들만 역사가 있는 것이 아니라 나의 삶도 역사가 있음을 알게 하소서.
소중한 나의 삶을 기억하고, 기록하고, 찬양하게 하소서.
살아 계신 하나님의 발자취임에 감사하게 하소서.
오늘도 그 역사를 쓰게 하소서.
나의 길이 되시는 예수님의 이름으로 기도합니다. 아멘!

:: 내가 사망의 음침한 골짜기로 다닐지라도 해를 두려워하지 않을 것은 주께서 나와 함께 하심이라 주의 지팡이와 막대기가 나를 안위하시나이다 (시편 23:4).

08 | 27

발 디딘 곳마다 장애물을 치우심에 감사합니다

오늘도 어제와 같은 하루를 시작하며 주님을 부릅니다.
날마다 같은 날 같지만 오늘은 전혀 다른 날입니다.
시간이 새롭고 하나님의 일하심이 새롭습니다.
나의 마음이 새롭고 은혜가 새롭습니다.

지겹다 말하지 말게 하소서. 기대하게 하소서.
갈망하게 하소서. 바라보게 하소서.
기뻐하게 하소서. 찬양하게 하소서.

새로운 날 속에 숨겨진 하나님의 보물을 찾게 하소서.
매일 만났던 그 보물들을 알아보지 못함을 용서하소서.
하나님이 숨겨놓으신 보물 찾기를 하면서
전혀 기뻐하지 못했음을 용서하소서.
하나님의 기대와 나의 기대가 만나 기쁨을 누리는 날 되게 하소서.

내가 발을 디디는 곳마다 장애물을 치우심에 감사합니다.
내가 오르막길을 오를 때에 산을 평지로 만드심에 감사합니다.
내가 나락으로 떨어질 때마다 계곡을 메우심에 감사합니다.
여호와 이레의 하나님이 나보다 먼저 가심을 찬양합니다.
오늘을 기쁘게 하시는 예수 그리스도의 이름으로 기도합니다. 아멘!

:: 너희는 그들을 두려워하지 말라 너희의 하나님 여호와께서 친히 너희를 위하여 싸우시리라 하였노라 (신명기 3:22).

08 | 28

오늘도 새로운 의욕을 주소서

어김없이 아침에 눈을 뜨고 주님을 기억합니다.
무엇을 기도해야 할지, 무엇을 구해야 할지 모를 때 주님을 찬양합니다.
나의 간구가 찬양보다 앞서지 않게 하소서.
나의 모든 필요가 하나님 갈망보다 앞서지 않게 하소서.
모든 것보다 가장 먼저 하나님을 찾게 하소서.
막막한 하루 앞에 서서 때로는 무기력할 때에도 주님을 찬양합니다.
예수 그리스도만이 나의 모든 소망임을 고백합니다.
오늘도 새로운 의욕을 주소서.

하기 싫은데 해야 하는 일이 있다면 그 일이 하고 싶어지게 도우소서.
내가 하고 싶은 일을 하기 전에
하기 싫은 많은 일을 먼저 해야 함을 알게 하소서.
하고 싶은 꿈을 이루기 위해
아주 오랫동안 하기 싫은 과정을 거쳐야 함을 알게 하소서.
이 일이 나의 꿈을 향하고 있는지 돌아보게 하소서.
방향이 선명하다면 감당하게 하소서.

꿈이 없는 자에게도 아버지의 꿈은 있음을 믿습니다.
그저 오늘 나를 인도하시는 대로 따라가면 어느새 그곳에 도달할 것입니다.
그 믿음으로 오늘 주어진 일에 최선을 다하겠습니다.
나의 꿈이 되시는 예수님의 이름으로 기도합니다. 아멘!

:: 인내는 연단을, 연단은 소망을 이루는 줄 앎이로다 (로마서 5:4).

묶인 것이 풀리는 하루 되기를 소망합니다

오늘도 주님이 일하시는 이 하루를 허락하시니 감사합니다.
높은 산을 평지로 만드시는 아버지를 찬양합니다.
오늘 내가 올라야 할 높은 산이 있다면 그것을 평지로 만들어주소서.
아니면 평지처럼 올라갈 수 있는 힘을 허락하소서.

묶여 있는 것들이 풀리는 하루 되기를 소망합니다.
풀리지 않는 관계가 있다면 그것이 풀리게 하소서.
상대가 풀기를 기다리지 않고 내가 먼저 다가가기 원합니다.
부끄러워 피하지 말게 하시고 선을 위해 용기를 내게 하소서.

하나님이 원하시는 삶은 평화를 가지고 오는 삶이라 믿습니다.
오늘 나로 인해 불화가 생기지 않게 하소서.
내가 다툼의 원인이 되지 않고, 평화의 원인이 되기 원합니다.
화평하게 하는 자는 복이 있나니 하나님의 아들이라 일컬음을 받는 것처럼
오늘 아버지의 아들로 살겠습니다.

믿음으로 시작하는 이 하루를 복되게 하소서.
평화의 복이 넘치는 날 되게 하소서.
아버지의 자녀로 멋지게 사는 날 되게 하소서.
나의 주 예수 그리스도의 이름으로 기도합니다. 아멘!

:: 진실로 너희에게 이르노니 무엇이든지 너희가 땅에서 매면 하늘에서도 매일 것이요 무엇이든지 땅에서 풀면 하늘에서도 풀리리라 (마태복음 18:18).

모든 순간, 모든 상황에서 주님이 필요합니다

나를 이끄시고 인도하시는 아버지, 감사합니다.
아버지의 인도하심으로 여기까지 왔습니다. 감사합니다.
수많은 고비고비를 안전하게 인도하신 주님께 감사를 드립니다.

모든 순간 주님을 따르지는 못했지만 노력했음을 기억하소서.
그리고 오늘도 주님을 따르기 위한 노력을 도우소서.
나의 연약함을 불쌍히 여기소서. 오늘도 주님이 필요합니다.
오늘도 아버지의 도움이 간절합니다.

내가 잘 나갈 때에도 나는 주님이 필요합니다.
자만하여 잘못된 결정을 할까 두렵습니다.
내가 못 나갈 때에도 나는 주님을 필요로 합니다.
낙망하여 포기할까 두렵습니다.
나는 모든 순간, 모든 상황에서 주님을 필요로 합니다.

오늘도 나의 모든 두려움을 물리치시고 세상 앞에 당당히 서게 하소서.
실수하는 날은 있어도 영원한 실패가 없다는 것을 믿고 섭니다.
주님이 나의 최종 승리를 주시기 때문입니다.
나의 모든 것이 되시는 예수 그리스도의 이름으로 기도합니다. 아멘!

:: 너는 갑작스러운 두려움도 악인에게 닥치는 멸망도 두려워하지 말라 (잠언 3:25).

신앙에서도, 삶에서도 어른스럽게 하소서

나의 아버지 되시는 하나님을 찬양합니다.
나의 입술의 가장 첫 소리가 찬양이 되기 원합니다.
오늘도 나에게 하나님과 동행하게 하소서.
아버지와 함께 손을 잡고 이 하루를 멋지고 의미 있게 만들게 하소서.

나이는 먹었지만 때로 어른답지 못한 신앙을 가짐을 용서하소서.
잘 알지 못하면서 아는 척하는 것을 용서하소서.
틀린 줄 알면서 지기 싫어함을 용서하소서.
내 책임이면서 회피하고 싶어 함을 용서하소서.

어른이라면 신앙에서도, 삶에서도 어른스럽게 하소서.
가르치기 좋아하지 말게 하소서.
눈치 주는 사람 되지 말게 하소서.
감싸주게 하소서. 포용하게 하소서. 용서하게 하소서.

오늘 나의 믿음의 어른스러움이 아버지를 드러내게 하소서.
대접받기보다 섬기는 자 되게 하소서.
어른 노릇 하지 말고 존경받는 사람 되게 하소서.
나의 주 예수 그리스도의 이름으로 기도합니다. 아멘!

:: 너희 아버지의 자비로우심같이 너희도 자비로운 자가 되라 (누가복음 6:36).

모든 사람을 크게 하심과 강하게 하심이
주의 손에 있나이다
_ 역대상 29:12

이 달 의 기 도 제 목

-
-
-
-
-

하나님이 주신 시간 속에서 성실하게 살게 하소서

오늘도 나의 주인이 되어주셔서 나를 인도하시니 감사합니다.
아침마다 하나님의 은혜가 새롭고 또 새롭습니다.
나의 목소리로 주님을 찬양합니다.
하나님의 놀라운 일들을 기대합니다.

오늘도 내가 만나는 모든 상황 속에서 놀라거나 당황하지 말게 하소서.
부족한 것을 만날 때에 불평하지 말게 하소서.
모든 것이 하나님의 것이니 나의 아버지의 것입니다.
부족하여도 죽지 아니하니 안심하게 하소서.
나는 주님 안에서 안전함을 믿게 하소서.

오늘도 이 주신 시간 속에서 성실하게 살게 하소서.
나의 분깃을 받는 것에만 관심을 두지 않고
내가 해야 하는 분깃도 기억하게 하소서.
이 땅에 보내신 사명을 알기 원합니다.
아버지의 부르심에 응답하며 내가 할 수 있는 일들을 하게 하소서.

공적인 일에 더욱 성실하게 하소서.
하나님의 자녀로서 흠 잡히지 않기 위해 노력하게 하소서.
사적인 일에 더욱 따뜻하게 하소서.
예수님의 이름으로 기도합니다. 아멘!

:: 그 주인이 이르되 잘하였도다 착하고 충성된 종아 네가 적은 일에 충성하였으매 내가 많은 것을 네게 맡기리니 네 주인의 즐거움에 참여할지어다 하고 (마태복음 25:23).

09 | 02

아버지의 임재가 나를 통해 세상에 전달되게 하소서

오늘도 나를 사랑하시는 아버지, 감사합니다.
나의 사는 날 동안에 주님의 이름을 부를 수 있음이 기쁨입니다.
오늘도 아버지의 사랑을 듬뿍 받아 부족함 없이 시작합니다.
아침에 싱그러운 바람처럼 싱그러운 주님의 음성 앞에 나아갑니다.

무엇을 하든지 주님의 뜻대로 행하기 원합니다.
하나님의 뜻을 구하고, 바라보고, 느끼고, 행하게 하소서.
내가 행동할 때에 부족함이 있을지라도 주님이 채워주소서.
나의 나쁜 습관을 버리기 원합니다.
아버지를 따라 좋은 습관을 갖고자 노력하는 날 되게 하소서.

이제까지 살면서 나를 기쁘게 하기 위해 많이 애썼다면
이제 주님을 기쁘시게 하기 위해 남은 날 살게 하소서.
결국 그 삶이 나를 참된 기쁨으로 인도할 줄을 믿습니다.
오늘 아버지를 바라보는 시선으로 사람을 바라보겠습니다.
오늘 주님을 사랑하는 마음으로 세상을 사랑하겠습니다.
오늘 성령 하나님의 동행처럼 약자들과 동행하겠습니다.
나의 아버지의 임재가 나를 통해 세상에 전달되게 하소서.
나의 주 예수님의 이름으로 기도합니다. 아멘!

:: 그런즉 너희가 먹든지 마시든지 무엇을 하든지 다 하나님의 영광을 위하여 하라
(고린도전서 10:31).

모르는 길 앞에서 감사와 찬양을 올려드립니다

나의 어제가 추억이 되게 하시니 감사합니다.
기쁨의 시간, 고통의 기억도 추억이 되게 하소서.
지나고 나면 아무 일 아닌 것을 안달하며 살지 않게 하소서.
오늘도 그런 의연함을 가지고 나아갑니다.
매 순간 즐거움만 있다면 그 즐거움이 얼마나 좋겠습니까.
고통을 통해 배우게 하시고 성숙하게 하시니 감사합니다.
어려움이 있어 즐거움이 더 기쁘게 하시니 감사합니다.

노동이 있어야 쉼이 더욱 기다려지고 감사한 것처럼
어려움이 있어야 기쁨도 더욱 빛남을 믿습니다.
놀기만 하는 자의 무료함처럼 즐겁기만 한 인생의 무료함을 깨닫게 하소서.
인생의 굴곡이 꼭 나쁜 것만은 아니라는 것을 믿게 하소서.
그래서 하나님의 섭리에 나를 맡겨드립니다.

내 인생, 가는 길을 다 알 수 없으나
몰라서 더 기대하고 의지할 수 있음에 감사합니다.
몰라서 힘든 길을 갈 수 있음에 감사합니다.
오늘 모르는 길 앞에서 감사와 찬양을 올려드립니다.
나의 길 되시는 예수 그리스도의 이름으로 기도합니다. 아멘!

:: 너희 중에 고난당하는 자가 있느냐 그는 기도할 것이요 즐거워하는 자가 있느냐 그는 찬송할지니라 (야고보서 5:13).

09 | 04

거친 바다에서도 담대한 하루 되기 원합니다

아침에 주님의 인자하심이 가득함을 고백합니다.
그 인자하심으로 오늘 나를 돌아보심을 감사드립니다.
나는 하나님께 참 불성실했는데,
아버지는 언제나 나에게 성실하십니다.
오늘도 거두지 않으신 그 성실하신 사랑에 감사드립니다.

오늘 나의 삶에 다가오는 거친 바다를 담대히 헤쳐 나가게 하소서.
왜 파도가 오냐고 원망하고 앉아 있지 말게 하소서.
파도가 무서워 도망만 다니지 말게 하소서.
주님을 믿음으로 담대하게 파도를 탈 수 있는 용기를 허락하소서.
하나님이 나의 아버지이시라면 내가 두려워할 것이 없습니다.

오늘도 내 삶의 역경만큼 기쁨이 넘칠 것을 믿습니다.
오늘 그 역경을 헤쳐 나갈 힘도 주께서 주심을 믿습니다.
주님께 맡긴 내 인생의 여정 속에서 주님, 함께하소서.
아프다고 엄살만 피우는 자리에서 일어나게 하소서.

오늘도 어떤 상황 속에서도 담대한 하루 되기 원합니다.
그 모든 마음의 근원이 주님께 있습니다.
어린아이와 같은 일을 버리고 주님 앞에 서기 원합니다.
예수님의 이름으로 기도합니다. 아멘!

:: 고난당한 것이 내게 유익이라 이로 말미암아 내가 주의 율례들을 배우게 되었나이다
 (시편 119:71).

복음의 마음으로 남이 잘되기 원합니다

나의 머리카락까지 세신 아버지의 사랑에 감사합니다.
이 아침에 일상을 아무렇지 않게 해나갈 수 있음에 감사합니다.
나에게 사건, 사고 없는 평범한 날 주신 것을 감사합니다.
오늘도 이 평범한 날이 은혜로 가득한 날 되게 하소서.

오늘도 사람들 앞에 자랑하지 않고 겸손한 날 되기 원합니다.
내가 가진 것을 드러내기보다 그것을 사용하는 날 되기 원합니다.
남의 잘됨을 시기하지 않고 축복하는 날 되기 원합니다.
내가 갑이라고 무례하지 않고 초심을 유지하는 날 되기 원합니다.

오늘도 인내해야 하는 순간에 주님의 마음으로 인내하게 하소서.
예수님은 다가올 기쁨을 위해 십자가의 고통을 참으셨습니다.
그 인내의 모범을 따르는 날 되게 하소서.
자신을 위한 기쁨이 아니라 인간을 위한 기쁨을 위해 사신 주님처럼
나도 남을 위한 기쁨이 나를 인내하게 하는 원동력이 되게 하소서.

복음은 나만 복 받는 것이 아님을 알게 하소서.
복음의 마음으로 남을 잘되게 하는 자 되게 하소서.
모두를 사랑하시는 예수 그리스도의 이름으로 기도합니다. 아멘!

:: 그러므로 너희는 하나님이 택하사 거룩하고 사랑받는 자처럼 긍휼과 자비와 겸손과 온유와 오래 참음을 옷 입고 (골로새서 3:12).

09 | 06

오늘 나의 아버지, 어머니가 되어주소서

나의 부모가 되어주시는 아버지, 감사합니다.
사람은 부모를 통해 세상에 오지만, 모두 그 복을 누리지 못합니다.
그럼에도 슬퍼할 것이 없음은 주님이 나의 부모 되심입니다.
오늘도 나의 나이에 상관없이 나의 아버지, 어머니가 되어주소서.
먹이시고, 입히시고, 기르신 모든 사랑이 부모와 같음을 고백합니다.
내가 그리 사는 것처럼 자녀들에게도 하나님을 소개하게 하소서.
내가 아니라 하나님만이 그들을 지키실 수 있음을 믿게 하소서.

내가 아버지께 자녀를 내어드리는 믿음의 자리에 서게 하소서.
인간은 누구도 인간을 책임질 수 없음을 알게 하소서.
나와 내 자녀의 삶의 진정한 주인은 아버지이십니다.
우리 모두의 삶을 구원하고 지키시는 분은 하나님이십니다.
아버지의 이끄심 앞에 나아가게 하소서.

가정에서 일어나는 다툼 가운데 주도권 문제가 없는지 돌아보게 하소서.
가족 모두가 하나님 앞에 주도권을 내려놓고 인도받게 하소서.
그런 연합을 위해 오늘도 기도합니다.
나의 주 예수 그리스도의 이름으로 기도합니다. 아멘!

:: 그는 우리의 하나님이시요 우리는 그가 기르시는 백성이며 그의 손이 돌보시는 양이기 때문이라 너희가 오늘 그의 음성을 듣거든 (시편 95:7).

있으나 없으나 감사하는 나로 만드소서

어제의 하루를 지키고 보호하신 아버지를 찬양합니다.
오늘도 어제와 같이 나를 지키고 보호하실 것을 믿습니다.
오늘도 그 안에서 시작하고 마무리하게 하소서.

내가 가지지 못한 것을 인해 감사를 드립니다.
소유하는 것이 모두 좋다는 고정관념을 버리게 하소서.
가진 것에만 감사하는 것이 아니라 가지지 못한 것에도 감사하게 하소서.
나의 기도를 들으신 아버지가 나의 원함을 이루신 줄 믿습니다.
그 원함 안에 제거되어야 할 것들을 제거하심을 믿습니다.

형제의 화목을 원했다면 많은 재물로 불화가 날까 안 주신 줄 믿습니다.
건강을 위해 기도했다면 과한 성공이 건강을 해칠까 봐 안 주신 줄 믿습니다.
나는 단순하여서 그저 하나만 바라보지만
주님은 언제나 모든 것을 보시고 나의 가장 좋은 삶을 조율하심을 믿습니다.
그 믿음으로 오늘도 나에게 주어지지 않은 것에 감사하게 하소서.

이 복잡한 모든 관계를 알아야 믿지 말게 하소서.
나의 머리로 이해할 수 없는 모든 것 위에 하나님이 계심을 믿게 하소서.
선하신 아버지를 향한 믿음이
있으나 없으나 감사하는 나를 만들 줄 믿습니다.
가장 지혜로우신 예수 그리스도의 이름으로 기도합니다. 아멘!

:: 그러므로 어리석은 자가 되지 말고 오직 주의 뜻이 무엇인가 이해하라 (에베소서 5:17).

심플해야 하나님을 바라볼 수 있습니다

지난밤에 나를 쉬게 하시고 낫게 하신 하나님, 감사합니다.
나는 자고 일어났는데 내 몸에 생명을 불어 넣으시니 감사합니다.
피곤함을 없애주신 아버지, 감사합니다.
근심을 덜어주신 아버지, 감사합니다.

나에게 나쁜 기억을 버리게 하시니 감사합니다.
자고 일어났는데 걱정이 훨씬 덜어짐에 감사합니다.
좋은 기억은 유지하게 하시고 나쁜 기억은 버려지게 하소서.
내 몸 안에서 좋은 것들은 일어나게 하시고
내 육체에 해로운 것들은 버려지게 하소서.

오늘도 내가 버려야 할 것들을 잘 버리는 날 되기 원합니다.
사람을 향한 미운 마음을 버리게 하소서.
가지고 싶은데 못 가진 것에 대한 탐욕을 버리게 하소서.
남는 물건들을 버리게 하소서.
내 삶에 불필요한 것들을 지고 이고 살지 않게 하소서.

심플해야 하나님을 바라볼 수 있음입니다.
아버지가 중요하다 하시는 것 외에 모든 것을 버리는 날 되게 하소서.
나의 주 예수 그리스도의 이름으로 기도합니다. 아멘!

:: 탐욕이 지혜자를 우매하게 하고 뇌물이 사람의 명철을 망하게 하느니라 (전도서 7:7).

오늘은 나와 아버지의 날입니다

나의 주 아버지, 오늘도 귀한 아침을 주심에 감사합니다.
하나님이 주신 선물을 감사함으로 받는 날 되게 하소서.
이날은 아버지의 날입니다.
오늘도 내가 가장 원한 하루를 받은 것처럼 기대하고 기도합니다.

하나님, 오늘 나에게 말씀하소서.
내가 무엇을 하기 원하시는지 보게 하소서.
나의 귀가 둔하여 듣지 못하거든, 나의 눈이 보게 하소서.
필요가 있는 곳에 아버지의 부르심이 있음을 믿습니다.

오늘 내가 보는 내가 할 수 있는 일들로 그 필요를 채우게 하소서.
그래서 나의 작은 행동이 내가 속한 동네를 바꾸게 하소서.
나의 동네가 바뀌고, 나의 회사가 바뀌고, 이 나라가 바뀌게 하소서.
너무 거창한 것만을 기다리다가 아무것도 하지 않는 게으름을 벗게 하소서.
나부터 선해지고, 나부터 공의로워지게 하소서.

남을 정죄하는 시선을 벗게 하시고 스스로 돌아보는 날 되기 원합니다.
오늘도 새로운 도전과 선함을 기대하며 신나게 시작합니다.
오늘은 나와 아버지의 날입니다.
모두를 사랑하시는 예수 그리스도의 이름으로 기도합니다. 아멘!

:: 너희는 세상의 소금이니 소금이 만일 그 맛을 잃으면 무엇으로 짜게 하리요 후에는 아무 쓸데없어 다만 밖에 버려져 사람에게 밟힐 뿐이니라 (마태복음 5:13).

아버지 없이 무엇을 하겠습니까?

오늘도 나를 선한 길로 인도하시는 아버지, 감사합니다.
아름다운 날을 맞이하여 나도 더욱 아름다운 존재 되게 하소서.
하나님이 처음 만드셨던 아담을 향한 기대를 가지고
오늘 나를 바라보심을 믿습니다.
나는 온전하지 못한 죄인이나 주님을 모심으로 선한 길을 가게 하소서.

나의 선함에는 착한 구제만이 아니라 아버지를 만나고, 교제하며,
그 관계를 온전히 갖는 것도 포함됨을 고백합니다.
나에게서 선한 것이 나올 수 없으니 아버지 없이 무엇을 하겠습니까?
오늘 아버지로부터 나오는 선함을 받게 하소서.
그것을 이루게 하소서.

세상 것으로 가득 채우고 아침을 시작하지 않고
아버지의 이름을 가득 채움으로 아침을 시작합니다.
주님을 찬양합니다. 주님을 사랑합니다.
나의 입술에서부터 선한 것이 가득하게 하시고 흘러나오게 하소서.
마음이 악한데 어찌 선한 말이 나오겠습니까?
오늘 내가 아버지의 사랑을 마음에 담아 이 하루를 시작합니다.
나의 주 예수 그리스도의 이름으로 기도합니다. 아멘!

:: 너희의 순종함이 모든 사람에게 들리는지라 그러므로 내가 너희로 말미암아 기뻐하노니 너희가 선한 데 지혜롭고 악한 데 미련하기를 원하노라 (로마서 16:19).

오늘 하나님을 닮아 공평하게 하소서

하나님의 사랑과 은혜가 모든 사람에게 베풀어짐에 감사합니다.
주님이 주신 햇살도, 공기도 사람을 차별하지 않음에 감사합니다.
모든 것을 모든 이에게 주고 싶어 하시는 아버지께 감사를 드립니다.

오늘 나의 하루도 누구든 차별하지 않는 삶이 되게 하소서.
아버지를 닮아서 베푸는 데 인색하지 말게 하소서.
내가 차별받는 것에 대해서는 너무도 예민하게 굴면서
내가 남을 차별하는 것에 대해서는 기억조차 못하는 것을 용서하소서.
오늘 공평하게 하소서.

완벽한 공평함과 정의로움이 이 땅에 존재할 수 없으나
할 수 있거든 할 수 있는 만큼 공평함을 추구하게 하소서.
내가 차별받는 것이 상처가 되는 만큼
다른 사람을 차별하는 것도 죄악임을 알게 하소서.
모두를 사랑하면 다 해결되는 것이니 사랑으로 무장하게 하소서.

하나님의 나라에 완전한 공평이 있는 그날을 기대하며
오늘 나의 삶 속에 하나님의 나라가 임하는 날 되게 하소서.
내가 머무는 곳에 빛이 머무는 시간 되게 하소서.
이를 위해 죽으신 예수 그리스도의 이름으로 기도합니다. 아멘!

:: 만일 너희가 사람을 차별하여 대하면 죄를 짓는 것이니 율법이 너희를 범법자로 정죄하리라 (야고보서 2:9).

09 | 12

주님만이 나의 기쁨이십니다

오늘도 아침에 기쁨으로 주님을 찬양합니다.
예수 그리스도의 보혈로 나를 씻어주심에 감사합니다.
오늘도 그 보혈의 능력으로 나를 의롭다 여기심에 감사합니다.
이 구원의 기쁨이 오늘 내 마음에 가득하게 하소서.

아버지의 기대감은 오늘 내가 기쁘게 사는 것임을 믿습니다.
상황을 보고 좌절하지 말게 하소서.
사람을 보고 상처받지 말게 하소서.
나 자신을 보고 실망하지 말게 하소서.
이 모든 것이 기쁨의 근원이 아니라 주님이 나의 기쁨이십니다.

오늘도 나만 기쁨을 누리는 것이 아니라 이웃들과 기쁨을 나누게 하소서.
내가 그들의 기쁨을 주는 사람이 되기 위해 작은 것부터 노력하게 하소서.
나 혼자 좋은 것을 누리고자 하는 욕심을 버리게 하소서.
함께 누려야 더 기쁘다는 것을 아는 지혜를 주소서.

오늘도 마음속 어두움을 몰아내기 원합니다.
아침에 주님의 기쁨으로 가득 채우고 시작합니다.
오늘도 주님이 일하실 것입니다.
예수님의 이름으로 기도합니다. 아멘!

:: 여호와께서 너를 실족하지 아니하게 하시며 너를 지키시는 이가 졸지 아니하시리로다…
낮의 해가 너를 상하게 하지 아니하며 밤의 달도 너를 해치지 아니하리로다 (시편 121:3, 6).

오늘 주신 것만으로도 내 잔이 넘치나이다

오늘도 일용할 양식을 주신 아버지를 찬양합니다.
나에게 주신 양식이 많아서 거절하며 살고 있음을 고백합니다.
너무 많은 것을 주셔서 비만에 걸릴 지경임에 감사합니다.
이렇게 풍족한데 모자란다 하지 말게 하소서.

오늘 내가 살 수 있는 딱 하루 치만 있다면
안달이 나서 견디지 못할 것입니다.
그렇다면 얼마나 많은 것을 가지고 있는 것입니까.
내일 입을 옷이 있고, 내일 먹을 양식이 있습니다.
내일 만날 사람이 있고, 내일 할 일이 있습니다.
오늘 하나도 부족함이 없는데 감사하지 못하는 것을 용서하소서.

오늘 나의 노력이 나만을 위한 것이 되지 않게 하소서.
나의 돈 버는 것이 내가 높아져 자랑하려는 동기에서 벗어나게 하소서.
나의 헌신이 나의 신앙을 사람에게 드러내려는 것이 아니게 하소서.
나의 성공이 나는 너와 다르다는 것을 증명하려는 것이 아니게 하소서.

오늘 주신 것에 완벽한 감사를 올려드립니다.
더 주시지 않아도 충분합니다.
이것만으로도 내 잔이 넘치나이다.
욕심을 깎아내고 주님을 찬양합니다.
예수님의 이름으로 기도합니다. 아멘!

:: 내 마음을 주의 증거들에게 향하게 하시고 탐욕으로 향하지 말게 하소서 (시편 119:36).

나에게 주신 한 조각의 세상을 잘 감당하게 하소서

하나님이 주신 모든 생명은 귀하고 아름답습니다.
아버지가 펼쳐주신 이 세상은 오늘도 넘치도록 귀하고 소중합니다.
두 손으로 받아 마음에 넣으며 이날을 시작합니다.

하나님, 이 아름다운 세상을 오늘 청지기처럼 잘 맡아 다스리게 하소서.
오늘 나에게 주신 한 조각의 세상을 잘 감당하게 하소서.
나에게 주신 가정과 회사, 학교와 이웃, 교회와 친구들은
이 세상의 소중한 조각들입니다.
나에게 주어진 이 분량을 아름답게 유지하기 위해 노력하게 하소서.

오늘 나에게 주신 사명은 내 직업에서의 성공이 아님을 알게 하소서.
하나님은 내가 직업적으로 성공하느냐에 그리 관심이 없으심을 알게 하소서.
그 관심은 나에게 극도로 높은 것일 뿐,
하나님은 나의 삶 모든 것에 관심이 있으심을 알게 하소서.
직업이 나의 일부라는 사실을 놓치지 말게 하소서.

온 세상을 내가 다 지킬 필요는 없으니
엉뚱한 부담에 무기력하지 말게 하소서.
그저 내게 주어진 그만큼을 섬기고 사랑하는 데 내 역할만큼 애쓰게 하소서.
작은 것에 큰 기쁨을 누리는 법을 배우게 하소서.
나의 주 예수 그리스도의 이름으로 기도합니다. 아멘!

:: 충성된 사자는 그를 보낸 이에게 마치 추수하는 날에 얼음 냉수 같아서 능히 그 주인의
마음을 시원하게 하느니라 (잠언 25:13).

주님이 주시는 힘으로 담대하게 나아갑니다

오늘도 변함없는 사랑으로 인도하시는 아버지, 감사합니다.
지나간 하루에 감사드립니다.
모든 것이 무사히 지나가고 단잠을 자게 하시니 감사합니다.
때로는 피곤한 몸으로 일어난다 할지라도 주님을 찬양합니다.
아프지 않고 피곤하기만 한 것에 감사합니다.

오늘도 누구를 만나게 하실지, 어떤 일이 일어날지 기대합니다.
사건, 사고에 두려워하지 말게 하소서.
나쁜 일을 예상하며 지레 겁먹지 말게 하소서.
하나님 앞에 내가 얼마나 소중한 자녀인지를 기억하게 하소서.

모든 두려움은 하나님으로부터 온 것이 아니니
주님이 주시는 힘으로 담대하게 나아갑니다.
두려움이 아니라 소망과 기대로 가득차게 하소서.
하나님이 열어주시는 모든 가능성을 기회로 만드는 날 되게 하소서.
돕는 이를 붙여주시고 함께할 자들을 모아주소서.

나 홀로 모든 것을 하려는 마음을 버리게 하소서.
더불어 살게 하신 섭리를 따라 함께 모든 것을 나누는 날 되게 하소서.
나를 도우시는 예수 그리스도의 이름으로 기도합니다. 아멘!

:: 하나님이 우리에게 주신 것은 두려워하는 마음이 아니요 오직 능력과 사랑과 절제하는 마음이니 (디모데후서 1:7).

주님이 나를 보시듯 나도 주님을 바라봅니다

오늘도 나를 바라보며 아침을 열어주시는 아버지, 감사합니다.
주님이 나를 보시듯 나도 주님을 바라봅니다.
언제나 아버지만 나를 바라보시고, 나는 나만 바라보았습니다.
나의 일만 보고, 나의 가족만 보고, 내 것만 보았습니다.
나의 이기심을 용서하시고 내 마음을 새롭게 하소서.

오늘 내 눈으로 바라보는 세상이 아니라
아버지의 눈으로 바라보는 세상 되기 원합니다.
존귀하신 하나님의 눈이 이 세상을 보는 긍휼의 눈으로 바라보기 원합니다.
나만 챙기는 것이 아니라 남을 챙기기 원합니다.

나 혼자 잘되어서 결코 행복할 수 없음을 알게 하소서.
나만 잘되고 친구들이 다 불행하다면 어찌 행복하겠습니까.
나만 잘되고 이 나라가 망해간다면 어찌 내가 평안하겠습니까.
더 넓은 눈과 마음으로 세상을 바라보게 하소서.

오늘 주님이 가르치고 행하신 것처럼 나도 행하기 원합니다.
약한 자를 돕고, 모르는 자를 가르치고, 하나님께 인도하는 삶이 되게 하소서.
눈앞만 보지 말고 더 멀리, 더 넓게 보는 시야를 갖게 하소서.
나의 주님이 되시는 예수 그리스도의 이름으로 기도합니다. 아멘!

:: 긍휼히 여기는 자는 복이 있나니 그들이 긍휼히 여김을 받을 것임이요 (마태복음 5:7).

09 | 17

하나님의 평균케 하시는 원리를 따라 나누게 하소서

오늘도 만물의 주인이신 아버지를 찬양합니다.
내가 이 땅에서 할 수 있는 가장 존귀한 일은 주님을 찬양하는 것입니다.
이것이 나의 본분이며 아버지를 기쁘시게 하는 일임을 믿습니다.

모든 것의 주인 되신 아버지가 물질의 주인 되심을 인정합니다.
내가 버는 돈은 내가 주인이 아니라 아버지가 주인이심을 고백합니다.
나에게 물질을 얻을 수 있는 능력을 부여하심에 감사합니다.
오늘 그 물질의 주인이 원하시는 바가 무엇인지 묻게 하소서.
그리고 내가 가진 이 재물을 어떻게 사용해야 할지 알게 하소서.

나의 물질의 탑을 높이높이 쌓아 편안하려는 탐욕을 내려놓게 하소서.
더 많이 모아 내가 누리고 내 자식 편히 살게 하려는 안일함을 버리게 하소서.
물질의 주인이 하나님이심을 고백한다면 물었어야 합니다.
이 물질의 주인의 의도를 알지도 못하며 목표를 세움을 용서하소서.
오늘 내가 말의 믿음과 행함의 믿음을 일치시키게 하소서.

오늘도 하나님의 평균케 하시는 원리를 따라 나누게 하소서.
높은 곳에서 낮은 곳으로 사랑만 흐르지 않고 물질도 흐르게 하소서.
그리고 나의 물질도 그리 흐르는 시작이 되게 하소서.
나의 주 예수 그리스도의 이름으로 기도합니다. 아멘!

:: 부와 귀가 주께로 말미암고 또 주는 만물의 주재가 되사 손에 권세와 능력이 있사오니 모든 사람을 크게 하심과 강하게 하심이 주의 손에 있나이다 (역대상 29:12).

오늘 주님, 듣겠습니다

싱그러운 아침을 허락하시고 나로 살게 하신 아버지, 감사합니다.
오늘도 말씀하여 주시고 듣게 하여 주소서.
하루 종일 수많은 말을 들으면서
과연 주님의 말씀을 얼마나 듣는지 회개합니다.
휴대전화를 손에 들고 남들의 말은 이것저것 다 듣고 마음에 새겨 담습니다.
남들이 나에게 하는 부정적이고 상처가 되는 말들은
더욱 깊이 마음에 새깁니다.
나를 이간질하고 불평하게 만드는 사탄의 음성은 너무 솔깃합니다.
이런 쏟아지는 말들을 다 마음에 담으면서
정작 주님의 말씀을 담지 못함을 용서하소서.

선하지도, 옳지도, 의롭게 하지도 못하는 말들은 쉽게 믿으면서
정말 나를 위하고, 사랑하고, 옳은 길로 인도하시는 주님의 음성은
외면하지 말게 하소서.
오늘 내가 무엇을 듣고 무엇을 마음에 담는지 보게 하소서.
쓰레기 같은 것들을 소중한 마음의 방에 간직하고 있는지,
보배와 같은 것들을 쓰레기처럼 버리고 있지는 않은지 돌아보게 하소서.

오늘 주님, 듣겠습니다. 마음에 담겠습니다.
믿고 간직하겠습니다. 말씀하시고 인도하여 주소서.
나의 주 예수 그리스도의 이름으로 기도합니다. 아멘!

:: 베드로와 요한이 대답하여 이르되 하나님 앞에서 너희의 말을 듣는 것이 하나님의 말씀을 듣는 것보다 옳은가 판단하라 (사도행전 4:19).

이 세상에서 선한 사람 되게 하소서

오늘 나를 예수 그리스도의 피 값으로 사신 아버지, 감사합니다.
그 어떤 면을 보아도 내가 구원받아 마땅한 구석이 없음에도 불구하고
아낌없이 아들을 주신 아버지의 은혜를 찬양합니다.
구원의 은혜가 오늘 나에게 가득할 수 있도록 은혜 베푸소서.

주님이 나를 구원하신 은혜가 매우 커서
오늘 나에게 죄지은 자를 용서하기 원합니다.
내가 받은 것이 너무 많아서 차고 넘쳐나기 원합니다.
내게 없는 것을 끌어당기는 것이 아니라 이미 가진 은혜를 나누는 것입니다.
내가 얼마나 많은 은혜를 소유하고 있는지 먼저 발견하게 하소서.

내가 잘못한 것을 잘못했다고 고백하는 것은 당연한 일입니다.
그것을 대단히 여겨 내가 용서를 구하는 범위가 너무 작음을 회개합니다.
내가 잘못하지 않았으나 내가 양보할 수 있는 용기를 허락하소서.
5리를 가자면 10리는 가게 하시고, 오른뺨을 치면 왼뺨을 내밀게 하소서.
바보 같은 삶이지만 바보처럼 살 수 있는 믿음을 주소서.

오늘날 세상에서 똑똑한 사람이 아니라 선한 사람이 되게 하소서.
손해 안 보려 하다가 하나님을 잃어버리는 일이 없게 하소서.
나를 살리신 예수 그리스도의 이름으로 기도합니다. 아멘!

:: 또 누구든지 너로 억지로 오 리를 가게 하거든 그 사람과 십 리를 동행하고 네게 구하는
자에게 주며 네게 꾸고자 하는 자에게 거절하지 말라 (마태복음 5:41-42).

듣는 것과 보는 것이 하루 종일 정결하게 하소서

이 아침에 나의 말이 더러운 것을 담기 전에 주님을 찬양하기 원합니다.
내가 듣는 것과 보는 것이 오늘 하루 종일 정결하게 하소서.
그래서 나의 생각이 말씀으로 가득차서 말하는 것도 깨끗하게 하소서.
내가 믿고 따라야 할 말을 듣게 하소서.

오늘 사탄의 말을 거절하게 하소서.
분쟁을 일으키고, 왜곡하고, 다투게 하는 말들을 듣지 말게 하소서.
오늘 악한 사람의 말을 거절하게 하소서.
아부하고, 거짓을 말하며, 이간질하는 말을 듣지 말게 하소서.
오늘 나는 선한 말을 하여 위로하고 격려하는 자 되게 하소서.

오늘 주님, 말씀하여 주소서.
아버지의 한마디만으로 나의 이 하루가 충만하게 될 것을 믿습니다.
아버지의 음성은 곧 진리이며 생명입니다.
그 생명의 말씀으로 오늘을 살게 하소서.
나의 귀가 하나님께 활짝 열려 있는 날 되게 하소서.

오늘도 나를 인도하시는 주님을 찬양합니다.
아버지는 나의 반석이시고, 나를 지키시는 분입니다.
나의 주 예수 그리스도의 이름으로 기도합니다. 아멘!

:: 듣는 귀와 보는 눈은 다 여호와께서 지으신 것이니라 (잠언 20:12).

내 뜻대로 하려는 욕심을 내려놓습니다

어제의 모든 고단함을 날려보내고
새로운 힘을 공급하신 아버지, 감사합니다.
나의 피곤이 사라지듯이 나의 고민도 사라지게 하소서.
나의 번민과 혼란이 빛이 임하심과 함께 도망가게 하소서.
그래서 맑고 깨끗한 정신으로 하루를 시작하게 하소서.

오늘도 내 뜻대로 하려는 욕심을 내려놓습니다.
여전히 다스려지지 않는 나의 탐욕을 기도로 바꾸지 말게 하소서.
정결하지 않은 나의 말과 어설픈 판단력을 가지고
하나님께 이래라저래라 요구하지 말게 하소서.
오직 아버지의 판단과 주님의 지혜로 나를 다스리고 인도하소서.

사람 앞에서만 아니라 높으신 하나님 앞에서도 잘난 척함을 용서하소서.
감히 아버지 앞에서 때로 아버지를 책망하며 원망함을 용서하소서.
내 뜻대로 되지 않음을 질타하는 오만을 용서하소서.
이는 신 앞에 잘난 척함임을 알게 하소서.

이제 모든 것을 아시는 주님 앞에 겸손히 나아가
주권을 내어드리기 원합니다.
오늘 주님을 따르는 것이 나의 기쁨임을 고백합니다.
나를 인도하시는 예수 그리스도의 이름으로 기도합니다. 아멘!

:: 교만은 패망의 선봉이요 거만한 마음은 넘어짐의 앞잡이니라 (잠언 16:18).

하나님 앞에, 사람 앞에 정직하게 하소서

오늘 내가 눈을 뜰 수 있음이 기적임을 고백합니다.
하나님은 오늘도 나를 살리시니 그 사랑을 찬양합니다.
나를 일으키시며, 나를 기대하시며 하루를 선물로 주심에 감사합니다.
오늘 아버지의 기대를 가지고 하루를 시작하게 하소서.

오늘도 주님을 닮은 삶을 살기 원합니다.
하나님 앞에, 사람 앞에 정직하게 하소서.
나의 원함 속 이기적인 욕구를
하나님의 영광이라는 포장으로 덮지 말게 하소서.
사람들 앞에 괜찮은 사람인 척하는 가식적인 모습을 버리게 하소서.

주님이 나를 있는 모습 그대로 받아주신 것을 기쁘게 여기므로
오늘 나의 가장 정직한 모습 그대로를 가지고 하루를 살게 하소서.
사람에게 잘 보이려고 했던 모든 고단함을 내어버리게 하소서.
내가 정직하고 성실하다면 가면을 쓸 이유가 없음입니다.
오늘 내가 있는 그대로의 나로 살아가는 선한 사람 되게 하소서.

오늘도 주님을 수시로 기억하고 기도하겠습니다.
아버지의 말씀을 묵상하고 기억하겠습니다.
입술에서 찬양이 멈추지 않겠습니다. 오늘 나와 동행하소서.
예수 그리스도의 이름으로 기도합니다. 아멘!

:: 정직한 자의 성실은 자기를 인도하거니와 사악한 자의 패역은 자기를 망하게 하느니라
(잠언 11:3).

09 | 23

내가 사는 법은 하나님의 법대로입니다

아침에 주님을 만나 기도할 수 있는 특권을 주신 아버지, 감사합니다.
이 특권을 나의 이기심으로 채우지 않게 하소서.
하나님이 주신 특권의 의도대로 사는 하루 되게 하소서.

오늘도 세상의 법대로 사는 것만으로 만족하지 말게 하소서.
이 세상의 법대로 사는 삶은 누구나 당연히 그리 사는 것입니다.
오늘 내가 사는 법은 하나님의 법대로 사는 것임을 믿습니다.
아버지가 기뻐하시는 법을 따라 행하는 하루 되게 하소서.

오늘도 세상의 법을 지키게 하시고,
그 너머 더 고차원적인 법을 지키게 하소서.
세상의 선만이 아니라 하나님의 높은 차원의 선을 향해 달려가게 하소서.
나의 수준을 세상으로 끌어내리지 말게 하소서.
하나님의 수준으로 나의 삶을 바라보며 살기 원합니다.
나를 바라보고 있는 것이 경찰이 아니라 하나님이심을 알게 하소서.

오늘도 주님의 뜻을 따라가는 삶이 기쁘고 즐거움을 믿습니다.
아버지와 동행함으로 사람을 살리고, 돕고, 위로하는 삶이 되게 하소서.
오늘도 나의 가는 곳마다 주님의 향기가 나게 하소서.
나의 주 예수 그리스도의 이름으로 기도합니다. 아멘!

:: 경기하는 자가 법대로 경기하지 아니하면 승리자의 관을 얻지 못할 것이며
(디모데후서 2:5).

오늘도 예수님을 갈망하는 자 되게 하소서

오늘도 새 부대를 선물로 주신 아버지, 감사합니다.
주님은 매일 아침마다 새날을 선물로 주시는데,
나는 매일 새 술이 되어 새 부대에 담기는지 돌아봅니다.
오늘 아버지가 주신 새로운 기회 앞에 나도 새 포도주가 되어 담기게 하소서.
오늘 나의 마음이 그저 수동적으로 은혜만 받으려 하지 말게 하소서.

하나님이 나와 함께하실 때 내 안에 이미 주님의 능력이 있는 것을 믿습니다.
내가 전적인 죄인이라는 의미는
아무것도 하지 말라는 뜻이 아님을 알게 하소서.
내가 죄인이고 무능력하기 때문에 오늘도 예수님을 갈망하는 자 되게 하소서.
오늘도 하나님의 은혜가 필요합니다.
내가 아버지의 뜻대로 살기 위해서 하나님이 필요합니다.

이제까지 기도하면서 하나님의 동행과 임재를 구했습니다.
그러나 그 구하는 목적은 나의 복과 평안과 순조로운 삶이었습니다.
아버지, 이제 돌이켜 하나님의 뜻을 위해 동행과 임재를 구하게 하소서.
하나님의 동행과 임재를 구하는 목적이 달라지게 하소서.
그래서 내가 빛과 소금답게 살기 위해 아버지를 갈망하는 날 되게 하소서.

오늘 하루는 어제에 대한 또 한 번의 기회이며 내일에 대한 발판입니다.
오늘을 소중히 여기겠습니다. 그리고 주신 시간을 감사하며 기뻐합니다.
나의 주 예수 그리스도의 이름으로 기도합니다. 아멘!

:: 내 영혼이 하나님 곧 살아 계시는 하나님을 갈망하나니 내가 어느 때에 나아가서 하나님의 얼굴을 뵈올까 (시편 42:2).

09 | 25

신앙적 탐욕을 버리는 날 되게 하소서

아버지가 내 모든 삶의 주권을 가지신 분이며,
나를 지키시는 분임을 찬양합니다.
오늘도 주인이신 주님이 나를 주도하여 주소서.
내가 순종하는 마음으로 주님께 귀 기울이며 하루를 살기 원합니다.

하나님의 능력을 믿고 행하되, 과시하지 말게 하소서.
내 뒤에 백이 있다고 뻐기지 말게 하소서.
하나님을 믿는다고 갑이 되었다 생각하지 말게 하소서.
목사니까 더 죽어지게 하시고, 장로니까 더 바닥까지 낮아지게 하소서.
권사니까 더 겸손하게 하시고, 집사니까 더 낮아지게 하소서.

하나님이 나와 함께하신다는 것을 폭력으로 사용하지 말게 하소서.
나의 자랑과 보복과 드러냄을 위해 하나님의 힘을 빌리지 말게 하소서.
예수님은 어느 순간에도 갑이 되신 적이 없음을 기억하게 하소서.
예수님처럼 살면서 갑처럼 대접받으려는 바보가 되지 말게 하소서.

예수님처럼 살면서 예수님처럼 대접받기 원합니다.
하나님의 뜻대로 살면서 하나님의 처분대로 대접받는 하루 되기 원합니다.
나와 하나님을 동시에 드러내려는 마음을 버리게 하소서.
신앙적 탐욕을 버리는 날 되게 하소서.
나의 주 예수님의 이름으로 기도합니다. 아멘!

:: 너희 중에 누구든지 으뜸이 되고자 하는 자는 너희의 종이 되어야 하리라
(마태복음 20:27).

영적 신분에 걸맞은 나로 살겠습니다

오늘도 하나님의 자녀 삼아주심에 감사합니다.
오늘 내가 부모라는 것은 기억하면서, 과장이라는 사실은 기억하면서
하나님의 자녀라는 것은 까먹고 살고 있음을 회개합니다.
나의 역할과 직위와 해야 할 일을 기억한다면
영적인 신분도 기억하게 하소서.

부모다워지려고 노력하는 만큼, 하나님의 자녀다워지게 하소서.
내가 부장다워지려고 노력하는 만큼, 세상의 소금다워지게 하소서.
세상의 신분에서는 그 대접을 받으려고 급급하면서
하나님의 영적인 신분에는 관심도 없음을 용서하소서.
오늘 하나님의 자녀다워지고 자녀의 특권을 누리는 우리 되게 하소서.

세상 앞에 시험거리가 되지 않게 하소서.
다른 사람을 험담하는 만큼 내가 그 대상이 될 수 있음을 기억하게 하소서.
나의 행동이 내가 아니라 하나님을 욕먹게 할 수 있음을 알게 하소서.
그래서 무게감을 가지고 하루를 살게 하소서.
보이지 않는 영적 신분이 귀하고 소중하다는 것을 알고
하루를 살기 원합니다.

귀하고 아름다운 상속의 신분을 주신 아버지를 찬양합니다.
오늘 그에 걸맞은 나로 살겠습니다.
나의 주 예수 그리스도의 이름으로 기도합니다. 아멘!

:: 내가 그리스도와 함께 십자가에 못 박혔나니 그런즉 이제는…나를 사랑하사 나를 위하여 자기 자신을 버리신 하나님의 아들을 믿는 믿음 안에서 사는 것이라 (갈라디아서 2:20).

09 | 27

하나님의 때를 기다림을 배우게 하소서

모든 것을 하실 수 있는 능력이 있으신 아버지를 찬양합니다.
그 아버지의 손안에서 오늘도 안전함을 믿습니다.
이 아침에 나의 손을 붙잡고 일으키시는 주님을 찬양합니다.
오늘 아버지의 손에 이끌리어 내가 가야 할 길을 가게 하소서.
나의 가는 길마다 아버지의 다스리심이 있게 하소서.

아버지는 모든 것을 하실 수 있지만 모든 것을 다 하시지 않습니다.
나는 모든 것을 할 수 있으면 다 해버리는 게 문제임을 회개합니다.
능력이 있으면 다 가지고, 다 해버리고, 다 이루려 합니다.
이 성급함과 판단 없음을 용서하소서.
하나님의 때를 기다림을 배우는 하루 되게 하소서.

모든 것이 가하나 모든 것이 유익한 것이 아님을 알게 하소서.
가장 적절한 때에, 가장 많은 사람에게
유익한 방향으로 일하시는 주님을 찬양합니다.
나도 그 주님을 닮아 가장 적절한 때를 분별하게 하소서.
능력을 조절하는 지혜를 허락하소서.
오늘도 아버지의 성품을 닮기 원합니다.
내 안에 있는 아버지의 성품이 오늘 나의 이기심을 이기게 하소서.
나를 내려놓고 주님을 덧입습니다.
나의 주인이 되시는 예수 그리스도의 이름으로 기도합니다. 아멘!

:: 모든 것이 내게 가하나 다 유익한 것이 아니요 모든 것이 내게 가하나 내가 무엇에든지 얽매이지 아니하리라 (고린도전서 6:12).

09 | 28

복음대로 살기 원합니다

오늘도 싱그러운 아침을 주신 아버지, 감사합니다.
오늘 주신 태양과 구름, 바람, 새, 꽃, 풀들에 감사와 찬양을 드립니다.
온 세상이 아버지가 주신 것들로 가득차 있음을 고백합니다.
오늘도 복음대로 살기 원합니다.
복음이 나에게 가르치는 삶을 살게 하소서.
오늘 내가 힘이 있어도 연약한 자리에 앉게 하소서.
오늘 내가 똑똑하여도 바보가 될 수 있게 하소서.
오늘 내가 이길 수 있지만 지는 자가 될 수 있게 하소서.

끝까지 이기려고 힘을 쓰면서 사람을 다치게 하기보다,
끝까지 내 말이 옳다는 것을 증명하려고 사람을 무시하기보다,
끝까지 힘을 증명하려 사람을 밟기보다,
차라리 밟히고, 손해 보고, 바보스러워지게 하소서.
평화를 깨면서까지 이겨 무엇을 얻겠다고 아등바등 살겠습니까.

십자가를 지신 주님을 생각합니다.
능력이 없어 십자가를 선택하신 것 아니고, 변명을 못해 함구하신 것 아니며,
심판을 못해 세상의 판단에 당하신 것 아닙니다.
오늘 나도 주님 닮아 복음을 선택하는 자 되게 하소서.
십자가를 지신 예수 그리스도의 이름으로 기도합니다. 아멘!

:: 또한 모든 것을 해로 여김은 내 주 그리스도 예수를 아는 지식이 가장 고상하기 때문이라 내가 그를 위하여 모든 것을 잃어버리고 배설물로 여김은 그리스도를 얻고
(빌립보서 3:8).

보잘것없는 나의 하루가 아버지로 위대해집니다

높은 하늘에만 계신 것이 아니라 가장 낮은 이 땅에 오신 주님, 감사합니다.
거대하고 위대한 일에만 함께하시는 것이 아니라
나의 하찮은 일상에도 임하심을 감사합니다.
때로 나의 하찮은 이기심에도 못 이기는 척
베푸시는 주님의 사랑을 찬양합니다.
몰라서가 아니라 알면서 져주시는 아버지의 사랑에 감사합니다.
하지만 선하지 않은 것에는 영원히 져주시지 않고
때로 경책하심에 감사합니다.
오늘 그 사랑 안에서 나를 인도하시는 주님을 경험하기 원합니다.

오늘 나의 작음에도 함께하시는 주님처럼,
오늘 나의 작은 선택이 하나님의 눈 안에 있다면
결코 작지 않음을 알고 주의하게 하소서.
나의 1분이 작다 여기지 말게 하시고,
나의 작은 행동이 작다 생각하지 말게 하소서.
나의 주님이 머무시는 곳이라면 그곳은 어디나 위대한 곳임을 고백합니다.
나의 하루가 아버지로 인해 위대해졌음을 고백합니다.

주목하시는 하나님을 의식하며 오늘을 살겠습니다.
임재하시는 아버지의 크기만큼 오늘을 위대하게 여기겠습니다.
사랑하시는 아버지의 마음만큼 나를 존중하겠습니다.
사랑의 결정체이신 예수 그리스도의 이름으로 기도합니다. 아멘!

:: 우리가 주목하는 것은 보이는 것이 아니요 보이지 않는 것이니 보이는 것은 잠깐이요 보이지 않는 것은 영원함이라 (고린도후서 4:18).

09 | 30

회개로 마무리하고, 기대로 시작합니다

한 달을 마무리하는 날을 맞이했습니다.
하나님의 시간은 영원하나 인간의 시간은 기간이 있음에 감사합니다.
시작이 있고 마무리가 있는 하루하루의 단위가 있음에 감사합니다.
하루를 마감하고 시작하게 하시고,
한 달을 마감하고 시작하게 하시니 감사합니다.

마감할 수 있어서 과거를 돌아보게 하시고,
시작할 수 있어서 기대하게 하시니 감사합니다.
지난 과거에 매이지 않게 매듭을 주시니 감사합니다.
잘못된 부끄러운 일들을 돌아보고 반성하되, 회개하고 잊게 하소서.
어려운 시간을 잊고 새로운 소망을 갖게 하소서.

한 달을 돌아보며 얼마나 많은 열매를 맺었는지 돌아보게 하소서.
나의 행함에 부족함이 없었는지,
하나님과 얼마나 동행했는지 반성하게 하소서.
지금까지 도우신 주님을 찬양합니다.

그리고 새로 시작하는 10월을 기대하며 기도합니다.
하나님과 더 가까워지는 10월이 되게 하소서.
하나님을 더 사랑하는 한 달이 되게 하소서.
오늘도 회개와 기대를 가지고 기도하며 하루를 엽니다.
시간의 주인이신 예수 그리스도의 이름으로 기도합니다. 아멘!

:: 만일 우리가 우리 죄를 자백하면 그는 미쁘시고 의로우사 우리 죄를 사하시며 우리를 모든 불의에서 깨끗하게 하실 것이요 (요한일서 1:9).

내가 주를 기뻐하고 즐거워하며
지존하신 주의 이름을 찬송하리니
_ 시편 9:2

이 달 의 기 도 제 목

-
-
-
-
-

10 | 01

믿음과 행함 사이에 다리를 놓게 하소서

오늘도 아버지의 뜻을 따라 하루를 시작합니다.
아침에 주님의 임재를 구하고 아버지의 보좌 앞에 나아갑니다.
이 땅에서 이루어야 할 것들을 고민하기 전에
하나님 앞에서 들어야 할 말씀에 더 집중하게 하소서.

이 세상 삶이 나그네와 같은 길이라면
내게 훨씬 중요한 것은 하나님이십니다.
나의 영원히 거할 곳을 바라보며
잠깐의 인생에서 중요한 것을 놓치지 말게 하소서.
그러나 오늘도 하늘만 붙들고 땅의 삶을 무시하지 말게 하소서.
하늘의 뜻이 이 땅에 이루어지도록 애쓰는 날 되게 하소서.
믿음과 행함 사이에 다리를 놓게 하소서.

머리로 고백하는 믿음이 실체로 드러나게 하소서.
나의 행함의 실체가 나의 믿음을 증명하게 하소서.
나의 주 하나님을 찬양하는 입술로 사람을 저주하지 말게 하소서.
하나님을 사랑한다면서
하나님이 제일 싫어하시는 일을 선택하지 말게 하소서.
한 영혼이 소중하다면서 사람보다 돈을 택하지 말게 하소서.
나를 경책하시며 인도하소서. 나의 주 하나님을 찬양합니다.
예수님의 이름으로 기도합니다. 아멘!

:: 영혼 없는 몸이 죽은 것같이 행함이 없는 믿음은 죽은 것이니라 (야고보서 2:26).

어려울 때 기도하게 하소서

내가 고난을 당할 때에 나의 주가 되시는 아버지, 찬양합니다.
어려운 일을 피할 수는 없으나 그 길 가운데 아버지의 도우심을 구합니다.
인생을 살면서 만나는 모든 일이 좋은 일보다 나쁜 일이 많아 보입니다.
그러나 그것은 나의 감각의 셈법임을 고백합니다.
주어진 일상이 다 좋은 일임을 고백합니다.

나의 이기적인 셈법이 고난에 집중되어 있음을 알게 하소서.
나의 관심이 감사보다 불평에 집중되어 있음을 회개합니다.
주신 감사한 것들은 하나도 기억을 못하고 나쁜 일만 기억함을 용서하소서.
그럼에도 불구하고 고난은 언제나 힘겨움을 고백합니다.
나의 나약함을 용서하소서. 도우소서.

어려움을 당할 때에 실수하지 말게 하소서.
내가 어렵다 해서
남들을 향한 모든 나의 태도가 정당하다 여기지 말게 하소서.
나를 어렵게 하지도 않은 사람에게 화풀이하는 죄를 멈추게 하소서.
그들이 나를 괴롭히지 않았는데 함께 산다는 이유만으로
막 대하는 일이 없게 하소서.
어려울 때 기도하게 하소서. 하나님을 보게 하소서.
아버지의 손으로 나를 건지시고 함께하소서.
나의 주 예수 그리스도의 이름으로 기도합니다. 아멘!

:: 우리가 아직 연약할 때에 기약대로 그리스도께서 경건하지 않은 자를 위하여 죽으셨도다 (로마서 5:6).

나의 가는 곳마다 거기 계신 하나님

내가 어디에 있어도 나를 찾으시며 거기 계시는 주님을 찬양합니다.
아무도 없는 골방에 있을 때에도 거기 계시니 감사합니다.
산꼭대기에 올라가 소리칠 때에도 거기 계시니 감사합니다.

나의 가는 길보다 더 앞서가시며
나의 길을 예비하시는 주님을 찬양합니다.
지금 여기 계실 뿐만 아니라
내가 가야 할 거기 계시는 주님을 찬양합니다.
내가 하나님을 의심하는 일이 없게 하소서.
하나님의 일하심이 얼마나 위대한지를 기억하게 하소서.
나를 도우시지 않는다 불평하지 말고 하나님을 바라보게 하소서.

내 눈에 보이지 않아서 안 계시는 것이 아니라
내가 하나님을 발견하지 못함을 알게 하소서.
주님을 찬양합니다. 주님을 높여드립니다.
내 삶의 주관자가 되어주시는 주님을 찬양합니다.

침묵하시는 순간에도 함께하심을 믿습니다.
하나님은 언제나 나의 찬양과 기쁨이 되십니다.
오늘도 나의 가는 길을 지켜주소서.
나의 주 예수 그리스도의 이름으로 기도합니다. 아멘!

:: 이는 남은 자가 예루살렘에서 나오며 피하는 자가 시온산에서 나올 것임이라 만군의 여호와의 열심이 이를 이루시리이다 (이사야 37:32).

복음의 소식이 나를 살립니다

오늘도 나의 주가 되시는 하나님 아버지, 감사합니다.
아침마다 나에게 새로운 사랑으로 함께하시니 감사합니다.
아침에 주님을 찾는 것이 일평생 나의 습관이 되게 하소서.
오늘도 율법이 아니라 복음으로 나를 살리시는 주님을 찬양합니다.
내가 다 지킬 수 없음을, 내가 완벽하게 살 수 없음을 고백합니다.
복음의 소식이 나를 살리게 하시고, 나에게 소망이 되게 하소서.
오늘 내가 약하여 하나님의 위대하심이 더 드러납니다.

아버지는 나를 사랑하기를 결정하시고 나를 인도하셨습니다.
내가 잘하나 못하나 지켜보다가
사랑하기로 결정하신 것이 아님에 감사합니다.
이미 결정하신 그 사랑을 실천하시는 아버지를 찬양합니다.
내가 사랑받을 어떤 자격도 없음을 고백합니다.
그래서 나의 모든 것이 은혜임을, 아버지의 사랑임을 고백합니다.

오늘 이 사랑을 힘입어 다시 소망을 갖습니다.
내 삶에 나의 아버지 이외에 믿을 것이 없음을 고백합니다.
그리고 나를 통해 일하실 주님을 기대합니다.
나의 주 예수 그리스도의 이름으로 기도합니다. 아멘!

:: 이와 같이 주께서도 복음 전하는 자들이 복음으로 말미암아 살리라 명하셨느니라
(고린도전서 9:14).

그래서 오늘도 나는 예수가 필요합니다

죄 앞에 진노하시지 않고 회개하는 자에게 용서를 주심을 감사합니다.
지금까지 지었던 모든 죄악을 용서하시고
십자가 보혈로 깨끗이 씻어주소서.
알고 지은 죄와 모르고 지은 모든 죄를 사하여 주소서.

나는 악하여 나쁜 의도를 선한 척 포장했습니다.
나는 악하여 선한 말속에 칼을 품었습니다.
나는 악하여 웃음 속에 빈정거림을 담았습니다.
나는 악하여 착한 일 속에 정죄를 담았습니다.
이 모든 나의 내심까지 용서하여 주소서.

아버지를 닮기 원하나 나의 성품은 턱없이 부족함을 고백합니다.
내가 주님처럼 살려 하다가 얼마나 좌절했던가요. 불쌍히 여기소서.
나는 참을 인내가 없고, 덮을 사랑이 없습니다.
악한 자를 보며 욱하고, 나의 악함은 정당화합니다.
이런 나를 바라보며 좌절할 때마다 주님, 나의 손을 잡아주소서.

그래서 오늘도 나는 예수가 필요함을 고백합니다.
오늘도 나의 형편없음을 아시는 주님을 인해 소망을 갖게 하소서.
나의 주 예수 그리스도의 이름으로 기도합니다. 아멘!

:: 내가 주께만 범죄하여 주의 목전에 악을 행하였사오니 주께서 말씀하실 때에 의로우시다 하고 주께서 심판하실 때에 순전하시다 하리이다 (시편 51:4).

하나님의 성품을 찬양하고 높여드립니다

하나님은 나의 사랑이십니다. 하나님은 공의로우십니다.
하나님은 선하십니다. 하나님은 그 판단이 온전합니다.
하나님은 모든 우주를 다스리십니다.

이 모든 하나님의 성품을 찬양하고 높여드립니다.
그리고 이 모든 성품이 나의 삶에 역사함을 믿고 맡겨드립니다.
그 일하심 앞에 순종하기 원합니다.
말이 아니라 삶으로 신앙의 길을 가기 원합니다.

아버지는 나를 사랑하십니다.
아버지는 나에게 언제나 공의로우십니다.
아버지는 내 생에 선하십니다.
아버지의 판단은 나를 향해 언제나 옳습니다.
아버지는 나를 온전히 다스리십니다.

이것을 믿고 행하는 날 되게 하소서.
오늘 말과 믿음이 행함으로 드러나게 하소서.
나의 주님이 되시는 아버지를 찬양합니다.
나의 주 예수 그리스도의 이름으로 기도합니다. 아멘!

:: 여호와의 지으심을 받고 그가 다스리시는 모든 곳에 있는 너희여 여호와를 송축하라 내 영혼아 여호와를 송축하라 (시편 103:22).

하나님을 오해한 것을 바로잡는 하루 되게 하소서

아침마다 새로운 인자하심으로 나를 돌보시는 아버지, 감사합니다.
어제의 인자하심보다 더 아름다운 인자하심이
오늘 나의 것임에 감사를 드립니다.
나도 오늘 어제의 사랑보다 더 새로운 사랑으로 주님을 사랑합니다.
일평생 날마다 새로운 신앙이 되게 하소서.

하나님은 영원하시나 식상하시지 않습니다.
하나님은 크시나 작은 것을 놓치시는 분이 아닙니다.
하나님은 진노하시나 한 번도 사랑을 포기하신 적이 없습니다.
하나님의 헤아릴 수 없는 지혜와 일하심을 높여드립니다.

하나님은 식상함이 없으신 분인데 내가 식상하다면
뭐가 문제인지 찾게 하소서.
하나님은 작은 것도 놓치시지 않는데 나는 불평한다면 왜인지 묻게 하소서.
하나님은 사랑을 포기하시지 않는데 나는 사랑받지 못한다 여긴다면
무엇이 문제인지 묻게 하소서.
나는 왜 하나님과 다른 것을 느끼고 있지요?
나는 왜 하나님을 오해하고 있는지 발견하게 하소서.

오늘 하나님을 올바로 알고 사랑하기 원합니다.
하나님을 오해한 것을 바로잡는 하루 되게 하소서.
나의 주 예수 그리스도의 이름으로 기도합니다. 아멘!

:: 하나님의 어리석음이 사람보다 지혜롭고 하나님의 약하심이 사람보다 강하니라
(고린도전서 1:25).

내가 앞서 나가려 할 때 멈추게 하소서

오늘도 하나님의 일하심을 기대하고, 일어날 좋은 일을 기대합니다.
하나님이 주신 축복의 은혜를 담고 하루를 시작합니다.
오늘 주님 앞에 모든 통치권을 맡겨드립니다.
내가 앞서 나가려 할 때 멈추게 하소서.
나의 열심과 최선이 때로 하나님을 앞지르지 말게 하소서.
아버지 앞에 죽도록 충성하겠다 약속해서 너무 죽도록 하지 말게 하소서.
죽도록 충성하고 하나님을 원망할까 두렵습니다.

오늘 나에게 충성이 율법이 되지 않게 하소서.
언제나 나의 부족함을 채우시는 주님을 믿고 자유를 누리게 하소서.
자식에게 죽을 때까지 일하라고 매질하는 부모가 없듯이,
오늘 내가 아버지의 자식이라는 것을 기억하게 하소서.
책임감 있는 부모를 가진 자식이 누리는 평안을 허락하소서.

충성하되 노예가 되지 말게 하시고
지쳐 쓰러질 때 '모르겠다' 하고는 아버지께 맡겨드리는 자유를 주소서.
성실하되 얽매이지 않게 하시고, 자유롭되 방종하지 말게 하소서.
예수님의 이름으로 기도합니다. 아멘!

:: 주의 권능의 날에 주의 백성이 거룩한 옷을 입고 즐거이 헌신하니 새벽이슬 같은 주의 청년들이 주께 나오는도다 (시편 110:3).

하늘의 부르심을 듣는 날 되기 원합니다

오늘도 나를 불러 일으키시는 아버지, 감사합니다.
나를 이 세상으로 부르시고, 또 천국으로 부르셨습니다.
죄의 자리에서 나를 구원의 자리로 부르시고
나의 손을 잡아 악의 구렁텅이에서 나를 찾아오시니 감사합니다.
하나님의 열심이 오늘도 나를 내 자리에 있게 하시니 감사합니다.

하나님 아버지의 음성을 듣는 하루 되게 하소서.
오늘 나의 생활을 부르시고 나의 선택을 부르시는 아버지, 감사합니다.
모든 순간 아버지의 뜻대로 살기 위해
아버지의 부르심에 응답하게 하소서.

오늘도 내가 만나는 사람들을 존귀히 여기게 하소서.
그들도 아버지의 부르심을 받은 사람임을 알게 하소서.
그래서 아버지가 나에게 하셨듯 나도 그들에게 하게 하소서.
오늘 나의 가족만이 아니라 남의 가족도 존귀히 여기게 하소서.

오늘 하늘의 부르심을 듣는 날 되기 원합니다.
나의 영혼이 하늘을 바라보며 살게 하소서.
아버지의 음성이 마음에 가득한 날 되게 하소서.
나의 주 예수 그리스도의 이름으로 기도합니다. 아멘!

:: 하나님의 은사와 부르심에는 후회하심이 없느니라 (로마서 11:29).

10 | 10

나는 신을 아버지로 둔 자입니다

아버지는 나의 아버지이십니다. 하나님은 나의 구원자이십니다.
나를 지으신 분, 나를 인도하시는 분, 언제나 나를 지키시는 분입니다.
하나님의 사랑이 오늘도 나를 기쁨의 길로 인도합니다.
이 세상 모든 사람이 나를 사랑하지 않아도 괜찮을 만큼
아버지의 사랑은 차고 넘침을 고백합니다.
말씀으로 약속하신 그 은혜를 기대합니다.
오늘 나의 가는 길 가운데 만날 어려움들도 두렵지 않습니다.
왜냐하면 아버지가 항상 나의 가는 길을 동행하시기 때문입니다.

오늘도 고아처럼 행동하지 말게 하소서.
오늘도 버림받은 사람처럼 스스로를 여기지 말게 하소서.
나는 신을 아버지로 둔 자입니다.
나는 선택받은 사람이고, 영적 유산을 받을 상속자입니다.

오늘도 아버지의 자녀 됨이 나를 가장 멋지게 할 것입니다.
꿀리지 말게 하시고, 담대하게 하소서.
오늘을 복 주신 아버지를 찬양합니다.
나의 주 예수 그리스도의 이름으로 기도합니다. 아멘!

:: 우리로 그의 은혜를 힘입어 의롭다 하심을 얻어 영생의 소망을 따라 상속자가 되게 하려 하심이라 (디도서 3:7).

10 | 11

세상 속에서 아버지의 자녀답게 살기 원합니다

오늘도 변함없는 사랑으로 나를 깨우신 아버지, 감사합니다.
나의 마음은 언제나 변덕스러워서 감정에 치우치는데
하나님은 언제나 동일한 사랑으로 나를 대하심을 감사합니다.
언제나 영원토록 변하지 않는 사랑을 의지하여 살게 하소서.
오늘 나의 감정이 나를 주도하지 말게 하소서.

어제까지 지었던 모든 불신의 죄악을 회개합니다.
하나님이 없는 사람처럼 말하고 행동했던 것을 용서하소서.
고아처럼, 과부처럼, 나그네처럼,
의지할 것 없는 자처럼 연민했던 것을 용서하소서.
나는 탕자처럼 살았어도 주님께만 돌아오면 환영받는 자입니다.
자격 없이 받은 자녀의 신분이 가장 큰 자랑거리입니다.

구원이 나의 모든 자격을 증명해주는 것을 믿게 하소서.
사람에게 인정받아 나의 자격을 증명받으려 하지 말게 하소서.
하나님이 주신 모든 은혜가 이미 나에게 충분한 자격임을 고백합니다.
오늘도 내게 주어진 모든 것 앞에 당당하게 하소서.
세상 속에서 아버지의 자녀답게 살기 원합니다.
내가 용서받은 그 큰 사랑을 힘입어 다른 사람을 용서하겠습니다.
나의 주 예수 그리스도의 이름으로 기도합니다. 아멘!

:: 내가 여호와의 명령을 전하노라 여호와께서 내게 이르시되 너는 내 아들이라 오늘 내가 너를 낳았도다 (시편 2:7).

예수 그리스도의 보혈로 나를 씻어주소서

눈을 뜨고 눈을 감음이 주님의 손안에 있음을 고백합니다.
그래서 오늘도 무한 감사를 드립니다.
하나님의 은혜로 오늘을 살 수 있음에 감사합니다.

아버지, 오늘도 예수 그리스도의 보혈로 나를 씻어주소서.
세수만 하고 머리만 감는 것이 아니라 나의 영혼을 씻어주소서.
오늘도 깨끗한 몸만이 아니라 정결한 영혼으로 하루를 시작합니다.
아버지, 오늘을 새롭게 하시듯 나를 새롭게 하소서.
나의 영혼이 주님을 향하여 날아가듯 경쾌하게 하소서.

오늘 가진 모든 근심과 책임의 무거움을 주님께 올려드립니다.
나는 하루도 그 모든 것을 감당하거나 유지할 능력이 없음을 고백합니다.
그러나 영원하시며 전능하신 아버지를 의지하여 오늘을 삽니다.
아버지의 힘으로 오늘을 살게 하소서.

나는 하루살이처럼 짧은 인생을 살지만 주님은 영원하십니다.
그 영원을 의지하여 나의 영혼에 소망이 가득합니다.
아버지의 영원한 시간을 사모하는 마음으로
오늘도 기대하며 살게 하소서.
나의 주 예수 그리스도의 이름으로 기도합니다. 아멘!

:: 하나님이 참으로 이스라엘 중 마음이 정결한 자에게 선을 행하시나 (시편 73:1).

오늘도 아버지 등에 업혀 삽니다

지난밤에 단잠을 주시고 오늘 개운하게 일어나게 하시니 감사합니다.
나는 아무 의식도 없이 잠만 잤는데도 회복되게 하시니 감사합니다.
내가 무엇을 하려고 할 때보다 훨씬 더 멋진 회복을 주시니 감사합니다.

오늘도 나의 손발이 묶여 있어도 하나님이 못하실 일은 없음을 고백합니다.
나의 손이 꼭 필요해서가 아니라
나를 위해 아버지의 일에 나의 손을 빌리신 아버지께 감사를 드립니다.
아버지가 다 하시고는 나더러 잘했다고 박수해주시니 감사합니다.
그것이 참된 아버지의 사랑입니다.

오늘도 아버지의 등에 업혀 사는 하루임을 고백합니다.
그 등에서 팔을 휘저으며 내가 다 했다 자만하지 말게 하소서.
아버지의 등에 업혀 다리를 버둥거리며 내가 강을 건넜다 하지 말게 하소서.
주님이 하셨습니다.
그리고 오늘 주님이 하실 것입니다.

믿음으로 고백합니다. 아버지여! 오늘 일하여 주소서.
나는 주님이 필요하고, 그 일하심을 전적으로 의지할 것입니다.
나의 주 예수 그리스도의 이름으로 기도합니다. 아멘!

:: 우리는 하나님의 동역자들이요 너희는 하나님의 밭이요 하나님의 집이니라
(고린도전서 3:9).

내가 아버지 편에 서 있기를 소망합니다

언제 죽어도 이상하지 않을 나를 살리신 아버지, 찬양합니다.
영원히 죽어 마땅한 자를 살려 천국을 약속하신 아버지, 감사합니다.
나의 생명도, 우리 가족의 생명도 주님의 손안에 있습니다.

내가 무엇을 한들 나의 생명을 1초라도 더 유지하겠습니까.
하나님이 나의 모든 것을 거둬 가시면 나는 그것을 막을 수 없습니다.
내가 그런 존재라면
아버지 없이 혼자 이루겠다는 모든 것은 허상일 뿐입니다.
아버지 없는 모든 결정은 야망이 될 것입니다.
아버지 없는 모든 평안은 거짓 편안함일 뿐입니다.
아버지 없이 꿈꾸는 일이 없게 하소서.

참되신 여호와 하나님을 찬양합니다.
생명의 주인 되시는 아버지를 찬양합니다.
나를 만드시고 나의 모든 연약함을 충만하게 채우시는 주님을 찬양합니다.
약하지만 강하게 하시고, 가난하지만 부하게 하시는 아버지를 찬양합니다.

그 무엇보다 내가 아버지 편에 서 있느냐를 매일 확인하게 하소서.
나의 건강과 체중만 확인하지 말고,
지금 내가 서 있는 자리를 확인하게 하소서.
오늘 내가 아버지 편에 서 있기를 간절히 소망합니다.
나의 주인, 예수 그리스도의 이름으로 기도합니다. 아멘!

:: 사람의 행위가 자기 보기에는 모두 깨끗하여도 여호와는 심령을 감찰하시느니라
(잠언 16:2).

10 | 15

아버지께 무시당하느니 세상에 무시당하겠습니다

사랑하는 동물들과 벌레와 강과 바다를 만드신 주님, 찬양합니다.
아름다운 세상을 부족한 인간을 위해 지으신 아버지를 찬양합니다.
하나님의 자녀라는 자리가 정말 감동스러운 자리임을 고백합니다.

오늘 세상의 직분에 연연하여 좌절하고 절망하지 말게 하소서.
내가 조금 늦게 과장이 된다고,
때로 부장이 되지 못한다고 한탄하지 말게 하소서.
나의 자리는 모든 만물을 선물로 받아 누리는 자리임을 알게 하소서.
사람들의 무시에는 연연하면서,
하나님의 무시에는 관심도 없음을 회개합니다.
나이에 맞는 직책을 원하면서
신앙 연조에 맞는 성숙에는 관심 없음을 용서하소서.

무엇이 그리 세상과 사람의 인정에 목마르게 했는지 돌아보게 하소서.
그들은 나에게 아무것도 주지 않았습니다.
그러나 아버지는 이 세상 모든 만물과 신의 사랑과 구원을 주셨습니다.

오늘도 나의 행함이 누구의 무시를 가지고 오는지,
누구의 인정을 가지고 오는지 보게 하소서.
아버지께 무시당하느니 세상에 무시당하는 자 되게 하소서.
사람의 인정에 목매는 허접한 인생 되지 말게 하소서.
나의 주 예수 그리스도의 이름으로 기도합니다. 아멘!

:: 눈가림만 하여 사람을 기쁘게 하는 자처럼 하지 말고 그리스도의 종들처럼 마음으로 하나님의 뜻을 행하고 (에베소서 6:6).

10 | 16

아버지의 참된 한 말씀이 나를 살립니다

이 세상에 나를 부르신 아버지, 감사합니다.
이 세상 가운데는 거짓이 가득하고 믿을 것이 하나 없음을 고백합니다.
아버지가 살라 하신 이 세상이 녹록지 않음을 고백합니다.
속이고 속는 세상에서 참이 되시는 아버지를 사모합니다.
거짓에 피곤하여 지칠 때에 주님의 참되심을 갈구합니다.
아버지를 만나는 것만으로 거짓에 지쳐 있는 나의 영혼이 회복되게 하소서.
말뿐인 사랑과 허상으로 가득한 칭찬들 속에서 벗어나게 하소서.
아버지의 참된 한 말씀이 나를 살리게 하소서.

헛된 말들의 잔치 자리에서 내려오게 하소서.
더 낮은 곳으로, 더 외로운 골방에 들어가
참된 아버지의 한 말씀을 듣게 하소서.
나를 살릴 수 없는 허탄한 말들에 지쳐하면서
또 그것을 따라가지 말게 하소서.
용기를 내게 하소서. 그것들 없이도 살 수 있음을 알게 하소서.

그리고 나의 삶을 단단하게, 차근차근 쌓아가게 하소서.
남들의 눈치를 보고 인정을 갈망하는 삶이 아니라
나의 나 됨을 이루어나가는, 하나님 앞에서의 삶을 살게 하소서.
나의 주 예수 그리스도의 이름으로 기도합니다. 아멘!

:: 진실한 입술은 영원히 보존되거니와 거짓 혀는 잠시 동안만 있을 뿐이니라 (잠언 12:19).

참된 하나님을 만나 기뻐하기 원합니다

날마다 새롭게 하시는 은혜로 오늘을 복 주시듯 나를 복 주소서.
나만을 위한 복이 아니라 말씀의 복이 되어 나눠주게 하소서.
물질이 복이라는 생각을 버릴 수 있는 용기를 주소서.
참된 복의 가치를 알 수 있는 영안을 열어주소서.

오늘도 나의 사랑이 되시는 주님을 찬양합니다.
누가 나를 위해 목숨을 버리겠습니까.
나를 위해 목숨을 버린들 신이신 예수님의 죽으심과 비교가 되겠습니까.
오늘 나를 위해 죽은 이가 신이시라는 사실을 알게 하소서.
그리고 기억하게 하소서.

내가 그렇게 가치 있는 존재임을 명심하고 오늘을 살게 하소서.
나를 참되게 사랑하신 분이 하나님 한 분이시라는 것을
가슴에 새기게 하소서.
생명과 모든 것을 주신 경배의 대상이신 하나님을 만나게 하소서.
매일이 불평이라면 어쩌면 나는 하나님을 아직 못 만난 것일 수도 있습니다.

오늘 참된 하나님을 만나 기뻐하며, 감사하며, 사랑하며, 즐겁게 하소서.
오늘 내가 경성함으로 아버지를 갈망하며 만나는 날 되게 하소서.
나의 구원자 예수 그리스도의 이름으로 기도합니다. 아멘!

:: 그들이 주의 집에 있는 살진 것으로 풍족할 것이라 주께서 주의 복락의 강물을 마시게 하시리이다 (시편 36:8).

말도 안 되는 은혜, 말도 안 되는 사랑입니다

온 우주에 비하면 나는 먼지만도 못한 존재인데도
오늘도 이 작고 작은 나를 찾으시는 아버지를 찬양합니다.
나만 모르는 나의 크기를 온전히 볼 수 있게 하소서.
나는 내가 대단히 큰 줄 착각하고 살고 있음을 알게 하소서.
오늘 아버지의 크기를 보게 하소서. 그리고 놀라게 하소서.

아버지를 온전히 보기 원합니다.
내가 세상의 중심이며,
하나님도 나를 도우셔야만 하는 도구로 여기지 말게 하소서.
주님을 만나는 날 고개도 들지 못할 것입니다.
나의 유치함과 탐욕적인 태도로 수치스러울 것입니다.

아버지여, 이 모든 착각을 거둬주소서.
아버지의 아버지 되심을 보게 하시고, 나의 나 됨을 보게 하소서.
거대한 우주보다 크신 분과 먼지보다 작은 내가
어떻게 관계할 수 있는지 보게 하소서.
말도 안 되는 은혜를 명확히 깨닫게 하소서.
그리고 그 수치스런 자랑과 불평을 그치게 하소서.
생명을 유지하고 사는 것만으로도 할 말이 없는 존재임을 고백합니다.
그 위에 더하신, 모든 내가 갖추고 사는 것과 은혜가
말도 안 되는 사랑임을 고백합니다.
오늘 나의 경박한 입을 다물고 감읍하며 하루를 살게 하소서.
예수님의 이름으로 기도합니다. 아멘!

:: 진실로 그는 거만한 자를 비웃으시며 겸손한 자에게 은혜를 베푸시나니 (잠언 3:34).

10 | 19

나를 아름답게 만드신 주님, 나도 아름답게 살겠습니다

파란 하늘과 흔들리는 나뭇잎을 주신 아버지, 감사합니다.
새 소리와 시원한 바람을 만드신 아버지를 찬양합니다.
그 무엇보다 아름다운 사람을 만드시고 인도하시는
주님께 감사를 드립니다.
사랑하는 가족들을 주셔서 서로 의지하게 하시니 감사합니다.

기계음을 들으며 잠들 수는 없어도
작은 풀벌레 소리를 듣고는 안식하게 하시니 감사합니다.
떨어지는 빗소리도 나를 안식하게 하는 힘이 있음을 고백합니다.
아버지가 베푸신 모든 것에는 치유의 힘이 있음을 찬양합니다.

오늘도 하나님이 주신 온 세상 가득한 선물에 귀 기울이게 하소서.
바라보고 누리게 하소서.
내게 없는 것만 집중하여 찾으며 부족하다 외치지 말게 하소서.
주신 풍성함에 집중하고 감사하며 기뻐하게 하소서.

오늘도 나를 아름답게 만드신 주님을 찬양합니다.
아름답게 살겠습니다.
하나님의 작품다운 하루 되기 원합니다.
예수님의 이름으로 기도합니다. 아멘!

:: 우리 주의 은혜가 그리스도 예수 안에 있는 믿음과 사랑과 함께 넘치도록 풍성하였도다
(디모데전서 1:14).

아버지, 이 일을 어찌 보시는지요?

오늘도 아버지가 주신 귀한 날입니다.
오늘도 말씀 앞에 서게 하시고 아버지를 대면하게 하소서.
주님이 주신 분명한 성경 말씀을 거절하고
희미하고 불확실한 소리들에 매달리지 말게 하소서.
오늘도 말씀 앞에 정직하게 서게 하소서.
나의 기도가 말씀에 위배되는 일이 없게 하소서.

오늘 해야 하는 일들을 주님 앞에 내려놓습니다.
아버지, 이 일을 어찌 보시는지요?
오늘 내가 무엇을 어떻게 하는 것이 지혜로울지요?
오늘 행하려 할 때에 마음에 확신을 주시고
말씀의 원칙대로 행하는 자 되게 하소서.
사람을 대할 때 관용하며 사랑하게 하소서.
일을 대할 때 성실하게 하소서.
다른 사람과 비교하지 않고 나의 본분을 지키는 하루 되게 하소서.
나보다 약한 자를 돌보고 불쌍히 여기게 하소서.

오늘도 말씀으로 나를 세우시고 인도하소서.
그 빛의 길로 따라가기 원합니다. 나도 빛 된 삶 살게 하소서.
나의 주 예수 그리스도의 이름으로 기도합니다. 아멘!

:: 우리가 육신으로 행하나 육신에 따라 싸우지 아니하노니 (고린도후서 10:3).

10 | 21

나는 모릅니다. 하나님이 알아서 해주소서

나를 사랑하셔서 나를 놓지 않으시는 아버지, 감사합니다.
내가 하나님으로부터 빠져나가 사탄의 길로 가려고 할 때에
주님의 강한 팔로 나를 막아 그 길이 잘못되었음을 깨닫게 하소서.
내가 아무리 원해도 하나님의 뜻에 위배된다면
그 일이 성사되지 않게 하소서.

나는 기도를 잘 못합니다.
나는 완벽한 뜻을 구별할 줄 모릅니다.
나는 보이는 상황밖에는 볼 줄 모릅니다.
그런데 무엇을 확신하여 구할 수 있겠습니까.

모든 것을 아시는 아버지가 알아서 주시옵소서.
온전한 지혜가 있으신 아버지의 판단대로 나를 인도하소서.
그 길이 내가 원했던 길과 반대라 하더라도 멈추지 마소서.
그것이 궁극적으로 나에게 가장 선하고 아름다운 길임을 믿습니다.
나의 판단으로 정한 기도 제목을 고집부리지 말게 하소서.

나의 어리석음을 하나님의 지혜로 덮으소서.
나의 부족함을 아버지의 완벽함으로 덮으소서.
나의 무지함을 하나님의 지식으로 채우소서.
나의 주 예수 그리스도의 이름으로 기도합니다. 아멘!

:: 우리가 그리스도로 말미암아 하나님을 향하여 이 같은 확신이 있으니 (고린도후서 3:4).

나만 아니라 모두와 함께하시고 도우소서

모든 사람을 사랑하셔서 비를 주시고 태양을 주신 아버지, 감사합니다.
내가 하나님의 자녀이니 나만 사랑하시라 요구하지 말게 하소서.
하나님이 이 세상을 얼마나 사랑하시는지 알고 나의 사랑을 넓히게 하소서.

내가 기도할 때에 나만 위하시라 하지 말게 하소서.
하나님이 나랑만 동행하셔야 한다 생각하지 말게 하소서.
하나님은 다른 사람에게 임하시면 안 된다 생각하지 말게 하소서.
하나님은 여기에만 계시라고,
그러셔야 한다고 고집 피우지 말게 하소서.
은혜에도 탐욕이 있을 수 있음을 깨닫게 하소서.

남은 사랑하시고 나는 사랑하시지 않는다는 투정이
얼마나 이기적인지 회개합니다.
내가 하나님을 통제하려고 강요하는 일을 멈추게 하소서.
하나님을 하나님 되시게 맡겨드리는 하루 되게 하소서.
오늘도 주님 앞에 피조물로서 나아갑니다.

오늘 모두와 함께하시고 도우소서.
오늘 가장 크신 하나님으로 임재하소서.
이 세상 가운데 하나님의 나라를 이루소서.
나의 주 예수 그리스도의 이름으로 기도합니다. 아멘!

:: 이 그릇은 우리니 곧 유대인 중에서뿐 아니라 이방인 중에서도 부르신 자니라
(로마서 9:24).

오늘도 지난밤처럼 나를 도와주소서

아침마다 주님의 은혜가 얼마나 싱그러운지요.
나를 재우시고 깨우시는 그 사랑을 인해 모든 피로를 회복했습니다.
하나님이 도우시는 손길로 나의 육체를 온전하게 하시니 감사합니다.
나는 아무 한 일이 없는데 밤새 회복이 되었음에 감사합니다.
나는 잠만 잤을 뿐인데 나의 근심이 덜어짐에 감사합니다.
하나님이 하신 일입니다.
오늘도 지난밤처럼 나를 도와주소서.
내가 할 수 있는 일이 없을 때 주님이 일하여 주소서.

아버지의 손을 붙잡고 걸음걸음 함께하기를 원합니다.
나의 뜻을 성취하기 위해서가 아니라 주님의 뜻을 이루기 위해
오늘도 아버지와 상의하고 동의를 구하며 살게 하소서.
하나님 앞에 기도가 끊어지지 말게 하소서.
아버지의 사랑 안에서 내가 넉넉해짐으로 남에게 넉넉하게 하소서.

언제나 나를 사랑하시는 아버지를 찬양합니다.
아버지의 인자하심과 일하심을 찬양합니다.
오늘밤처럼, 낮처럼 온전히 일하여 주소서.
나의 주 예수 그리스도의 이름으로 기도합니다. 아멘!

:: 그는 하나님께 기도하므로 하나님이 은혜를 베푸사 그로 말미암아 기뻐 외치며 하나님의 얼굴을 보게 하시고 사람에게 그의 공의를 회복시키시느니라 (욥기 33:26).

무엇이든 노력하고 도전하는 종 되게 하소서

오늘도 아버지의 은혜가 바다보다 크고 아름답습니다.
그 은혜 안에서 내가 눈을 뜨고 일어납니다.
나의 손과 발, 모든 육체가 살아 움직이게 하시니 감사합니다.
나에게 오늘을 살 수 있는 힘을 주시니 감사합니다.
하나님의 은혜의 깊은 파도로 들어가는 날 되기 원합니다.

오늘도 겁내지 말고 담대하게 하소서.
어차피 나는 죄인이고 완벽할 수 없으니
때로 실패해도, 실수해도 괜찮다는 믿음을 갖게 하소서.
완벽하려고 하지 말고 도전하게 하소서.
하나님의 은혜의 방식대로 살기 위한 도전을 멈추지 말게 하소서.

이제 내가 은혜의 파도 위에서 춤출 때 빠질 것을 두려워하지 말게 하소서.
나의 손을 즉각 잡으시는 예수님의 손이 나를 건질 것입니다.
오늘도 움츠러들어서 아무것도 못하는, 달란트를 숨겨놓은 자가 아니라
무엇이든 시도하고 노력하고 달려가는, 순종하는 종 되게 하소서.
주님은 게으른 종을 책망하셨지, 실패한 자를 책망하시지 않았습니다.
실패해도 영원한 승리를 주시는 주님을 믿고 신뢰합니다.
나의 주가 되어주소서.
나의 주인 되시는 예수 그리스도의 이름으로 기도합니다. 아멘!

:: 주께 힘을 얻고 그 마음에 시온의 대로가 있는 자는 복이 있나이다 (시편 84:5).

사람을 소중히 여기는 날 되게 하소서

우리에게 가족을 주시고 사랑하는 사람을 주신 아버지, 감사합니다.
육신의 가족만이 아니라 영적인 가족을 주시니 감사합니다.
나에게 의지할 사람들을 주셔서 동행하게 하시니 감사합니다.
오늘도 사람을 소중히 여기게 하소서.

아버지가 베푸신 모든 은혜 중에 사람을 주신 은혜에 감사합니다.
함께 일할 자를 주시고 그들과 소통하게 하시니 감사합니다.
사랑의 말을 하게 하시고 그들의 말을 경청하게 하소서.
마음으로 그들과 대화하게 하소서.
나의 일을 이루기 위해 사람을 이용하지 말게 하소서.

사람을 목적으로 대접하는 날 되기 원합니다.
내가 대접받기 원하는 그 소중한 만큼 사람을 대하겠습니다.
모든 사람은 대접받을 권리가 있음을 기억하겠습니다.
나의 선한 행실을 위해 나의 마음을 도와주소서.
나의 작은 행실도 아버지를 기쁘시게 할 줄 믿습니다.

나를 움직이게 하시는 주님을 찬양합니다.
오늘 하루가 역사를 이루는 날 되게 하소서.
나의 주 예수 그리스도의 이름으로 기도합니다. 아멘!

:: 남에게 대접을 받고자 하는 대로 너희도 남을 대접하라 (누가복음 6:31).

주님을 의지하여 책임감 있는 삶을 살게 하소서

오늘도 아침을 열어주시는 아버지, 감사합니다.
새로운 날 새로운 마음으로 시작하게 하소서.
오늘 하나님이 나의 아버지 되심을 인하여 찬양합니다.

오늘도 주님이 주신 나의 영역 안에서 아름다운 사람 되게 하소서.
다른 사람 앞에 덕이 되는 행동과 말을 갖게 하소서.
예수를 믿는다 하면서 매일 남을 험담하지 말게 하소서.
교회 다닌다 하면서 매일 남을 밟고 올라서려 하지 말게 하소서.
나의 가족을 잘 돌보게 하소서.

내 스스로 올바른 관리를 잘하여 좋은 사람이 되게 하소서.
나의 삶은 엉망이면서 생각만 올바르다 주장하지 말게 하소서.
겉이나 속이나 온전하기 위해 노력하게 하소서.
아버지의 자녀라는 신분이 아버지를 보여주는 자임을 기억하게 하소서.
어려운 길이지만 포기하지 말고 나아가기 원합니다.

오늘도 세상 사람들에게조차 책망받는 자리에 서지 않도록
주님을 의지하여 책임감 있는 삶을 살게 하소서.
주어진 신분의 무게를 가벼이 여기지 않는 하루 되기를 소망합니다.
나의 모범이신 예수 그리스도의 이름으로 기도합니다. 아멘!

:: 오직 너희를 부르신 거룩한 이처럼 너희도 모든 행실에 거룩한 자가 되라
(베드로전서 1:15).

10 | 27

몸도 영혼도 강건한 나를 만드는 하루 되게 하소서

오늘도 일용할 양식을 허락하시니 감사합니다.
내가 먹고살 수 있을 뿐 아니라 간식과 커피도 즐길 수 있음에 감사합니다.
이미 넉넉하다는 증거이니,
필요한 모든 것을 채우시는 아버지를 찬양합니다.

내가 너무 먹어 다이어트를 해야 한다는 사실은
이미 차고 넘친다는 증거입니다.
하나님이 주신 것이 너무 많아서 줄여야 할 지경임을 인정하게 하소서.
과하여 줄이느라 고생하면서도 모자란다 불평하는 것을 회개합니다.
나의 건강을 위해 줄이려고 그렇게 노력하면서
나의 영적인 건강을 위해 과한 은혜를 줄이지 못함을 용서하소서.

내가 가지기만 하고 누리기만 하면서
또 은혜를 받고 받으려는 욕심을 회개합니다.
이제 운동을 하여 넘치는 영양을 소비하듯이,
이제 나눔을 하여 넘치는 은혜를 소비하게 하소서.
그래야 내가 건강할 수 있음을 알게 하소서.
내 안에 정체되어 있는 탐욕으로 쌓아놓은 은혜의 만나를 소비하게 하소서.
가진 것을 나누게 하시고 베풀게 하소서.
하나님 앞에 몸도 영혼도 강건한 나를 만드는 하루 되게 하소서.
모든 것을 나누신 예수 그리스도의 이름으로 기도합니다. 아멘!

:: 육신을 따르는 자는 육신의 일을, 영을 따르는 자는 영의 일을 생각하나니 (로마서 8:5).

나의 입술이 변화받는 시작의 날이 되게 하소서

나의 모든 것이 되시는 아버지, 감사합니다.
나의 모든 죄악과 부정적인 것들을 예수 그리스도의 피로 씻어주소서.
보혈의 능력으로 오늘도 내가 다시 살 수 있음을 고백합니다.
나의 육체를 씻고 새로운 날을 시작하듯이,
나의 영을 씻고 새로 시작합니다.

어제의 연장선으로 고단한 마음으로 시작하는 것이 아니라
주님이 주신 새로운 시작이 나의 마음에 가득하게 하소서.
오늘 만나는 모든 사람을 향해 복음의 입술을 갖게 하소서.
그들을 향해 하나님이 얼마나 사랑이 넘치시는 분인지 증거하게 하소서.

나의 존재가 아버지로 인하여 얼마나 귀하여졌는지 말하게 하소서.
이 세상의 모든 만물이 누구에게서 시작되었는지 설명하게 하소서.
내가 하는 모든 고백 속에 하나님을 찬양하는 내용이 담기게 하소서.
그래서 이 사람은 왜 이리 감사하며 사는지 궁금하여
나에게 묻는 사람이 늘게 하소서.

오늘도 주님의 대리자로서의 입술을 갖기 원합니다.
나의 입술이 변화받는 시작의 날이 되게 하소서.
아버지의 능력으로 내 입술이 성령 충만해질 줄 믿습니다.
나의 주 예수 그리스도의 이름으로 기도합니다. 아멘!

:: 내가 주를 기뻐하고 즐거워하며 지존하신 주의 이름을 찬송하리니 (시편 9:2).

감당할 수 없는 모든 것을 주님께 올려드립니다

약한 자를 돌보시며, 억울한 자를 신원하시는 아버지, 감사합니다.
오늘도 나의 약함을 주님 앞에 올려드리며 하루를 시작합니다.
때로는 아침에 일어나는 것이 부끄러운 날이 있음을 고백합니다.
오늘이 그런 날이라 하더라도 담대하게 일어납니다.
주님이 나의 아버지이시며 나를 고치시는 분이기 때문입니다.

오늘 나의 모든 억울함과 고통, 약함을 감당하여 주소서.
내가 감당할 수 없는 모든 것을 주님께 올려드립니다.
나는 부족하니 주님이 채워주소서.
나는 약하니 아버지의 강함으로 함께하소서.
나는 억울하니 아버지의 공의로 판단하소서.

나의 부정한 입술과 왜곡된 상처로 판단하지 않고 주님께 드립니다.
아버지의 공의로우심과 주님의 자비하심으로 임재하소서.
내 사람의 터전 속에서 일어나는 모든 불의함조차 주님이 다스리소서.
아버지의 시간을 기다리는 인내를 이루게 하소서.
나의 성급함이 일을 그르치는 일이 없게 하소서.
아버지는 최고로 사랑하시고, 최고의 것으로 공급하시는 분임을 믿습니다.
나의 해결자 되시는 예수 그리스도의 이름으로 기도합니다. 아멘!

:: 내 마음이 약해질 때에 땅 끝에서부터 주께 부르짖으오리니 나보다 높은 바위에 나를 인도하소서 (시편 61:2).

내 삶에 개입하시는 아버지를 환영합니다

아버지는 모든 우주의 주인이십니다.
계절의 주인이시며, 내 삶을 운행하시는 위대한 아버지이십니다.
그 아버지의 일하심 앞에 나는 아무것도 아님을 고백합니다.
나의 깃발이 되시며 나의 치료자 되시는 주님을 찬양합니다.
나보다 앞서가시며 나의 길을 인도하시는 아버지를 찬양합니다.

내 삶에 아버지의 이름이 가득하게 하소서.
그 이름 안에 있는 아버지의 모든 성품이 나의 삶에 차고 넘치게 하소서.
아버지의 일하심을 인정하고 모셔 들입니다.
내 삶에 개입하시는 아버지를 환영합니다.
아버지의 이름이 나의 삶 속에서 구현되기를 간절히 소망합니다.

오늘도 그 아버지를 알게 하소서.
아버지를 배우게 하소서. 아버지를 경험하게 하소서.
그래서 내가 "나의 아버지는 이런 분이시다!" 외치며 자랑하게 하소서.
내가 아버지를 사랑하지 못하는 까닭은 제대로 알지 못함입니다.
오늘 나부터 주님을 알고, 사랑하고, 즐거워하게 하소서.
온전히 믿는 자는 아버지를 사랑할 수밖에 없음을 고백합니다.
아버지를 사랑합니다.
나의 사랑이 되시는 예수 그리스도의 이름으로 기도합니다. 아멘!

:: 여호와여 주의 이름을 아는 자는 주를 의지하오리니 이는 주를 찾는 자들을 버리지 아니하심이니이다 (시편 9:10).

올해가 가기 전에 남은 일을 이루게 하소서

10월의 마지막 날이 되고, 또 한 해가 기울어가고 있습니다.
한 해가 완전히 저물기 전에 지난 시간을 돌아보게 하소서.
올해 기대했던 것들을 얼마나 행했는지요?
다 지나고 난 다음에 후회하지 말고 중간에 서서 남은 일을 이루게 하소서.

오늘도 주신 날을 알차게 살기 원합니다.
시간을 절약해서 미진한 것들을 채우기 원합니다.
아버지께 약속드렸던 것들을 서둘러 이루게 하소서.
미루고 미루는 것은 "하지 않겠다"는 선언과 같은 것임을 회개합니다.

오늘도 다시 용기를 내기 원합니다.
가장 하기 싫은 약속부터 시작하게 하소서.
어차피 다 이루지 못할 것이니
아예 하지 않겠다는 마귀의 유혹을 이기게 하소서.
다 이루지 못해도 최선을 다하는 삶을 선택하게 하소서.
옳은 것이라면 조금이라도 시도하게 하소서.

아직 2개월이 남았으니 올해가 가기 전에
아버지 앞에 조금 더 신실하기 원합니다.
박차고 일어나 다시 도전하는 용기를 허락하소서.
아버지를 사랑하기에 오늘도 세월을 아끼겠습니다.
나의 주 예수 그리스도의 이름으로 기도합니다. 아멘!

:: 게으른 자는 마음으로 원하여도 얻지 못하나 부지런한 자의 마음은 풍족함을 얻느니라
(잠언 13:4).

11

오직 그만이 나의 반석이시요 나의 구원이시요 나의 요새이시니
내가 크게 흔들리지 아니하리로다
_ 시편 62:2

이 달 의 기 도 제 목

-
-
-
-
-

11 | 01

육신의 약함을 고치시고 회복시켜주소서

오늘도 좋은 아침을 주신 아버지, 감사합니다.
매일의 아침은 신선하나,
나의 육체는 고단하여 다시 눕고 싶을 때에도 감사합니다.
마음은 언제나 기쁨으로 찬양하고 싶지만, 그렇지 못함을 용서하소서.
일희일비하지 않으려 하나 환경에 지배를 받음을 회개합니다.
나의 연약함을 도우시고 이 아침에 새로운 힘과 은혜를 주소서.
육신의 약함을 고치시고 회복시켜주소서.
고칠 수 있는 병에 걸렸을 때 감사하게 하소서.
시간이 지나면 나을 수 있음에 감사합니다.

질병이 나에게서 가져가는 것이 단지 건강만이 아님을 고백합니다.
나의 시간도, 나의 돈도, 나의 일터도, 때로는 나의 관계도 가져갑니다.
그러나 무엇보다 질병이 나에게서 용기를 가져가지 못하게 막아주소서.
도전할 엄두를 내지 못하고,
모든 가능성을 포기하게 만드는 모든 것을 막아주소서.
하나님이 공급하시는 소망과 새로운 용기로 다시 일어나게 하소서.

무엇보다 마음을 빼앗기는 일이 없게 하소서.
그리고 나의 모든 힘이 하나님께로부터 옴을 다시 깊이 깨닫고
주님을 의지함으로 다시 깊은 믿음으로 가게 하소서.
나의 생명이 되시는 예수 그리스도의 이름으로 기도합니다. 아멘!

:: 아들이 있는 자에게는 생명이 있고 하나님의 아들이 없는 자에게는 생명이 없느니라
(요한일서 5:12).

11 | 02

마음의 전쟁에서 완전한 승리를 허락하소서

아침에 일어나 제일 먼저 주님을 기억합니다.
간밤의 메마른 육체를 위해 물을 마시듯이,
나의 영혼이 주님의 사랑으로 다시 적셔지게 하소서.
나의 모든 결핍을 채우실 수 있는 분은 주님이심을 고백합니다.

주님만이 나의 끝없는 필요를 채우실 수 있습니다.
이 세상 어떤 것도 나의 삶에 안식을 줄 수 없음을 고백합니다.
아버지께만 참된 안식과 평안이 있음을 고백합니다.
이 아침에 내가 제일 먼저 아버지의 품에서 안식을 누리고 시작하게 하소서.

모든 순간 사탄이 나를 정죄하며 "할 수 없다" 속삭일 때에
주님은 나의 심장에서 더 큰 소리로 외쳐주소서.
"나의 모든 가능성은 하나님에게서 나온다"라고 소리쳐주소서.
사탄이 나의 죄 됨을 인하여 자격 없음을 외칠 때에
주님이 나에게 기름 부어주셔서 나의 의가 하늘로부터 옴을 알게 하소서.

사탄이 내가 할 수 없음을 세뇌시킬 때에
주님, 나의 눈을 고쳐주셔서 나를 돕는 천군과 천사를 보게 하소서.
오늘 하루 마음의 전쟁에서 완전한 승리를 허락하소서.
나의 승리가 되시는 예수 그리스도의 이름으로 기도합니다. 아멘!

:: 악인은 쫓아오는 자가 없어도 도망하나 의인은 사자같이 담대하니라 (잠언 28:1).

나의 현실은 죄인이나 나의 신분은 신의 자녀입니다

오늘도 어두움을 이기신 아버지를 찬양합니다.
어제의 모든 죄악을 용서하시고 나의 죄를 소멸하여 주소서.
나의 알고 지은 죄악과 모르고 지은 죄까지 주님 앞에 내려놓습니다.
나는 죄인이오나 십자가의 은혜로 나의 죄를 씻어주소서.
죄를 이기신 주님의 승리가 오늘 나의 승리가 되게 하소서.

나의 현실은 죄인이나 나의 신분은 신의 자녀이니
죄와 의로움 사이에서 정죄와 자만을 오가지 말게 하소서.
오직 성도로 부르심을 받은 그 부르심에 감사로 화답하게 하시고
자녀다움을 위해 노력하는 하루 되게 하소서.

오늘도 나에게 선한 마음을 허락하셔서 아버지의 마음처럼 살게 하소서.
오늘도 주님의 승리가 곧 나의 승리가 될 수 있다는 믿음으로
담대하게 하소서.
열등감 있는 자의 초조함을 버리게 하소서.
아버지를 가진 자의 여유와 온유함을 허락하소서.

겸손히 사는 하루 되기를 원합니다.
담대하되 경박하지 않은 품격을 갖기 원합니다.
죄인이되 소망을 가득 품은 자녀 되기를 원합니다.
나의 모든 희망이 되시는 예수 그리스도의 이름으로 기도합니다. 아멘!

:: 그러므로 이제 그리스도 예수 안에 있는 자에게는 결코 정죄함이 없나니 (로마서 8:1).

11 | 04

하나님 앞에서 해야 할 말을 하기 원합니다

오늘도 아침에 주님께 기도할 수 있음에 감사합니다.
어제의 모든 무거운 짐을 내려놓게 하시고,
오늘 새로운 마음으로 시작하게 하소서.
오늘도 수많은 사람을 만나고 헤어지지만
그들만 만나는 게 아님을 알게 하소서.
주님을 만나고 주님이 보고 계심을 알게 하소서.
나의 말과 행동이 사람들에게보다 주님께 드러남을 더 기억하게 하소서.

그래서 오늘 내가 하나님 앞에서 해야 할 말들을 하기 원합니다.
정죄하고 비판하는 말이 아니라 용납하는 말을 하게 하소서.
단점을 끌어내기보다 장점을 드러내게 하소서.
사람들이 보고 있다는 것 때문에 말을 좋게 하지 말게 하소서.
하나님이 보고 계시다는 것 때문에 아름다운 말을 하게 하소서.

나의 행함을 사람에게 보이려고 노력하는 만큼
하나님이 보고 계시다는 것 때문에 조심하게 하소서.
내 작은 삶의 작은 행동까지 보시는 아버지를 찬양하고 찬양합니다.
감시가 아니라 보호이며 사랑임을 알게 하소서.
나의 일거수일투족을 보며 지키시는 하나님께 감사를 드립니다.
나의 하루가 하나님 앞에서 부끄러움이 없기를 소망합니다.
나의 주 예수 그리스도의 이름으로 기도합니다. 아멘!

:: 악인의 말은 사람을 엿보아 피를 흘리자 하는 것이거니와 정직한 자의 입은 사람을 구원하느니라 (잠언 12:6).

하나님을 하나님답게 섬기는 자 되고 싶습니다

하나님의 말씀에 순종하는 하루 되기를 소망합니다.
하나님 아버지의 뜻은 언제나 옳으며 선함을 믿습니다.
어제의 모든 죄악을 씻으시며 나에게 새로운 기회를 허락하심에 감사합니다.

오늘도 나의 아버지를 향한 순종과 헌신이 참된 것이 되게 하소서.
남에게 보이기 위한 헌신이 되지 말게 하소서.
혹은 다른 사람을 질투하여
내가 그보다 더 나아지려는 동기로 하지 말게 하소서.
누구와 비교하여 더 높아지려는 헌신에 무슨 가치가 있겠습니까.
보이지 않는 하나님을 위한 헌신이 되게 하소서.

나의 동기가 언제나 순수하기를 위해 기도합니다.
내가 멋있어 보이기 위해 신앙적인 말을 하지 말게 하소서.
내가 높아 보이기 위해 헌금하고 헌신하지 말게 하소서.
사는 날 동안 하나님을 하나님답게 섬길 줄 아는 자 되게 하소서.
나의 동기가 언제나 하나님을 향한 사랑이게 하소서.

나를 이끄시는 주님의 인도하심을 따라갑니다.
오늘도 나에게 그 길을 보이시고, 나의 손을 잡아주소서.
다른 길로 갈 때에 막아서시고 온전한 길로 다시 인도하소서.
나의 주인 되시는 예수 그리스도의 이름으로 기도합니다. 아멘!

:: 의인의 길은 정직함이여 정직하신 주께서 의인의 첩경을 평탄하게 하시도다
(이사야 26:7).

11 | 06

모든 관계 속에서 하나님의 사랑이 빛나기 원합니다

오늘도 사랑의 끈으로 나를 묶으시는 아버지, 감사합니다.
나에게 가족을 허락하시고 그들과 함께 삶을 살게 하시니 감사합니다.
미우나 고우나 나에게 주신 사람들이니 그들을 사랑하게 하소서.
그들을 향하여 이기적인 마음으로 계산하지 말게 하소서.
온전한 사랑으로 받기보다 주기 위해 노력하게 하소서.

하나님이 허락하신 모든 관계 속에서 하나님의 사랑이 빛나기 원합니다.
무엇을 하든지 그들을 떨어뜨리는 것이 아니라 그들을 보듬게 하소서.
갈 곳 없는 자에게 피난처가 되신 주님을 기억합니다.
마음의 갈 곳을 몰라 방황하는 사람들에게 마음의 안식처가 되게 하소서.
내가 살 만하다면 다른 사람을 위해 마음의 자리를 내어주게 하소서.
내가 어느만큼 잘 살아야 다른 사람을 돌보겠습니까?
나를 채우는 데 끝도 없고 한도 없음을 알고 멈추게 하소서.
그리고 동행하는 삶의 보람과 기쁨을 알게 하소서.

오늘도 나에게 사람을 연결시켜주시고 함께하게 하시니 감사합니다.
오늘 나도 사람을 연결시켜주고 서로 의지하게 하는
바나바 같은 자 되게 하소서.
소외된 사람들을 함께하는 자리에 초대하는 자 되게 하소서.
나의 주 예수 그리스도의 이름으로 기도합니다. 아멘!

:: 너희는 나그네를 사랑하라 전에 너희도 애굽 땅에서 나그네 되었음이니라 (신명기 10:19).

당연한 모든 것을 다시 바라보게 하소서

나의 눈을 들어 하늘을 바라보며 크신 하나님을 높여드립니다.
매일 땅에 발을 딛고 살면서 한 번도 땅을 느껴보지 못했음을 고백합니다.
내게 당연한 것들은 감사의 조건이 되지 못했음을 회개합니다.
오늘 내 입으로 들어가는 음식에 감사하겠습니다.
오늘 내 코로 들어가는 공기에 감사하겠습니다.
오늘 내 손에 만져지는 모든 것에 감사드립니다.
오늘 내 곁에 있는 수많은 사람으로 감사를 드립니다.
내가 무인도에 혼자 살지 않으므로 내가 살아 숨쉬고 있음을 감사드립니다.

오늘 당연한 모든 것을 다시 바라보게 하소서.
누구를 보든지 저 사람이 내 곁에 있음을 감사드립니다.
무엇을 만지든지 내 손에 만져지는 모든 것을 바라보게 하소서.
그리고 모든 순간 감사하게 하소서.
모든 순간 이것들을 허락하신 하나님께 찬양하게 하소서.

오늘도 수만 가지의 감사의 조건들 앞에 겸손히 나아갑니다.
감사하기만으로도 부족한 하루 되게 하소서.
오늘도 나의 입술을 감사로 채우겠습니다.
나의 주 예수님의 이름으로 기도합니다. 아멘!

:: 누추함과 어리석은 말이나 희롱의 말이 마땅치 아니하니 오히려 감사하는 말을 하라
(에베소서 5:4).

나의 가진 문제들을 주님께 올려드립니다

모든 문제의 해결자 되시는 하나님 아버지를 찬양합니다.
내 삶에 있는 많은 문제를 가지고 고민하기보다 기도를 택합니다.
나의 머리로 고안하는 모든 것보다 주님의 지혜에 의존합니다.

오늘 나의 가진 문제들을 주님께 올려드립니다.
주님이 가장 적절한 방법으로, 가장 적절한 때에 해결하여 주소서.
내가 아버지께 올려드릴 때에 나의 방법과 나의 때를 포기합니다.
아버지의 때와 아버지의 방법을 전적으로 수용합니다.
믿음으로 받아들입니다.

하나님의 거절하신 기도 응답으로 인해 감사를 드립니다.
하나님의 특이한 기도 응답에 감사를 드립니다.
내가 이해하지 못할 뿐 그것은 분명 나에게 가장 선한 것임을 믿습니다.
오늘 나의 모든 고정관념을 깨고 주님의 일하심 앞에 나아갑니다.
맡겨드립니다.

주님의 손안에 있는 모든 것은 선해지고, 옳아질 줄 믿습니다.
아버지의 손안에서 변화되게 하소서.
나의 손을 벗어나 주님의 손으로 온전히 옮겨지게 하소서.
나의 주 예수 그리스도의 이름으로 기도합니다. 아멘!

:: 주의 빛과 주의 진리를 보내시어 나를 인도하시고 주의 거룩한 산과 주께서 계시는 곳에 이르게 하소서 (시편 43:3).

불평과 불만과 남 탓의 자리에서 속히 내려오게 하소서

오늘도 주신 은혜로 하루를 힘 있게 살아가기 원합니다.
내가 느끼든 느끼지 못하든 하나님의 은혜는 언제나 충만함을 믿습니다.
고단한 몸을 온전히 회복시키시고, 지친 마음을 일으켜주소서.
나의 모든 세포까지도 새롭게 하여 주소서.

오늘도 나에게 주어진 환경 속에서 하나님을 찬양하기 원합니다.
환경을 탓하고, 남을 탓하고, 하나님을 탓하며 불평하지 말게 하소서.
남을 탓한다고 행복해지는 것도 아님을 알게 하소서.
오히려 남 탓을 할 때 더 불행함을 느끼는 것을 깨닫게 하소서.

문제의 핵심을 찾아내는 것이
남의 잘못을 찾아내는 것이 아님을 알게 하소서.
또한 단점을 찾고, 문제점을 드러내는 것이
지성적인 것도 아님을 알게 하소서.
무식해서 감사하는 것이 아님을,
문제를 몰라서 넘어가려는 것이 아님을 알게 하소서.
지나간 것은 지나가게 두고, 다가올 것을 대비하게 하소서.

오늘도 내가 모든 것을 드러냄으로 남을 괴롭히는 자리에 서지 말게 하소서.
드러내야 한다면 대안을 갖게 하셔서 평화의 결말을 맺게 하소서.
불평과 불만과 남 탓의 자리에서 속히 내려오게 하소서.
모든 죄를 덮으신 예수 그리스도의 이름으로 기도합니다. 아멘!

:: 허물을 덮어주는 자는 사랑을 구하는 자요 그것을 거듭 말하는 자는 친한 벗을 이간하는 자니라 (잠언 17:9).

모든 것이 미지근해지지 말게 하소서

오늘도 좋은 아침을 선물로 주신 아버지, 감사합니다.
편안한 집, 사랑하는 가족, 내가 일할 일터를 주신 것을 감사합니다.
먹고살 수 있는 기반 속에 있게 하심을 감사합니다.

오늘도 감사한 이 모든 것으로 인해 주님을 찬양합니다.
나에게 재물 얻을 능을 주신 아버지를 찬양합니다.
나로 하루를 살아갈 힘을 주신 아버지를 찬양합니다.
오늘도 말씀을 읽을 수 있고 감사의 기도를 하게 하시니 감사합니다.
모든 것이 하나님의 손에 있음을 믿고 신뢰하는 하루 되게 하소서.

오늘 나에게 주어진 모든 것으로 인해서
안일의 자리에 가지 말게 하소서.
안정적이라는 것은 곧 안일해질 위험이 있다는 것임을 알게 하소서.
매너리즘에 빠져 모든 것이 미지근해지지 말게 하소서.
일도 대충 하고, 신앙도 대충 하고, 사람도 대충 대하지 말게 하소서.
오늘도 절박했던 때처럼 매달려 기도하게 하소서.
오늘도 부족했던 때처럼 최선을 다하게 하소서.
나의 자리에서 하나님 앞에 초심을 다하는 하루 되게 하소서.
나의 주 예수 그리스도의 이름으로 기도합니다. 아멘!

:: 내가 여호와를 기다리고 기다렸더니 귀를 기울이사 나의 부르짖음을 들으셨도다
(시편 40:1).

11 | 11

하나님이 주셨으니, 나에게 버릴 것이 없습니다

나의 삶에 모든 유익을 주시는 아버지, 감사합니다.
오늘도 나를 위해 준비된 하나님의 선물 앞에 섭니다.
아침부터 주님이 베푸신 것들을 주의 깊게 확인하며 살게 하소서.
하나님이 허락하신 만남의 축복이 있다면 그것을 기뻐하게 하소서.
아버지가 허락하신 훈련받을 기회가 있다면 성실히 임하게 하소서.

하나님이 주셨다고 생각하면 하루에 벌어지는 모든 일이 유익합니다.
나에게 버릴 것이 없음을 믿습니다.
하나님이 나를 주도하며 인도하심을 믿습니다.
그 믿음을 가지고 매 순간 적용하며 하루를 살게 하소서.
뭉뚱그려 "믿습니다" 해놓고 아무것도 기억하지 않고
저녁을 맞지 말게 하소서.

하나님, 오늘은 실천하는 하루 되기를 원합니다.
머리와 입만의 신앙이 아니라 마음과 손발의 신앙이 되기 원합니다.
오늘 움직이게 하소서.
나의 행동과 말에 변화를 시도하게 하소서.
멈추어 있지 말고 진보하게 하소서.
오늘도 주님이 나를 발전시키실 것을 믿음으로 순종하며 나아갑니다.
나의 모든 것 되시는 예수 그리스도의 이름으로 기도합니다. 아멘!

:: 여호와께서 온갖 것을 그 쓰임에 적당하게 지으셨나니 악인도 악한 날에 적당하게 하셨느니라 (잠언 16:4).

나는 어떤 나무가 되어 어떤 열매를 맺을지요?

올 한 해도 저물어가며 이제 결실을 확인하는 계절이 되었습니다.
나의 삶 가운데 있는 모든 결실이 하루에 달려 있음을 고백합니다.
하루를 잘 살아 그 날들이 모이면 인생이 됨을 기억합니다.
아버지여, 오늘도 결실을 맺을 수 있는 하루가 되게 하소서.

올해 내가 무엇을 해왔는지 돌아보게 하소서.
그리고 이제 나는 올해의 결실로 무엇을 얻을 것인지 생각하게 하소서.
열심히 살아온 올해의 후반에서
하나님과의 관계가 어떠한지를 생각하게 하소서.
내 인생에서 가장 중요한 것은 하나님과의 친밀함임을 알게 하소서.

모든 나무가 열매 맺을 때에 나는 어떤 나무가 되어 어떤 열매를 맺을지요?
좋은 나무가 좋은 열매를 맺는다 하셨는데 나의 하루는 좋은 나무였는지요?
아버지, 오늘부터라도 좋은 나무가 되기 원합니다.
나쁜 나무가 절대로 좋은 열매를 맺을 수 없음을 기억하게 하소서.
오늘 나의 태도와 나의 신앙이 좋은 것이 되게 하소서.

그 모든 좋은 것의 핵심에는 사람이 있음을 고백합니다.
사람에게 내가 어떤 존재인지를 돌아보는 하루 되기 원합니다.
사람을 사랑하고, 도우며, 귀히 여기는 하루 되게 하소서.
나의 주 예수 그리스도의 이름으로 기도합니다. 아멘!

:: 좋은 나무가 나쁜 열매를 맺을 수 없고 못된 나무가 아름다운 열매를 맺을 수 없느니라
(마태복음 7:18).

나의 신앙은 형식이 아니라 사랑임을 고백합니다

오늘도 우리의 승리가 되시는 주님을 찬양합니다.
모든 순간 사람을 사랑하시고 주목하시는 아버지의 사랑을 찬양합니다.
그 안에 나도 있음을 고백합니다. 그래서 주님을 더욱 사랑합니다.

내가 주님을 사랑함이 마땅합니다.
내가 즐겁게 주님을 찾을 때 만나주소서.
신앙의 습관으로 달려가는 것이 아니라
마음으로 원하여 달려가게 하소서.
만나기 싫은 사람의 집에 억지로 가는 것이 아니라,
사랑하는 연인을 만나러 뛰어가는 것처럼 주께 나아갑니다.

나의 신앙이 종교적인 행위가 되지 말게 하소서.
나의 신앙이 사랑이 되게 하소서.
나의 신앙이 기쁨의 갈망이 되게 하소서.
아버지를 바라보는 나의 눈이 언제나 아름답게 하소서.
마음으로 사랑하는 이를 보는 눈이 되게 하소서.

싫은 것을 억지로 가져다 바치면서 복을 비는
미신적 신앙을 버리게 하소서.
아버지는 사랑을 원하시지 제물을 원하시지 않음을 새기게 하소서.
나의 신앙은 형식이 아니라 사랑임을 고백합니다.
아버지를 사랑합니다. 예수 그리스도의 이름으로 기도합니다. 아멘!

:: 내가 모든 재물을 즐거워함같이 주의 증거들의 도를 즐거워하였나이다 (시편 119:14).

보통의 날들이 가장 아름다움을 고백합니다

오늘도 귀한 날을 주신 아버지, 감사합니다.
하루 동안 얼마나 많은 일을 만날지 상상하며 기대하는 마음으로 시작합니다.
때로는 어려움도 있고, 갈등도 있겠으나
그 모든 것을 인해 주님을 찬양합니다.

모든 불협화음으로 인해서 화음이 얼마나 아름다운지를 새삼 깨닫는 것처럼,
하루 동안 일어나는 작은 문제들로 인해서
그동안의 평안에 감사할 것입니다.
아버지, 감사합니다.
거의 모든 날 사건, 사고 없이 지나게 하시니 감사합니다.
지루할 만큼 무난한 날들을 주셨음에 감사합니다.

특별한 기쁨이 없는 날을 인해 감사를 드립니다.
특별한 고통이 없는 날을 인해 주님을 찬양합니다.
특별하지 않은 많은 보통의 날들이 가장 아름다움을 고백합니다.
나의 하루를 지나는 동안 얼마나 많은 사고를 피해왔는지, 감사를 드립니다.
내가 모르기 때문에 없었다고 단정하지 말고 감사하게 하소서.

오늘도 눈동자처럼 나를 지키시는 하나님을 찬양합니다.
나도 아버지의 눈동자처럼 주님을 바라보며 사랑하겠습니다.
오늘 이런 동행이 하루 가득하게 하소서.
나의 주 예수 그리스도의 이름으로 기도합니다. 아멘!

:: 여호와를 의지하는 자는 시온산이 흔들리지 아니하고 영원히 있음 같도다 (시편 125:1).

나의 입술이 가장 성령 충만하게 하소서

아침에 기도로 시작하게 하신 아버지, 감사합니다.
아침에 입을 여는 가장 첫마디가 주님을 향한 기도 되게 하소서.
눈을 뜨고 하는 나의 말이 짜증이 되지 말게 하소서.
나에게는 눈을 뜨자마자
남에게 상처 줄 수 있는 힘이 있다는 것을 알게 하소서.
얼마나 많은 세월, 눈 뜨자마자 죄를 지었는지 회개합니다.

나의 입이 열리는 모든 순간 말로 죄를 지었는지, 감사했는지
돌아보게 하소서.
사람들이 나를 싫어한다면 나는 악한 소리를 주로 했을 것입니다.
사람들이 나를 좋아한다면 나는 좋은 말을 주로 했을 것입니다.
할 수만 있다면 나의 모든 말을 기억하고
그 비율을 계산하여 회개하게 하소서.

나의 입에서 악한 말은 생각지도, 나가지도 말게 하소서.
입을 제어하지 못하고 올바른 신앙인이 될 수 없음을 고백합니다.
오늘 나의 입술이 가장 성령 충만하게 하소서.
그래서 내가 참 신앙인임이 나의 입술에서 증명되게 하소서.

오늘도 눈을 감는 순간까지 나의 입술을 파수꾼처럼 지키게 하소서.
그래서 나의 실체를 알고 회개하며 나의 자리에서 변화하게 하소서.
나의 주 예수 그리스도의 이름으로 기도합니다. 아멘!

:: 악한 꾀는 여호와께서 미워하시나 선한 말은 정결하니라 (잠언 15:26).

예수님을 닮아 겸손의 자리로 가게 하소서

나의 입술로 표현할 수 없는 하나님의 하나님 되심을 찬양합니다.
그 하나님이 이 보잘것없는 인간을 사랑하시니 감사합니다.
신이 이 땅에 내려오심이 사실이 되었는데
내가 겸손하지 못할 이유는 없습니다.

오늘 나의 하루 동안 아버지의 겸손하심을 닮게 하소서.
높은 자리를 탐하지 말게 하소서.
사람 앞에 스스로를 칭찬하지 말게 하소서.
가장 좋은 대우를 원하지 말게 하소서.

자부심을 갖는 것과 교만한 것을 구별하게 하소서.
자존감을 높이 갖는 것과 대접받으려 하는 것을 구별하게 하소서.
남들의 머리 숙임에 맞들이지 말게 하소서.
그것이 직급이든, 나이이든, 경력이든, 재력이든.
남들의 겸손으로 내가 빛날 때 내가 망해가고 있음을 알게 하소서.

나의 겸손으로 남을 높이게 하시고,
나의 능력으로 남이 칭찬받게 하소서.
나의 낮아짐으로 남을 격려하고,
나의 머리 숙임으로 남을 대접받게 하소서.
오늘도 예수님을 닮아 겸손의 자리로 가게 하소서.
죽으려고 이 땅에 오신 예수 그리스도의 이름으로 기도합니다. 아멘!

:: 겸손과 여호와를 경외함의 보상은 재물과 영광과 생명이니라 (잠언 22:4).

아무것도 하지 않으면 아무것도 될 수 없습니다

오늘도 아버지가 주신 날을 인해 주님을 찬양합니다.
오늘 하루 동안에도 수많은 일을 통해 성장시키시고 자라게 하소서.
아버지의 인도하심 안에 있다면 어려운 일들을 잘 감당하게 하소서.

오늘도 어린아이의 자리에 머물러 있는 것이 아니라 성숙하기 원합니다.
멈추어 있는 것이 가장 불행한 것임을 알게 하소서.
오늘 내가 아버지께로 더 가까이 진보하기 원합니다.
성장하기 위해서는 근섬유가 찢어지며 근육이 자라나듯이
오늘 나에게 주어진 버거운 일과 어려움은
나를 자라게 하는 것임을 믿습니다.

혹독한 훈련이 있어야 멋진 운동선수가 되는 것처럼,
편하게 지내면서 금메달을 기대하지 말게 하소서.
아무것도 하지 않으면 아무것도 될 수 없음을 기억하게 하소서.
하나님 앞에 가장 편하게 지내면서
가장 좋은 메달을 달라 기도하지 않게 하소서.
가장 편하게 지내면서 가장 성숙한 그리스도인이 되게 해달라고
기도하지 말게 하소서.

응답하실 수 없는 기도는 내가 만드는 것임을 회개합니다.
응답하실 수 있는 기도를 하게 하소서.
오늘 말도 안 되는 나의 욕심을 내려놓고 정직하게 사는 하루 되게 하소서.
나의 주 예수님의 이름으로 기도합니다. 아멘!

:: 이는 젖을 먹는 자마다 어린아이니 의의 말씀을 경험하지 못한 자요 (히브리서 5:13).

이 땅에 아버지의 나라가 오게 하소서

새로운 계절을 만날 때마다 주님을 찬양합니다.
아무리 더위가 기승을 부려도 조금 늦고 빠를 뿐 가을이 오는 것처럼
때가 되면 겨울이 오고, 또 봄이 오게 하시는 아버지를 찬양합니다.
하나님의 시간은 언제나 어김없이 돌아옴을 믿습니다.
아버지여, 오늘도 이 계절 앞에서 주님께 감사를 드립니다.
나는 오늘의 날씨도 주관할 수 없는 작고 연약한 존재입니다.

크신 아버지 앞에 이 나라를 올려드립니다.
아버지가 통치하시고 인도하여 주소서.
인간의 지혜로 답이 나오지 않는 모든 상황을 주님께 올려드립니다.

사람들의 판단은 얼마나 중구난방이며, 얼마나 부정확한지요.
인간의 지혜는 얼마나 이기적이며, 얼마나 편협한지요.
아버지의 도우심이 없다면 언제 망해도 이상하지 않을 상황임을 고백합니다.
아버지, 도와주셔서 하나님의 공의와 하나님 나라가 임하는 곳 되게 하소서.

정의가 살아 있고, 생명을 존중하는 나라 되게 하소서.
약자를 보호하고, 강자의 베풂이 있는 나라 되게 하소서.
젊고 어린 자들이 소망을 품을 수 있는 나라 되게 하소서.
아버지의 나라가 오게 하소서. 예수님의 이름으로 기도합니다. 아멘!

:: 그러므로 하나님의 뜻대로 고난을 받는 자들은 또한 선을 행하는 가운데에 그 영혼을 미쁘신 창조주께 의탁할지어다 (베드로전서 4:19).

11 | 19

나는 변덕스럽고, 하나님은 한결같으십니다

오늘도 짧지도, 길지도 않은 하루를 주신 아버지, 감사합니다.
바쁠 때는 하루가 짧고, 할 일이 없을 때는 지루함을 고백합니다.
하나님은 똑같은 하루를 매일 주시는데 나는 매일 다르게 느낌을 고백합니다.
하나님의 사랑도 매일 똑같이 주시는데, 나는 매일 다르게 느낍니다.
변덕스럽고 정확하지 못한 나를 용서하소서.

얼마나 많은 순간 하나님께 나의 느낌을 강요했던지요.
하나님이 나를 덜 사랑하신다고,
하나님이 나를 더 힘들게 하셨다고 불평했습니다.
아버지여, 나의 온전하지 못한 불평들을 용서하소서.
하나님은 언제나 한결같은 분이심을 믿습니다.

나의 가는 인생길은 늘 직선이 없다고,
지름길이 없다고 불평했던 것을 용서하소서.
남들은 직선으로 가는 것 같은데 나는 맨날 '갈지자'로 간다 한탄했습니다.
인생에는 지름길이 없음을 알게 하소서.
오늘도 내가 가야 하는 목적지와 내가 걸어가는 길의 방향이 다를 때
하나님이 나를 아름답게 하시려 돌아가게 하시는구나, 라고 믿게 하소서.
그 인도하시는 섭리를 받아들이고 찬양하며 그 길 가게 하소서.
나의 주 예수 그리스도의 이름으로 기도합니다. 아멘!

:: 너희를 부르시는 이는 미쁘시니 그가 또한 이루시리라 (데살로니가전서 5:24).

단 1분이라도 주님을 만나 안식하게 하소서

오늘도 평화로운 아침을 주신 아버지, 감사합니다.
나의 마음이 분주하여도 주님이 주신 평안에 머물게 하소서.
천지 만물을 만드시고 안식하신 하나님을 닮기 원합니다.
일하고 또 일해야 마음의 평안을 누리는 습관을 버리게 하소서.
많은 일을 했기 때문에 평안할 수 있다는 생각을 버리게 하소서.
안식과 평안은 믿음임을 알게 하소서.
내가 일할 때도 주님이 일해주시고,
내가 쉴 때도 주님이 일해주심을 믿게 하소서.

오늘 거짓 안식에 속지 말게 하소서.
나의 영혼이 하나님을 만나 숨쉬지 못했다면
안식이 되지 않음을 알게 하소서.
아침의 단 1분의 기도 안에서 주님을 만난다면
참된 안식을 누림을 알게 하소서.
안식을 위해 많은 날이 필요한 게 아니라
단 1분이라도 안식할 수 있음을 믿게 하소서.

오늘 나를 살리시는 주님과 짧지만 깊은 안식을 누립니다.
주님의 보좌 앞에서 평안을 얻습니다.
모든 걱정을 내려놓고 도우실 주님을 믿습니다.
나의 안식처가 되시는 예수 그리스도의 이름으로 기도합니다. 아멘!

:: 평안을 너희에게 끼치노니 곧 나의 평안을 너희에게 주노라 내가 너희에게 주는 것은 세상이 주는 것과 같지 아니하니라 너희는 마음에 근심하지도 말고 두려워하지도 말라
 (요한복음 14:27).

아버지여, 넓은 마음으로 관용하게 하소서

넓은 하늘을 펼치시고 모든 것을 선물로 주신 아버지, 감사합니다.
아버지의 크심을 닮아 오늘도 넓고 큰 마음으로 아침을 시작합니다.
내 마음속에 남아 있는 지질구레한 작은 일들을 잊어버리게 하소서.
모든 작은 것을 다 기억하고 담아 복잡했던 마음을 씻어버립니다.

아버지여, 오늘 넓은 마음으로 관용하게 하소서.
나를 용서하신 하나님의 은혜를 생각하며 주님을 찬양합니다.
오늘 용서받은 기쁨으로 많은 것을 허용하는 날 되게 하소서.
'이것만은 안 돼'라고 제외해놓은 것이 없게 하소서.

오늘 하늘을 바라보고 감사하는 하루 되기를 원합니다.
매일 건물에 갇혀 벽만 보고, 땅만 보고 살지 말게 하소서.
하나님이 지으신 모든 것을 바라보며
삶을 조금 풍성하게 하는 날 되기 원합니다.
하늘을 보고, 구름을 보며, 풀을 보고, 새를 볼 수 있는 여유를 주소서.
머릿속에 가득찬 일들에 나의 하루를 모두 빼앗기지 말게 하소서.

나의 성실함이 과하여 마음이 파괴되지 말게 하소서.
내가 조절할 수 있을 만큼의 최선으로 영혼을 상하게 하는 일이 없게 하소서.
오늘도 주님 안에서 균형을 허락하소서.
나의 주 예수님의 이름으로 기도합니다. 아멘!

:: 누가 누구에게 불만이 있거든 서로 용납하여 피차 용서하되 주께서 너희를 용서하신 것 같이 너희도 그리하고 (골로새서 3:13).

즐겁게 선한 길 가는 하루 되게 하소서

나의 주인이 되시는 아버지, 감사합니다.
오늘도 아침에 주님을 찬양합니다.
나의 주인이 하나님이신 것이 얼마나 나에게 위대한 일인지요.
나를 이끄시는 분이 하나님이시라는 것으로 오늘도 힘이 납니다.
오늘 나로 하나님과 동행하는 하루 되게 하소서.

오늘도 만날 만한 자를 만나게 하시고, 피할 자를 피하게 하소서.
죄의 모양이 있는 곳에 가지 말게 하소서.
선한 길이 보이게 하시고 그 길 가게 하소서.
아주 작은 것에서부터 선한 선택을 하기 원합니다.
결정하는 기준이 무엇이 이익인가가 아니라 무엇이 선한가이게 하소서.

때로 선한 선택이 나로 손해가 되게 한다 하더라도 그리하게 하소서.
하나님의 자녀인 내가 손해를 감수하지 않는다면 누가 하겠습니까.
이익과 손해가 아니라 하나님의 선하신 안목이 선택의 기준이 되게 하소서.

오늘도 주님의 손을 잡고 갈 때에 이런 선택이 쉬워질 줄 믿습니다.
즐겁게 선한 길 가는 하루 되게 하소서.
나의 주 하나님을 찬양합니다.
예수님의 이름으로 기도합니다. 아멘!

:: 악한 눈이 있는 자의 음식을 먹지 말며 그의 맛있는 음식을 탐하지 말지어다 (잠언 23:6).

일보다 사람이, 그보다 하나님이 가장 소중합니다

새로운 하루를 시작하게 하신 아버지, 찬양합니다.
어제도 나를 보호하고 인도해주셔서 감사합니다.
나름 노력한다 하였지만 참으로 부족한 하루였음을 고백합니다.
지었던 죄가 있다면 용서하시고 예수 그리스도의 보혈로 씻어주소서.

오늘도 나에게 가장 소중한 것이 무엇인지를 돌아보게 하소서.
재물을 얻기 위해 하루 종일 일하지만
그것보다 소중한 게 많음을 알게 하소서.
회사보다 중요한 것은 회사에 있는 사람들임을 알게 하소서.
설거지보다 중요한 것은 가족임을 알게 하소서.
지금 내가 해야 하는 일 때문에 사람을 무시하지 말게 하소서.

목표를 향해 달리는 길에 사람이 가로막고 있다 여기지 말게 하소서.
사람은 장애물도 아니고, 방해물도 아님을 기억하고 소중히 여기게 하소서.
무엇보다 하나님을 소중히 여기기 원합니다.
나의 영적인 구원자이시며 내가 사는 이유가 되시는 하나님을 기억합니다.
보이시지 않는다고 뒤로 미뤄두지 말게 하소서.

무엇보다 나에게 많은 사람을 주심에 감사합니다.
그들과 더불어 사는 삶 속에서 참된 기쁨을 누리게 하소서.
나의 주 예수 그리스도의 이름으로 기도합니다. 아멘!

:: 대답하여 이르되 네 마음을 다하며 목숨을 다하며 힘을 다하며 뜻을 다하여 주 너의 하나님을 사랑하고 또한 네 이웃을 네 자신같이 사랑하라 하였나이다 (누가복음 10:27).

오늘도 주님의 등만 바라보고 따라갑니다

오늘도 내가 잠잘 때에 나를 지키신 아버지, 감사합니다.
아침을 여시고 새로운 세상으로 나를 인도하시니 감사합니다.
오늘은 어제 가보지 못한 미래임을 고백합니다.
나는 1분 후에 일어날 일도 알지 못하는 존재임을 고백합니다.
이런 나에게 주신 오늘이라는 미래를 감사함으로 받습니다.

오늘도 나보다 앞서가시는 주님을 찬양합니다.
아버지가 가보시지 않은 길을 나더러 가라 하시지 않음을 믿습니다.
그래서 오늘도 주님과 발걸음을 맞춰 한 발 늦게 걸어갑니다.
여호와 이레의 주님의 등을 바라보고 따라갑니다.

내가 성급하여 먼저 달려 나가지 말게 하소서.
하나님이 주신 작은 힌트만으로 정신없이 달려가지 말게 하소서.
하나님의 인도하심을 바라보며
한 발, 한 발 순종의 발걸음으로 가게 하소서.

주님은 가시지 않고 나만 등 떠미신다 불평하지 말게 하소서.
나의 불신이 아버지의 사랑을 왜곡하는 일이 없게 하소서.
오늘도 주님의 등이 나의 갈 길임을 믿습니다.
나의 주 예수 그리스도의 이름으로 기도합니다. 아멘!

:: 그가 아들이시면서도 받으신 고난으로 순종함을 배워서 (히브리서 5:8).

덧없는 세월을 의미 있게 보내기 원합니다

날씨의 변화를 보며 세월을 느낍니다.
세월의 덧없음을 느끼며 내가 어떻게 살아야 하는지 돌아보게 하소서.
그리고 그 긴 세월은 결국 오늘 하루가 모여 된 것임을 기억하게 하소서.
오늘 내가 뭔가 새롭게 시작하지 않으면
언제나 반복되는 일임을 알게 하소서.

오늘도 덧없는 세월을 의미 있게 보내기 원합니다.
인간으로 사는 것이 무엇이며,
하나님이 원하시는 삶은 무엇인지요?
세상이 원하는 번듯한 성공을 하면 꽉 찬 기쁨을 누릴지요?
통장에 돈을 가득 넣어놓으면 세상 만족할 수 있을지요?
누구보다 멋진 몸을 가지면 정말 즐거운 인생을 살 수 있을지요?

참된 의미와 만족이 무엇인지 돌아보게 하소서.
하루하루를 넘어 일주일, 한 달을 꽉 채운 것들 안에 무엇이 있는지요?
그 안에 돈을 향한 피땀이 있고, 성공을 향한 눈물이 있습니다.
미모와 외모를 위한 투자와 노력이 있습니다.

아버지, 나의 말과 신앙과 행함 사이의 이 딜레마를 해결해주소서.
내가 투자하는 모든 시간이 덧없는 것들을 향하고 있음을 회개합니다.
내가 무엇을 비우고 무엇을 채워야 할지 깨닫고 변화되는 날 되게 하소서.
나의 주 예수 그리스도의 이름으로 기도합니다. 아멘!

:: 오직 나는 여호와를 우러러보며 나를 구원하시는 하나님을 바라보나니 나의 하나님이 나에게 귀를 기울이시리로다 (미가 7:7).

무릇 지킬 만한 것보다 더욱 마음을 지키게 하소서

오늘도 아침에 성실하게 나에게 은혜 주시는 하나님을 찬양합니다.
하나님의 한결같으심을 본받아 한결같은 믿음을 갖기 원합니다.
나의 일이 잘될 때만이 아니라 나의 일이 잘 안될 때도
똑같은 믿음을 갖게 하소서.
하나님을 향하여 오락가락하는 신앙을 버리게 하소서.

오늘 나에게 주어진 수많은 변수 속에서 살면서
마음이 흔들리지 말게 하소서.
무릇 지킬 만한 것보다 더욱 마음을 지키게 하소서.
나의 마음이 견고하여 지진이 나도 흔들리지 않는 믿음을 주소서.
파도가 칠 때마다 요동치며 불신과 확신을 오가지 말게 하소서.
오늘도 나의 반석이 되어주시는 주님을 인해 감사를 드립니다.

오늘 나의 중심이 견고하게 하소서.
오늘 세상이 흔들릴지라도 나는 흔들리시지 않는 아버지를 붙들게 하소서.
나의 견고함으로 나의 자녀와 가족에게도 동일한 믿음을 갖게 하소서.
찬양하고 기도하게 하소서. 말씀을 읽고 암송하게 하소서.
그 모든 하나님과 관련된 것들만이 나에게 평안을 줌을 믿습니다.
세상을 의지하는 마음을 내려놓고 주님 앞에 나아갑니다.
주님의 보좌 안에서 절대적 평안을 누립니다.
나의 주 예수 그리스도의 이름으로 기도합니다. 아멘!

:: 오직 그만이 나의 반석이시요 나의 구원이시요 나의 요새이시니 내가 크게 흔들리지 아니하리로다 (시편 62:2).

내가 소속되어 있는 모든 것에 감사를 드립니다

오늘도 함께 누리고 살 수 있는 가족을 주심에 감사합니다.
사람들과 더불어 살 수 있다는 것이 얼마나 감사한 일인지요.
나에게 외롭지 않을 비빌 언덕을 주시니 감사합니다.
가족 공동체에 감사하며, 교회 공동체에 감사합니다.
학교 공동체에 감사하고, 회사 공동체에 감사합니다.
내가 소속되어 있는 모든 것에 감사를 드립니다.

그들이 나를 내어뱉지 않음에 감사합니다.
내가 그들과 함께 웃고 울 수 있음에 감사합니다.
오늘도 그들과 더불어 사는 하루가 행복하게 하소서.

오늘도 다름을 인정하게 하소서.
나와 똑같은 사람들이라면 의견은 똑같겠지만 나아질 일은 없을 것입니다.
내가 보지 못하는 것을 보는 자를 주셔서
더 좋은 의견을 알게 하시니 감사합니다.
나와 다른 취향을 가져서 내가 하기 힘든 일들을 하게 하시니 감사합니다.

그 다름이 미움이 되지 말게 하소서.
그 다름이 나를 돕는 귀한 손길임을 인정하고 감사하게 하소서.
나의 주 예수 그리스도의 이름으로 기도합니다. 아멘!

:: 그들의 역사로 말미암아 사랑 안에서 가장 귀히 여기며 너희끼리 화목하라
　　(데살로니가전서 5:13).

오늘 내가 어떤 길로 들어서기를 원하십니까?

나의 가는 길을 인도하시는 아버지, 감사합니다.
오늘도 아침에 일어나 주님을 만나 상의할 수 있음에 감사를 드립니다.
나보다 나를 더 잘 아시는 주님이 오늘 나에게 필요한 것을 알려주소서.
내가 오늘 무엇을 해야 할지를 깨닫게 하소서.
그래서 오늘 내가 하는 일이 열매가 있는 일이 되게 하소서.

오늘 내가 잘하는 것만 하려는 습관을 내려놓습니다.
날마다 내 인생의 방향을 위해 고민하면서,
정작 무엇을 찾아야 할지 모르겠습니다.
내가 잘하는 것만 반복하지 말고 인생을 걸고 하고 싶은 것을 찾게 하소서.
그리고 그것을 할 능력이 나에게 있는지 가늠하게 하소서.

계산하지 않고 망대를 세우는 자의 어리석음처럼
나의 능력과 원함의 균형을 알지 못하고 무모하게 매일을 살지 말게 하소서.
오늘도 주님께 올바른 질문을 하기 원합니다.
하나님이 나에게 주신 진정 의미 있는 삶은 무엇입니까?
오늘 주님은 내가 어떤 길로 들어서기를 원하십니까?

오늘도 탐욕과 사명을 분별하는 지혜를 주소서.
남들 하는 것을 부러워하며 흉내 내는 인생이 아니라
나의 인생을 살게 하소서.
나의 주 예수 그리스도의 이름으로 기도합니다. 아멘!

:: 하나님이여 나를 살피사 내 마음을 아시며 나를 시험하사 내 뜻을 아옵소서 (시편 139:23).

나의 소망이 하나님 앞에 정직하기 원합니다

아버지는 온전하신 나의 유일한 신이시며 참 하나님이십니다.
나는 오늘도 나의 구원에 감사하며 주님을 찬양합니다.
오늘도 나를 치유하시고, 지도하시고, 인도하여 주소서.

오늘 나에게 주어진 소망이 정결하기 원합니다.
나의 소망이 나의 욕심과 결합하여 더러워지지 않게 하소서.
나의 사심이 알게 모르게 들어와 나를 오염시키지 말게 하소서.
나의 원함과 하나님이 주시는 소망을 구별하게 하소서.
언제나 습관적으로 나의 원함 위에
하나님의 영광이라는 명분을 얹지 말게 하소서.

오늘도 하나님 앞에 정직하기 원합니다.
원하는 것은 "하나님, 내가 이것을 원합니다"라고 기도하게 하소서.
합당하다면 주소서. 그러나 합당하지 않다면 주지 마소서.
하나님의 영광을 빌미로 나의 성공을 구하지 말게 하소서.
기도의 회칠한 무덤이 되지 말게 하소서.

오늘도 아버지 앞에 나간 자녀의 모습으로 당당하고 정직하게 하소서.
정제되지 못한 욕심이 있을지언정 거짓을 품지 말게 하소서.
하나님의 거룩을 덧씌워 나의 기도를 거룩한 척 위장하지 말게 하소서.
나의 주 예수 그리스도의 이름으로 기도합니다. 아멘!

:: 뱀이 그 간계로 하와를 미혹한 것같이 너희 마음이 그리스도를 향하는 진실함과 깨끗함에서 떠나 부패할까 두려워하노라 (고린도후서 11:3).

할 수 있는 일부터 실천하겠습니다

오늘도 많은 것을 주신 아버지, 감사합니다.
아침에 새로운 마음을 허락하시고 온전히 주님 앞에 기도하게 하소서.
오늘도 나의 간구를 들으시는 주님을 찬양합니다.
나의 노래와 나의 기쁨이 하나님께 있음을 고백합니다.

내가 다른 사람들을 위하여 도움을 줄 때에
꼭 돈만 주려고 하지 말게 하소서.
나에게 주신 많은 재능과 힘을 가지고 그들과 더불어 살게 하소서.
나의 재능이 그들에게 필요하다면 나누게 하소서.
나의 성품이 그들에게 필요하다면 그들을 품게 하소서.
나의 입술로 그들을 도울 수 있으며,
나의 손과 발로 그들을 위로할 수 있습니다.
나는 돈이 없으니 아직은 아무것도 할 수 없다 하지 않고
주님이 주신 모든 것을 활용하여 나누며 함께 사는 하루 되게 하소서.

오늘 내가 만나는 사람들을 위해 무엇을 할 수 있을지 알게 하소서.
그들을 위한 작은 배려와 아이디어가 그들에게 큰 기쁨이 될 줄 믿습니다.
오늘도 큰 것 주려 하지 말고 작은 것부터 나누는 자 되게 하소서.
오늘 돈이 없어도 할 수 있는 것부터 실천하는 내가 되게 하소서.
나의 주 예수님의 이름으로 기도합니다. 아멘!

:: 우리 각 사람이 이웃을 기쁘게 하되 선을 이루고 덕을 세우도록 할지니라 (로마서 15:2).

12

이 하나님은 영원히 우리 하나님이시니
그가 우리를 죽을 때까지 인도하시리로다
_ 시편 48:14

이 달 의 기 도 제 목

-
-
-
-
-

남은 한 달을 가치 있게 보내기 원합니다

오늘도 하루를 허락하신 아버지, 감사합니다.
얼마나 많은 사건과 사고가 있는데 그래도 안전하게 하시니 감사합니다.
변함없이 오늘도 기도로 하루를 시작합니다.
오늘 제일 먼저 주님을 만나고 이 하루를 힘차게 시작하게 하소서.

오늘은 한 해의 마지막을 남긴 한 달의 첫날입니다.
한 해 동안 계획했던 것, 이루기 원했던 것들을 돌아보게 하소서.
아직 한 달이라는 시간이 남아 있음에 감사합니다.
아직 늦지 않았으니 이 한 달 동안에 한 해를 채울 것들을 시도하게 하소서.
미루는 것은 결국 안 한다는 것이니 오늘이라도 시작하게 하소서.

날마다 기회를 주시는 아버지, 감사합니다.
환경이 어렵다고, 여건이 안 된다고, 나만 불리하다고 불평하지 말게 하소서.
하지 않은 것은 나임을 알게 하소서.
언제가 되어도 완벽한 환경은 없다는 것을 알게 하소서.
오늘 나의 게으름을 회개합니다.

오늘 일어나 다시 힘을 얻고 무언가 할 수 있는 날이 되게 하소서.
아직 남은 한 달의 시간을 가치 있게 보낼 수 있도록 도와주소서.
나의 기회가 되어주신 예수 그리스도의 이름으로 기도합니다. 아멘!

:: 부지런한 자의 경영은 풍부함에 이를 것이나 조급한 자는 궁핍함에 이를 따름이니라
(잠언 21:5).

나의 판단 너머에 계신 하나님을 받아들입니다

천지 만물을 만드신 아버지, 감사합니다.
오늘 크신 아버지 앞에 나아가 모든 걱정과 근심을 내려놓습니다.
나의 계획과 꿈도 주님 앞에 내려놓습니다.
아버지 앞에서 지워질 것이 지워지게 하소서.
아버지의 지혜로 세워질 것이 세워지게 하소서.

오늘도 하나님을 축소시키는 죄를 짓지 않게 하소서.
나의 눈으로, 나의 마음의 크기로 하나님을 판단하지 말게 하소서.
나는 결단코 하나님을 온전히 알 수 없으며, 볼 수도 없는 존재입니다.
개미의 눈으로 코끼리를 온전히 볼 수 없는 것처럼,
인간의 눈으로 알 수 없는 하나님을 판단하지 말게 하소서.

하나님의 능력을, 하나님의 존재를,
하나님의 거룩하심을 믿고 신뢰합니다.
나의 판단 너머에 계신 하나님을 그대로 받아들입니다.
내가 감히 재단하거나 불평하지 말게 하소서.
그저 이해가 안 되어 믿는다고 고백하게 하소서.
나보다 크시기에 신뢰할 수 있는 분이심을 믿습니다. 인도하소서.
나의 주 예수 그리스도의 이름으로 기도합니다. 아멘!

:: 깊도다 하나님의 지혜와 지식의 풍성함이여, 그의 판단은 헤아리지 못할 것이며 그의 길은 찾지 못할 것이로다 (로마서 11:33).

포기하시지 않는 하나님, 나도 다시 일어납니다

상쾌한 아침을 주신 아버지, 감사합니다.
어제의 피로를 씻어주시고
나의 죄악을 그리스도의 보혈로 정결케 하소서.
오늘은 새날이니 새로운 마음으로 시작하게 하소서.
무엇을 하든지 과거의 것으로 오늘을 판단하지 말게 하소서.

하나님은 꺼져가는 등불도 끄지 않으시는 분임을 믿습니다.
상한 갈대도 꺾지 않으시는 하나님을 찬양합니다.
나의 가망 없음에도 주님은 나를 포기하지 않으시는 분입니다.
나의 고비마다 나보다 나를 더 믿어주시는 분임에 감사합니다.
오늘도 나를 포기하지 않으시는 하나님으로 인해 다시 일어나게 하소서.

하나님이 나를 포기하지 않으신다면 나는 언제나 희망 있는 사람입니다.
하나님이 나를 일으키실 때에 누구도 막을 수 없음을 믿습니다.
나를 새로운 자리로 옮기시고, 새로운 꿈을 꾸게 하실 것을 믿습니다.
무너져가는 자를 반석에 세우시는 주님의 역사가 오늘 일어나게 하소서.

오늘 나의 자리가 더 꿈꿀 수 있는 자리 되게 하소서.
환경이 바뀌지 않아도 하나님이 일하신다면 나는 노래할 것입니다.
나의 노래가 되시는 예수님의 이름으로 기도합니다. 아멘!

:: 상한 갈대를 꺾지 아니하며 꺼져가는 심지를 끄지 아니하기를 심판하여 이길 때까지 하리니 (마태복음 12:20).

12 | 04

주님 계시기에 오늘도 희망을 노래합니다

제법 차가워지는 공기를 맡으며 겨울의 문턱에서 주님을 찬양합니다.
계절의 변화를 주신 아버지, 감사합니다.
내가 원한다고 계절이 머무는 것도 아니고, 싫다고 오지 않는 것도 아닙니다.
나는 하나님의 변화의 섭리를 멈출 힘이 없는 연약한 인간임을 고백합니다.

하나님이 이루어가시는 일들 앞에서 겸허하게 하소서.
내가 제어할 수 없는 수많은 일을 경험하면서 인간의 크기를 배우게 하소서.
내가 세상의 중심인 것처럼 착각하며 교만하지만
결국 나는 아무것도 할 수 없는 부족한 존재임을 깨달아 알게 하소서.
그 깨달음이 좌절이 아니라 희망인 것은
크신 아버지가 계시기 때문입니다.

하룻강아지 범 무서운 줄 모른다고,
나의 작음을 모르고 설치다 세상에게 당하지 말게 하소서.
언제나 뒤에 계시는 아버지의 존재를 기억하며 살게 하소서.
나의 나 됨은 주님께 있으며 나의 일함도 주님께 있습니다.

그래서 오늘도 희망을 노래합니다.
나에게는 소망이 없으나 주님께는 넘치도록 있음을 찬양합니다.
그 소망 속에서 오늘을 다시 힘차게 시작합니다.
나의 주인이 되시는 예수 그리스도의 이름으로 기도합니다. 아멘!

:: 나는 여호와 너희의 거룩한 이요 이스라엘의 창조자요 너희의 왕이니라 (이사야 43:15).

내 믿음의 대상은 오직 아버지이십니다

오늘도 기도할 힘을 주시는 아버지, 감사합니다.
나의 입술을 들어 주님을 찬양할 수 있음에 감사합니다.
내가 하늘을 향하여 기도드릴 수 있는 아버지가 되심을 찬양합니다.
사람과의 관계가 아무리 소홀해도, 아무리 외로워도
나를 끔찍이 사랑하시는 하나님 아버지로 인해 고독할 수 없음에 감사합니다.

사람에게 기대어 나의 소망을 걸지 말게 하소서.
하나님을 향하여 가진 소망 때문에 영원히 낙망하지 않게 하소서.
사람은 사랑의 대상이지, 믿음의 대상이 아님을 매일 기억하게 하소서.
흔들리는 인간에게 의지하여 일희일비하지 말게 하소서.

그러나 오늘도 선물로 주신 그 사람들을 인하여 참으로 감사합니다.
혼자 거하는 것이 좋지 못하여 함께하도록 하신
아버지의 뜻을 이루게 하소서.
서로 나누며 사랑하고, 이해하며 감싸게 하소서.
누구든 그들이 하나님이 주신 선물임을 기억하며 감사하게 하소서.
나의 것을 주는 것 같지만 결국 마음으로 받는 것임을 알게 하소서.

오늘도 주님 앞에 감사와 찬양을 드립니다.
내가 아버지를 사랑하고 기뻐할 수 있음에 감사합니다.
오늘도 인도하소서. 예수 그리스도의 이름으로 기도합니다. 아멘!

:: 너희는 인생을 의지하지 말라 그의 호흡은 코에 있나니 셈할 가치가 어디 있느냐
(이사야 2:22).

이 나라를 주님이 인도하여 주소서

나로 아침에 일어나 주님을 만나게 하심을 감사합니다.
이 나라를 주님이 인도하여 주소서.
같은 아침에 같은 뉴스를 들을 수 있는 국가를
나에게 허락하시니 감사합니다.
한 나라에서 한 국민으로 사는 많은 사람을 축복합니다.
혼돈 속에서 정리될 것처럼 보이지 않는 많은 일이 있지만
상한 마음들을 위로하시고 서로 넓은 마음을 가질 수 있게 도와주소서.

하나님이 영적인 축복을 허락하신 이 나라에 다시 은혜를 부어주소서.
아니, 주신 은혜를 잘 다스리고 회복하게 하소서.
아픔이 많은 나라이니 불쌍히 여겨주소서.
무엇이 옳은지 분별하지 못하여
좌충우돌하며 괴로워하고 있음을 돌아보소서.

답을 알지 못하는 인간의 머리와 이기심을 따라가는 행동들을 용서하소서.
정의를 위해 외치지 않고 이익을 위해 외치는 자들을 용서하소서.
공동체를 생각하게 하시고, 생명을 존중하는 나라 되게 하소서.
공의를 위하여 자신의 이익을 양보할 수 있는 마음을 주소서.
아버지의 뜻이 이 나라 가운데 임하기를 기도합니다.
하나님의 온전한 도구 되는 나라 되게 하소서.
예수 그리스도의 이름으로 기도합니다. 아멘!

:: 나라는 여호와의 것이요 여호와는 모든 나라의 주재심이로다 (시편 22:28).

12 | 07

나의 속사람을 깨끗이 청소하기 원합니다

차가운 공기를 주신 아버지, 감사합니다.
오늘도 나의 방을 정리하고 청소하며 주님께 기도합니다.
나의 마음도 청소하게 하시고, 나의 영혼도 정리하게 하소서.
세상의 걱정과 근심으로, 수많은 가십거리와 혼란한 정보들로 가득합니다.
매일 쏟아지는 잡동사니 정보들로
나의 머리와 마음이 지저분함을 용서하소서.
나의 속사람을 청소해주소서.

오늘도 나의 몸을 씻으며 나의 죄악을 씻기 원합니다.
내 얼굴에 묻은 더러운 것은 기겁하고 씻어내면서
나의 영혼에 묻은 더러운 것은 눈치채지도 못하고,
알아도 방치함을 용서하소서.
귀찮아서, 번거로워서, 누가 본다고 차일피일 미룸을 회개합니다.
아버지여, 진정 무엇이 창피한 일인지 알게 하소서.

방을 치우기 전에 마음을 치우게 하시고,
세수를 하기 전에 영혼을 씻게 하소서.
날마다 헷갈리는 급한 일과 중요한 일 사이에서
중요한 일을 먼저 택하게 하소서.
나를 정결케 하시는 예수님의 이름으로 기도합니다. 아멘!

:: 그러므로 모든 더러운 것과 넘치는 악을 내버리고 너희 영혼을 능히 구원할 바 마음에 심어진 말씀을 온유함으로 받으라 (야고보서 1:21).

나는 모든 순간에 아버지를 찬양할 것입니다

모든 것이 죽을 것 같은 겨울이지만,
결코 죽지 않는 생명을 주신 아버지, 감사합니다.
오늘 나의 생명이 하루가 더 연장되었음에 감사합니다.
오늘 나에게 또 한 번의 기회가 주어짐을 찬양합니다.

어제의 실패를 만회할 기회를 주심에 감사합니다.
어제의 낙망을 일으킬 시간을 주심에 감사합니다.
또 어제의 기쁨을 연장할 은혜를 주심에 감사합니다.
오늘도 나에게 오는 모든 일을 인하여 주님을 찬양합니다.

때로 버거운 일이 다가와도 주님을 찬양합니다.
아버지가 나를 도우실 것을 믿기 때문입니다.
때로 당황스러운 일이 와도 주님을 찬양합니다.
그 안에 새로운 유익이 있을 것을 믿기 때문입니다.
모든 상황 속에서 주님을 찬양할 것입니다.
왜냐하면 하나님도 그 상황 속에 계실 것이기 때문입니다.

나는 모든 순간에 아버지를 찬양할 것입니다.
모든 순간 모든 은혜를 주시는 분이
바로 나의 아버지이심을 믿기 때문입니다.
나의 사랑이 되시는 예수 그리스도의 이름으로 기도합니다. 아멘!

:: 여호와께서 이틀 후에 우리를 살리시며 셋째 날에 우리를 일으키시리니 우리가 그의 앞에서 살리라 (호세아 6:2).

하나님이 기뻐하시는 믿음의 가문 되게 하소서

오늘도 아버지가 주신 자유함을 인해 찬양합니다.
나에게 결정할 수 있는 의지를 주시고,
나의 삶을 사랑할 수 있게 하시니 감사합니다.
오늘은 특별히 나의 가족을 위해 기도하기 원합니다.
사랑하는 가족과 하나의 하나님을 섬기게 하소서.

내가 줄 수 있는 가장 아름다운 선물이 있다면, 하나님이실 것입니다.
그들을 위해 내가 무엇을 기도해야 가장 좋은 것을 줄 수 있을까요?
이 세상의 무엇이 그들에게 가장 유익한 것일까요?
이 혼란의 시대에 아버지를 아는 신앙보다 더 좋은 것은 없을 것입니다.

그들의 인생에서 하나님을 사랑하는 것이 최고의 기쁨이 되게 하소서.
이 세상에서 성공과 실패가 그리 중요한 게 아님을 알게 하소서.
누군가 자신을 위해 기도하고 있다는 사실이 그들에게 위로가 되게 하소서.
그리고 그들이 힘겨울 때 내가 도울 수 있음에 감사하게 하소서.

나에게 사랑하는 가족을 주시니 감사합니다.
그들과 주님을 만나는 그날까지 동행하며 주를 찬양하게 하소서.
하나님이 기뻐하시는 믿음의 가문을 만들게 하소서.
나의 주 예수 그리스도의 이름으로 기도합니다. 아멘!

:: 예수께서 대답하여 이르시되 기록된 바 주 너의 하나님께 경배하고 다만 그를 섬기라 하였느니라 (누가복음 4:8).

몸도 중요하지만 영이 더 중요합니다

아침에 주님을 만나는 일이 무엇보다 기쁘게 하소서.
하루 종일 하나님을 잊고 지냈던 어제를 회개합니다.
때로는 형식적이지만 이 형식적인 기도의 시간도 유익임을 고백합니다.

나의 영적인 습관이 올바르게 자리 잡게 하소서.
종교적인 행위가 아니라 마음으로 하나님과 교제하는 시간이 되게 하소서.
하나님이 기뻐하시는 아침 기도가 되기 원합니다.
마음을 받아주시고, 나와 대화하시고, 나에게 말씀하여 주소서.
아버지를 엄한 주인으로 모시는 것이 아니라
사랑의 아버지로 만나게 하소서.

오늘도 나의 몸을 위해 운동하고 식사 조절을 하느라 온통 신경을 쓰면서
나의 영을 위해서는 아무것도 하지 않는 오류를 버리게 하소서.
나의 몸도 중요하지만 그보다 영이 더 중요함을 믿습니다.
그렇다면 훨씬 더 많은 시간을 할애함이 마땅합니다.
오늘 내 마음의 비중이 무엇보다 영적인 것에 있게 하소서.

걸을 때에 주를 생각하게 하소서.
밥 먹을 때 주를 기억하게 하소서.
모든 순간 주님을 사랑하게 하소서.
나의 주 예수 그리스도의 이름으로 기도합니다. 아멘!

:: 위의 것을 생각하고 땅의 것을 생각하지 말라 (골로새서 3:2).

주님 주신 아름다운 길로 걸어가겠습니다

오늘도 나에게 귀한 아침을 주심에 감사합니다.
하루를 살아갈 때에 어제의 실수를 반복하지 말게 하소서.
어제 지었던 모든 죄악을 예수 그리스도의 보혈로 깨끗이 씻어주소서.
오늘도 주님의 뜻 안에 거하기 원합니다.

오늘 나의 기도가 죄를 위한 기도가 되지 말게 하소서.
내가 원하는 것이 혹여 불신이나 탐욕의 기도 제목이 아니게 하소서.
하나님은 나를 통제하신다 불평하는 죄를 용서하소서.
내가 하나님께 원하는 자유라는 것이 죄를 지을 자유는 아닌지요?
내가 원하는 것이 세상을 닮아가려는 갈망은 아닌지요?

주님이 나의 기도를 응답하실 때 나의 어리석음을 돌아보소서.
하나님의 뜻에 어긋나거나
내가 미래를 몰라서 어리석게 간구한 것은 거절하소서.
아버지의 길이 아니라면 그 길이 열리지 않게 하소서.
오직 하나님이 보시기에 선하고 올바른 길로 나를 인도하소서.

오늘도 주님이 주신 아름다운 길을 보여주소서.
내가 그 길로 걸어가겠습니다.
마음에 영적인 부담으로 알려주시고, 느낄 수 있는 민감함을 주소서.
나의 길이 되시는 예수 그리스도의 이름으로 기도합니다. 아멘!

:: 구하여도 받지 못함은 정욕으로 쓰려고 잘못 구하기 때문이라 (야고보서 4:3).

나에게 가장 중요한 것은 하나님과 연결되는 것입니다

한 해가 저물어가고 있습니다.
망년회를 한다고 돌아다니느라 정작 아무 생각도 없이 보내지 말게 하소서.
하나님 앞에서 한 해를 정리하게 하소서.

나무들이 나뭇잎을 떨어뜨릴 때에
나의 모든 허세와 겉치레를 떨어뜨리게 하소서.
모든 자연이 가장 겸손한 모습으로 돌아갈 때에
나의 마음도 겸손해지게 하소서.
혹독한 겨울을 보내기 위해
모든 것을 최소화하는 나무를 보며 배우게 하소서.
생명을 유지하기 위해 나의 삶을 최소화하고
가장 중요한 것을 지키게 하소서.

뿌리를 더 깊이 내려 깊은 은혜의 자리에 머물게 하소서.
나무에게 가장 중요한 것은 나뭇잎도, 열매도 아니라 생명인 것처럼,
나에게 가장 중요한 것은 나의 업적이나 칭찬이 아니라
하나님과 연결되는 것입니다.
아버지여, 영적인 겨울을 만날 때에 가장 중요한 하나를 잡게 하소서.
격에 맞지 않은 치장을 과감히 버리게 하소서.

하나님 앞에 언제나 벌거벗은 나무처럼 정직하게 서기 원합니다.
내가, 나의 존재가, 나의 영혼이 가장 먼저 아버지를 만나게 하소서.
나를 사랑하시는 예수 그리스도의 이름으로 기도합니다. 아멘!

:: 주를 향하여 이 소망을 가진 자마다 그의 깨끗하심과 같이 자기를 깨끗하게 하느니라
(요한일서 3:3).

12 | 13

부족한 나의 입술이 아버지의 말씀을 닮기 원합니다

아버지의 말씀은 천지를 창조할 만큼 위력이 있음을 찬양합니다.
그 말씀으로 세상을 만드시고 나를 인도하셨습니다.
아버지의 한 말씀이 나의 인생을 바꿀 수 있음을 믿습니다.
오늘 나에게 말씀하셔서 나로 오늘 새로운 변화를 경험하게 하소서.

오늘 부족한 나의 입술도 아버지의 말씀을 닮기 원합니다.
허탄한 농담이나 욕이나 더러운 것을 입에 담지 말게 하소서.
남을 비난하고 단점을 노출하여 아프게 하지 않겠습니다.
사람을 세우고, 장점을 칭찬하고, 위로하는 언어 되기 원합니다.
선한 행위를 위해서라기보다
아버지를 찬양하는 나의 입술을 더럽히지 말게 하소서.

내가 이 땅에 존재하며 해야 할 일,
내가 천국에 가서 해야 할 일은 찬양입니다.
나의 본분이 아버지를 기뻐하는 일임을 믿습니다.
온전히 아버지를 찬양하기 위해 나의 입술을 보존하게 하소서.
사랑하는 사람에게 줄 귀한 선물을 사서 쓰레기통에 보관하는 사람이 없듯,
하나님을 위한 선물을 더럽히지 말게 하소서.

그 마음으로 나의 언어를 정결하게 할 때 결국 그것이 선행이 될 줄 믿습니다.
나의 동기가 누구에게 보여주기 위한 것이 아니라
하나님을 위한 것이 되게 하소서.
나의 아버지를 사랑합니다. 예수님의 이름으로 기도합니다. 아멘!

:: 선한 말은 꿀송이 같아서 마음에 달고 뼈에 양약이 되느니라 (잠언 16:24).

하나님을 온전히 신뢰하는 내 삶은 행복합니다

나를 이 땅에 존재하게 하시고, 아버지를 알게 하시니 감사합니다.
일평생 아버지를 믿고, 알고, 사랑하고, 누리고, 기뻐하며 살게 하소서.
오늘도 주님과 손잡고 동행하는 하루 되기를 소망합니다.

하나님이 주신 은혜를 인하여 오늘도 빚진 자의 마음으로 살기 원합니다.
내가 받은 은혜는 잊어버리고,
내가 받지 못한 기도 응답만 기억하지 말게 하소서.
주시지 않은 응답은 더 좋은 것 주시려는 기다림임을 믿습니다.
거절하신 응답은 최상의 것을 주시려는 선택임을 믿습니다.
하나님을 온전히 신뢰하면 내 삶이 훨씬 더 행복할 수 있음을 믿습니다.

의심과 믿음 사이를 오락가락하며 혼란스러워하지 않게 하소서.
내가 아버지를 믿기로 했다면 온전한 신뢰를 드리게 하소서.
그것이 나를 가장 행복하게 하는 일임을 믿게 하소서.
하나님은 온전히 믿을 만한, 완벽한 신이심을 고백합니다.
부족함이 없으시며 풍성하신 하나님의 사랑을 믿고 신뢰합니다.

오늘도 나의 생명으로 다른 생명을 살리는 일에 거하게 하소서.
나에게 주신 생명이 누군가에게 큰 도움이 되게 하소서.
나의 살아 있음이 누군가에게 감사가 되는 날 되게 하소서.
나의 전부이신 예수 그리스도의 이름으로 기도합니다. 아멘!

:: 너는 마음을 다하여 여호와를 신뢰하고 네 명철을 의지하지 말라 (잠언 3:5).

나의 그릇에 만족합니다

하나님의 사랑이 가득한 아침을 맞이하게 하시니 감사합니다.
내 주위 환경은 이와 다를지라도 의기소침하지 말게 하소서.
하나님의 사랑으로 가득하다면 그 어떤 것의 결핍도 문제될 것이 없습니다.
오늘 나에게 아버지의 사랑을 보이시고, 그 사랑으로 충만하게 하소서.

오늘 나의 모든 죄악을 주님 앞에 내려놓습니다.
알면서도 지었던 죄들이 있음을 고백합니다.
몰라서 지은 죄보다 사실 알면서 지은 죄가 더 많음을 용서하소서.
마음으로 지은 죄만이 아니라 말과 행동으로 지은 죄도 많습니다.
예수 그리스도의 보혈로 나를 정결하게 하소서.

깨끗한 마음으로 하루를 시작하기 원합니다.
새로운 영적인 그릇이 되어서 새로운 은혜를 담게 하소서.
더 화려한 그릇, 남들보다 더 큰 그릇에 목매지 말게 하소서.
그저 나의 그릇을 매일 닦고 또 닦아 깨끗한 그릇 되게 하소서.

남과 비교하는 습관을 벗어버리기 원합니다.
그저 나와 하나님만을 바라보며 자족하는 은혜를 허락하소서.
나를 만드신 하나님의 선택을 믿습니다. 나의 그릇에 만족합니다.
예수님의 이름으로 기도합니다. 아멘!

:: 큰 집에는 금 그릇과 은 그릇뿐 아니라 나무 그릇과 질그릇도 있어…누구든지 이런 것에서 자기를 깨끗하게 하면 귀히 쓰는 그릇이 되어 거룩하고 주인의 쓰심에 합당하며 (디모데후서 2:20-21).

오늘, 지금, 현재를 주신 아버지를 찬양합니다

생명이 경각에 달린 사람에게 연장된 하루는 얼마나 귀한 것인지요.
그날이 비가 오는 날이어도 그에게는 찬란한 아침일 것입니다.
그날에 태풍이 불어도 태풍조차 소중한 날일 것입니다.
아버지, 그런 마음으로 오늘을 맞이합니다.

잃어버리기 전에 감사한 날 되기 원합니다.
가족이 떠나기 전에 즐거워하는 날 되기 원합니다.
건강을 잃어버리기 전에 감사하는 하루 되겠습니다.
젊음이 사라지기 전에 오늘 나의 가장 젊은 하루를 누리겠습니다.

내일이면 잃어버릴 것을 상상하며 고통의 하루를 보내지 말게 하소서.
내일만 바라보는 사람에게 영원히 오늘은 없음입니다.
오늘을 살게 하소서. 현재를 살게 하소서.
땅에 발을 디디고 사는 오늘, 가장 소중한 시간을 가치 있게 살게 하소서.

허상에 떠다니는 비전과 꿈에 매달려 오늘을 잃어버리지 않고,
내일은 가장 성실한 오늘을 기초로 한다는 것을 기억하게 하소서.
오늘, 지금, 현재를 주신 아버지를 찬양합니다.
시간을 꾹꾹 눌러 의미 있게 살겠습니다.
나의 주 예수님의 이름으로 기도합니다. 아멘!

:: 하나님은 나를 돕는 이시며 주께서는 내 생명을 붙들어주시는 이시니이다 (시편 54:4).

오늘 아버지께로 이동하는 하루 되게 하소서

하나님이 주신 이날을 복되게 하소서.
하나님께로부터 오는 복을 내가 통로가 되어 흘려보내게 하소서.
나를 통과하는 하나님의 은혜가 이 세상에 덕이 되게 하소서.

해야 하는 모든 일을 하나님과 먼저 상의합니다.
이 일들을 어떻게 처리해야 할지 지혜를 허락하소서.
오늘 해야 하는 일들 속에서 하나님의 뜻을 발견하게 하소서.
그리고 조금 더 하나님이 기뻐하시는 쪽으로 조정하게 하소서.

내가 기준이 되어 하나님이 나를 위해 일하시도록 강요하는 것이 아니라
하나님이 기준이 되시어 내가 맞추는 날 되게 하소서.
택시처럼 하나님을 이리저리 내가 있는 곳으로 불러대지 말게 하소서.
하나님은 기차와 같으시니 내가 정해진 하나님의 뜻에 올라타게 하소서.
내 기준에서 벗어나야만 하나님의 기준으로 이동할 수 있음을 알게 하소서.

오늘도 주님을 내 마음대로 흔들려는 생각을 버립니다.
그리고 내가 아버지의 마음대로 흔들릴 마음의 준비를 합니다.
그것이 순종이며 아버지를 따르는 길임을 믿습니다.
오늘 아버지께로 이동하는 하루 되게 하소서.
나의 전부이신 예수 그리스도의 이름으로 기도합니다. 아멘!

:: 그런즉 우리는 몸으로 있든지 떠나든지 주를 기쁘시게 하는 자가 되기를 힘쓰노라
(고린도후서 5:9).

12 | 18

사람들을 다독이며 한 해를 마무리하게 하소서

올해도 나를 지키시고 인도하신 아버지, 감사합니다.
많은 사람을 만나고 마무리해야 하는 연말이 되었습니다.
사랑하는 사람을 더 사랑하지 못함을 용서하소서.
도와야 할 사람을 더 돕지 못함을 용서하소서.
지켜야 할 사람을 더 지키지 못함을 용서하소서.
부족했던 것들을 채우며 사람들을 다독이는 날 되기 원합니다.
올해를 사랑으로 마무리하게 하소서.

오히려 더 많은 시간을 일보다 사람을 위해 쓰게 하소서.
즐거운 시간도 필요하지만, 조용히 위로하고 격려하는 시간도 필요합니다.
나의 마음에 위로가 필요하다면 더욱 하나님 앞에 나아가 머물게 하소서.
다른 사람을 위로하면서 나의 마음을 채우는 의미 있는 시간 되게 하소서.
한 해를 한탄하지 않고 감사한 것들을 기억하며 보내게 하소서.

오늘도 나에게 다시 기회 주신 아버지를 찬양합니다.
오늘 만나야 하는 사람을 떠올려주시고 만나게 하소서.
나의 작은 문자메시지라도 누군가에게 위로가 되게 하소서.
나를 사랑하시는 예수님의 이름으로 기도합니다. 아멘!

:: 하나님은 헤아릴 수 없이 큰 일을 행하시며 기이한 일을 셀 수 없이 행하시나니
(욥기 5:9).

12 | 19

아버지, 선하고 아름다운 지혜를 주소서

하나님의 넘치는 은혜가 오늘도 가득하기를 소망합니다.
이 나라를 지켜주시고 위정자들에게 지혜를 주소서.
그들의 어리석음이 너무 많은 사람에게 피해를 줍니다.
한 사람의 결정이 타인에게 얼마나 많은 영향을 주는지 기억하게 하소서.
나는 위정자는 아니지만 한 가정의 어른으로 책임감을 느끼게 하소서.
내가 회사에서 가진 직책의 책임감을 가지게 하소서.
나의 밑에 누군가 있다면 그를 위해 책임감을 갖게 하소서.
나의 결정이 누구에게든 영향을 미친다는 것을 기억하게 하소서.

그래서 작은 결정이라도 신중하기 원합니다.
믿는 자로서 안 믿는 자들이 보고 있음을 기억하기 원합니다.
아버지, 선하고 아름다운 지혜를 주소서.
이 세상은 나를 챙기고 내가 이익이 되는 결정을 환호하지만
악하고 이기적인 지혜가 아니라 아버지의 지혜를 구합니다.

오늘도 내가 좋은 나무 되어 사람들과 좋은 열매를 나누게 하소서.
이 나라와 가정, 그리고 아버지를 알지 못하는 모든 사람에게 은혜를 주소서.
나의 주님을 사랑하고 따르기 원합니다.
나의 주 예수 그리스도의 이름으로 기도합니다. 아멘!

:: 너희 중에 누구든지 지혜가 부족하거든 모든 사람에게 후히 주시고 꾸짖지 아니하시는 하나님께 구하라 그리하면 주시리라 (야고보서 1:5).

오늘도 새로운 결단을 합니다

기도로 하루를 시작하게 하시니 감사합니다.
내가 가진 삶의 많은 의문 앞에서 고민하지 말게 하소서.
걱정하고 근심할 시간에 기도하게 하소서.
하나님의 지혜를 구하게 하소서.
모든 인생의 해답이 하나님께 있음을 믿습니다.

오늘도 내가 열쇠를 찾으려고 동분서주하지 말게 하소서.
오직 나에게 주어진 길을 가게 하소서.
오늘 나에게 주어진 분깃에 맞는 일을 성실히 하게 하소서.
연말이든 연초이든 하나님의 시간은 동일하게 흘러감을 믿습니다.
오늘 그저 나의 삶에 최선을 다하게 하소서.

오늘 혹여 자책하는 마음을 버리게 하시고 감사하게 하소서.
나의 부족함을 채우시는 하나님의 은혜가 임할 것을 믿고 신뢰합니다.
오늘도 새로운 결단을 합니다.
마치 새로 마라톤을 시작하는 마음으로 시작합니다.
인생의 긴 시간 앞에 성실의 계단 하나를 쌓는 마음으로 갑니다.
힘 주소서. 올바른 길로 인도하소서.
나의 주 예수 그리스도의 이름으로 기도합니다. 아멘!

:: 여호와는 나의 산업과 나의 잔의 소득이시니 나의 분깃을 지키시나이다 (시편 16:5).

12 | 21

하나님의 때를 기다리며 순종하게 하소서

오늘도 추운 겨울에 새로운 아침을 주시니 감사합니다.
계절을 따라 아름다움을 주신 주님을 찬양합니다.
나의 인생에도 여름이 있고 겨울이 있음을 믿습니다.
활동적인 때가 있다면 머물러 정체되는 인생의 때도 있음을 인정합니다.
그리고 그런 시기를 받아들입니다.
내가 아무리 달리고 싶어도 달릴 수 없을 때에는 머물러 기도하게 하소서.
내가 아무리 쉬고 싶어도 쉴 수 없을 때에는 믿음으로 달리게 하소서.
내가 원하는 대로 움직여지지 않는 인생을 순종으로 받아들이게 하소서.

겨울과 같은 시간을 보내고 있다면 무엇보다 나를 성찰하게 하소서.
나를 돌아보고 성숙하는 시간을 갖기 원합니다.
어두움의 시간은 잠자는 시간이고,
그 시간은 성장하는 시간임을 믿습니다.
어두울 때 불을 켜고 잠을 거부하지 말게 하시고
주어진 시간과 섭리에 순응함으로 성장을 이루게 하소서.

하나님의 일으키시는 때를 기다립니다.
임마누엘의 주님이 나의 인생에 오셔서 나를 일으키소서.
쉼과 성장을 허락하신 주님을 찬양합니다.
달리며 열매 거두게 하시는 때를 찬양합니다.
예수님의 이름으로 기도합니다. 아멘!

:: 울 때가 있고 웃을 때가 있으며 슬퍼할 때가 있고 춤출 때가 있으며 (전도서 3:4)

12 | 22

차근차근 인생의 목표를 이루어가게 하소서

하나님 아버지, 오늘도 나의 이름을 불러주심에 감사합니다.
나를 이 세상에 오게 하실 때 하나님의 뜻이 있음을 믿습니다.
하나님의 부르심에 오늘도 응답하게 하소서.

내가 생을 다 마쳤을 때 나의 비석에
어떤 말이 쓰이면 좋을지 생각하며 살게 하소서.
내가 살아 있는 동안 해야 할 일들을 알게 하소서.
내 인생을 걸고 삶으로 살아낼 목표가 무엇인지 깨닫게 하소서.
그래서 오늘부터 차근차근 성실하게 그것을 이루어가게 하소서.
아주 작은 목표라도 의미 있는 가치를 품고 살게 하소서.

무슨 직업을 가지는 것이 삶의 목표가 되지 말게 하소서.
그것은 수단일 뿐 삶의 목적이 될 수 없음입니다.
나의 자녀를 몰아붙이지 말게 하소서.
그들도 참된 진리를 알고 가치를 따라 살아갈 권리가 있음을 인정합니다.
오늘 나를 지도하실 때에 그들도 지도하소서.

오늘도 내 인생의 마지막을 생각하며 살기 원합니다.
허망한 것에 휘둘려 낭비하는 하루가 아니라,
가치와 결실을 위해 의미 있게 사는 하루 되게 하소서.
나의 주 예수 그리스도의 이름으로 기도합니다. 아멘!

:: 푯대를 향하여 그리스도 예수 안에서 하나님이 위에서 부르신 부름의 상을 위하여 달려가노라 (빌립보서 3:14).

내가 기뻐할 조건은 하나님이시니 못할 것이 없습니다

어제의 모든 어두움을 물리치시고 새로운 아침을 주신 아버지, 감사합니다.
오늘은 하나님이 주신 놀라운 선물의 날입니다.
사소한 것으로 짜증을 내며 하루를 망치지 말게 하소서.
걱정을 하나 가득 마음에 담고 시작하지 말게 하소서.

하루를 망치는 것은 어쩌면 외부의 환경이 아니라
나의 생각임을 깨닫게 하소서.
절망 속에서도 소망의 끈을 주시는 하나님을 기억하게 하소서.
어려움 속에서도 보석 같은 유익을 주시는 주님의 사랑을 기억하게 하소서.
하나님이 나를 지키시는 분이라면 오늘을 두려워할 필요가 없습니다.

아버지를 기뻐하며 하루를 시작합니다.
내가 기뻐할 조건은 바로 하나님이시니 못할 것이 없습니다.
인생을 살면서 완벽한 환경은 단 한 번도 없었습니다.
완벽한 환경을 갈구하는 것은 그저 나의 허망한 기대일 뿐입니다.

주어진 것에 감사하고, 하나님이 내 안에 계심으로 기뻐합니다.
어떤 어려움 속에서도 하나님과 동행한다면 나는 안전합니다.
인간에게 가장 치명적인 죽음이 온다 하더라도 나에게는 천국이 있습니다.
담대한 하루를 살겠습니다.
나의 소망 되시는 예수 그리스도의 이름으로 기도합니다. 아멘!

:: 내가 주를 찬양할 때에 나의 입술이 기뻐 외치며 주께서 속량하신 내 영혼이 즐거워하리이다 (시편 71:23).

예수님의 오심이 나를 살렸습니다

크리스마스이브의 아침이 밝았습니다.
귀한 손님을 맞이하기 위해 며칠 전부터 청소하고 준비하는 것처럼,
내 생에 생명을 주러 오신 예수님을 맞이하기 위해 마음을 준비하게 하소서.

나에게 구원자를 보내신 아버지, 감사합니다.
예수님이 십자가를 지시기 위해 이 땅에 오심을 감사합니다.
그분의 오심이 나를 살렸습니다.
이 얼마나 위대한 용기이며 결단인지요.
이 얼마나 위대한 사랑이며 희생인지요.

크리스마스이브에 왜 기쁜지도 모르고 흥청망청하지 말게 하소서.
크리스마스는 데이트를 위해 있는 날이 아님을 알게 하소서.
크리스마스는 파티를 위해, 아이들을 기쁘게 하기 위해 있는 날이 아니라
아버지를 기쁘시게 하기 위해, 감사하기 위해 존재함을 알게 하소서.
언제나 본질을 내던지고 인간만 즐기는 습성을 버리게 하소서.

예수님은 자신이 이 땅에 오심을
내가 어떤 마음으로 받아들이기 원하실지 묵상하게 하소서.
예수님의 오심을 어떻게 기념할지 기도하게 하소서.
나의 구원자 되어주신 예수님을 찬양합니다.
나의 모든 것 되신 예수 그리스도의 이름으로 기도합니다. 아멘!

:: 그가 찔림은 우리의 허물 때문이요 그가 상함은 우리의 죄악 때문이라 그가 징계를 받으므로 우리는 평화를 누리고 그가 채찍에 맞으므로 우리는 나음을 받았도다 (이사야 53:5).

12 | 25

무엇으로도 하나님의 은혜를 갚을 수 없습니다

오늘은 예수님이 인간으로 이 땅에 오신 날을 기념하는 날입니다.
우리에게 예수님이 오신 일이 얼마나 대단한 일인지 알게 하소서.
오늘 온전히 예수님의 성육신을 묵상하는 날 되게 하소서.

상사이면서 부하 직원의 자리에서 생각하지 못함을 용서하소서.
부모이면서 자식의 입장에서 온전히 고민하지 못함을 용서하소서.
나의 이 작은 가진 것들 위에 군림하는 것조차 내려놓지 못하면서
신의 자리에서 인간으로 오신 주님을 이해한다 자만하지 말게 하소서.

종교적인 행동으로 감사와 찬양을 온전히 드렸다 여기지 말게 하소서.
하나님이 하나님의 자리에서 내려오심이 얼마나 고통스러운 일인지요.
인간으로 태어나신 것도 수치스러운데 십자가를 지시다니요.
인간의 가장 고독한 자리로 오셔서 모든 질고를 경험하신 주님을 찬양합니다.
오늘 부끄러운 크리스마스가 아니라 진심을 드리는 날 되게 하소서.

우주의 경계를 뚫고 나에게 오신 주님을 찬양합니다.
거룩한 신이 더러운 인간의 자리 중 최악의 자리로 내려와
십자가 지심을 찬양합니다.
무엇으로도 이 은혜를 갚을 수 없음을 고백합니다.
나에게 오셔서 구원을 이루신 예수님의 이름으로 기도합니다. 아멘!

:: 인자가 온 것은 섬김을 받으려 함이 아니라 도리어 섬기려 하고 자기 목숨을 많은 사람의 대속물로 주려 함이니라 (마태복음 20:28).

하나님이 주신 자연을 더욱 사랑하게 하소서

겨울이 깊어가는 이 아침을 주신 아버지, 감사합니다.
이 세상이 인간의 탐욕으로 오염되어 병들어 있음을 회개합니다.
하나님이 주신 세상을 잘 보존하지 못함을 용서하소서.
주님이 주신 만물을 위해 노력하게 하소서.
모든 것이 하나님의 선물인데, 편함을 위해 많은 환경을 더럽혔습니다.

아버지여, 아침의 싱그러움이 남아 있을 때에 애쓰게 하소서.
푸른 나무와 상쾌한 바람이 남아 있을 때 감사하며 보존하게 하소서.
나의 아이들에게 물려주기 위해서가 아니라,
나의 아이들이 가져야 할 것을 빌려서 쓰고 있음을 알게 하소서.
빚진 자의 마음으로 살게 하소서.

빌려 쓴 것을 망가뜨려 돌려주지 않기 위해 작은 것부터 사랑하게 하소서.
하나님이 잘 다스리라고 주신 자연을 향해 폭군과 같았음을 회개합니다.
이제 감사하며, 누리며, 사랑하게 하소서.
오늘도 나에게 주신 재물만 관리하는 것이 아니라
자연을 관리하게 하소서.
재물이 없으면 얻을 수 있지만 자연이 없으면 살 수 없음입니다.
오늘 주신 자연을 바라보며 감사하며 하루를 살겠습니다.
나의 주 예수님의 이름으로 기도합니다. 아멘!

:: 태초에 하나님이 천지를 창조하시니라 (창세기 1:1).

12 | 27

어렵지만, 하나님의 마음으로 용서를 시도합니다

어제의 모든 죄악을 씻어주시고
나를 오늘도 일으키시는 아버지, 감사합니다.
나를 사랑하시되 끝까지 사랑하시는 아버지를 찬양합니다.
나도 오늘 하나님의 사랑을 힘입어 사람을 더욱 사랑하게 하소서.

올해가 가기 전에 나에게 해롭게 한 사람들을 용서하기 원합니다.
나의 상처와 손해를 생각하면 기억하고 싶지도 않지만,
그럼에도 불구하고 하나님의 뜻이라면 그의 입장을 이해하게 하소서.
최대한 그의 입장에서 생각하며 마음을 풀어가게 하소서.

나의 마음 그릇으로는 사람을 품을 수도, 용서할 수도 없음을 고백합니다.
하나님의 마음을 주소서.
내가 얼마나 큰 죄악을 용서받고 구원받았는지를 기억하게 하소서.
나는 용서받고 다른 사람에게 엄하게 대하는 악한 자 되지 말게 하소서.
내년의 계획을 세우는 것보다 올해의 미움을 해결하는 것이
더 중요함을 고백합니다.

어렵지만 시도하게 하소서.
기도함으로 아버지의 마음을 담게 하소서.
나의 능력으로 안 되는 것을 불쌍히 여기시고 도와주소서.
나를 용서하신 예수 그리스도의 이름으로 기도합니다. 아멘!

:: 만일 하루에 일곱 번이라도 네게 죄를 짓고 일곱 번 네게 돌아와 내가 회개하노라 하거든 너는 용서하라 하시더라 (누가복음 17:4).

나도 모르는 나를 아시는 주님 앞에 정직하기 원합니다

나의 주 하나님을 찬양하고 높여드립니다.
한 해를 며칠 남겨두고 더 깊이 기도하게 하소서.
잘 마무리함으로 새로운 1년을 잘 맞이할 수 있게 하소서.

나도 모르는 나를 아시는 주님,
내 안에 상한 영혼과 지친 마음, 포기하고 싶은 좌절이 숨어 있지 않은지요?
겉으로는 괜찮다고 하지만, 실제로는 괜찮지 않은 나를 발견하게 하소서.
그리고 치유하시는 하나님의 손길로 나를 어루만져주소서.
지난 1년 동안 고생했던 모든 기억을 녹여내고 감사한 것들로 채워주소서.

내 안에 아주 오래 묵은 앙금들이 있지는 않은지요?
상처가 오래되어서 눈치채지도 못하고 있는 것들도 주님이 씻어주소서.
기억을 떠올리는 것이 싫어서 묻어둔 것은 없는지 돌아보게 하소서.
한 해를 마치면서 내 안에 있는 부정적인 감정들을 쏟아내게 하소서.
그리고 아버지 앞에서 모든 것이 해결되게 하소서.

이 며칠, 정직하기 원합니다.
숨기지 말게 하시고, 아버지가 떠오르게 하실 때에 대면하게 하소서.
주님의 한량없는 은혜를 구합니다. 도와주소서.
나의 치유자 예수 그리스도의 이름으로 기도합니다. 아멘!

:: 그러나 내가 나 된 것은 하나님의 은혜로 된 것이니…내가 한 것이 아니요 오직 나와 함께하신 하나님의 은혜로라 (고린도전서 15:10).

아버지의 인도하심이 가득한 새해를 기대합니다

한 해가 저물지만, 또 한 해가 열리고 있습니다.
인생이 그러하듯이 모든 것이 나쁜 것은 없음에 감사드립니다.
빛이 있으면 그림자가 있듯이 모든 것의 섭리를 이해하게 하소서.

내년을 기대하며 기도합니다.
하나님이 열어주실 한 해를 위해 소망을 가지고 기도합니다.
올 한 해가 마무리되고 새로운 날이 올 때에 주님의 꿈을 꾸게 하소서.
하나님의 비전을 보게 하소서.
아버지의 인도하심이 가득한 새해를 기대하게 하소서.

올해는 비록 못했지만, 내년에는 새로운 가능성에 도전하게 하소서.
나이가 들었다거나, 건강이 나쁘다거나,
너무 바쁘다는 핑계 대지 말게 하소서.
하나님을 기쁘시게 하는 일이라면 용기를 내게 하소서.
실패를 두려워하지 말고 시도하는 것에 집중하게 하소서.

오늘도 주님이 주신 한 해에 감사를 드립니다.
건강을 지켜주시고 안전하게 하시니 감사합니다.
이만큼 유지할 수 있도록 지켜주심에 감사드립니다.
나의 보호자 되시는 예수 그리스도의 이름으로 기도합니다. 아멘!

:: 소망의 하나님이 모든 기쁨과 평강을 믿음 안에서 너희에게 충만하게 하사 성령의 능력으로 소망이 넘치게 하시기를 원하노라 (로마서 15:13).

올 한 해 하나님의 은혜로 살았습니다

올 한 해를 지켜주신 아버지, 감사합니다.
나의 믿음을 붙들어주시고 시험에 빠지지 않도록 보호하시니 감사합니다.
한때는 죽을 것 같았지만, 또 살아지게 하심을 감사합니다.
모든 순간, 주님이 도우셨음을 고백합니다.

지난 한 해가 너무 빨리 지나갔지만, 또 생각하면 참 긴 시간이었습니다.
그 긴 시간 동안 얼마나 많은 보호하심이 있었는지요.
나의 가족들과 함께하신 은혜에 감사합니다.
이 나라를 지켜주심에 감사합니다.
여전히 복음을 전할 수 있는 힘을 주심에 감사합니다.

이 땅에 하나님의 복음이 증거되는 은혜가 넘치게 하소서.
내가 기도만 하는 것이 아니라 증인의 삶을 살게 하소서.
세상을 사는 지혜는 잘 나누면서 영적인 지혜는 나누지 않았음을 회개합니다.
이제는 세상의 지혜만이 아니라 영적인 길을 인도하는 자 되게 하소서.

올 한 해 하나님의 은혜로 살았습니다.
내가 예상하지 못한 많은 좋은 일이 있었음에 감사합니다.
나쁜 일을 잊고 감사했던 일들을 기억하고 감사하는 날 되게 하소서.
나의 주 예수 그리스도의 이름으로 기도합니다. 아멘!

:: 주를 두려워하는 자를 위하여 쌓아두신 은혜 곧 주께 피하는 자를 위하여 인생 앞에 베푸신 은혜가 어찌 그리 큰지요 (시편 31:19).

12 | 31

한 해의 마지막 날, 오롯이 주님만 높이게 하소서

한 해의 마지막 날이 되었습니다.
이제 이 하루가 지나가면 새로운 한 해를 맞이합니다.
이날이 지나기 전에 하루를 온전히 주님께 찬양하게 하소서.
아버지 앞에 드렸던 수많은 간구를 뒤로하고 오롯이 주님만 높이게 하소서.

언제나 내가 가는 미래의 곳에 먼저 가셔서 나를 맞아주심에 감사합니다.
내가 혼자 가는 것 같았으나 사실은 아버지가 함께하셨습니다.
아버지는 나의 생명이 되셨습니다.
얼마나 많은 사건과 사고를 막아주셨는지요.
내가 알지 못하는 수많은 위기 속에서 구해주심을 감사합니다.
보이지 않는 하나님의 손길이 언제나 함께함에 감사를 드립니다.
모든 것을 아시는 아버지가 나의 모든 필요를 채우심에 감사드립니다.

나에게 자유를 주셔서 선택하게 하시고 나의 길을 가게 하시니 감사합니다.
나를 존중하시고 언제나 인격적으로 대하심을 찬양합니다.
나를 천사보다 더 나은 존재로 만드시고 상속자로 삼으심을 찬양합니다.
자격 없는 자에게 무한히 주신 은혜를 감사드립니다.
내가 잘못된 길로 갈 때마다 언제나 회개할 기회를 주시니 감사합니다.
내년 한 해는 더욱 아버지를 사랑하고, 믿고, 따르는 한 해 될 것을 믿습니다.
나를 사랑하신 예수 그리스도의 이름으로 기도합니다. 아멘!

:: 이 하나님은 영원히 우리 하나님이시니 그가 우리를 죽을 때까지 인도하시리로다
(시편 48:14).

사명선언문

너희가 흠이 없고 순전하여……세상에서 그들 가운데 빛들로
나타내며 생명의 말씀을 밝혀 _ 빌 2:15-16

1. 생명을 담겠습니다
만드는 책에 주님 주신 생명을 담겠습니다.
그 책으로 복음을 선포하겠습니다.

2. 말씀을 밝히겠습니다
생명의 근본은 말씀입니다.
말씀을 밝혀 성도와 교회의 성장을 돕겠습니다.

3. 빛이 되겠습니다
시대와 영혼의 어두움을 밝혀 주님 앞으로 이끄는
빛이 되는 책을 만들겠습니다.

4. 순전히 행하겠습니다
책을 만들고 전하는 일과 경영하는 일에 부끄러움이 없는
정직함으로 행하겠습니다.

5. 끝까지 전파하겠습니다
모든 사람에게, 땅 끝까지, 주님 오시는 그날까지
복음을 전하는 사명을 다하겠습니다.

서점 안내

광화문점　서울시 종로구 새문안로 69 구세군회관 1층
　　　　　02)737-2288 / 02)737-4623(F)

강남점　　서울시 서초구 신반포로 177 반포쇼핑타운 3동 2층
　　　　　02)595-1211 / 02)595-3549(F)

구로점　　서울시 동작구 시흥대로 602, 3층 302호
　　　　　02)858-8744 / 02)838-0653(F)

노원점　　서울시 노원구 동일로 1366 삼봉빌딩 지하 1층
　　　　　02)938-7979 / 02)3391-6169(F)

일산점　　경기도 고양시 일산서구 중앙로 1391 레이크타운 지하 1층
　　　　　031)916-8787 / 031)916-8788(F)

의정부점　경기도 의정부시 청사로47번길 12 성산타워 3층
　　　　　031)845-0600 / 031)852-6930(F)

인터넷서점　www.lifebook.co.kr